JN261836

ヨット、モーターボートを始めよう!

船遊びビギナーズガイド

船の種類や免許

置き場所はどうする?

基本的な操船方法

スクールやレンタルという選択肢

船の購入計画

マリンウエアの種類と特徴

海上の交通ルール

などなど

初心者に
役立つ
情報が満載

著=桑名幸一　イラスト=内山良治

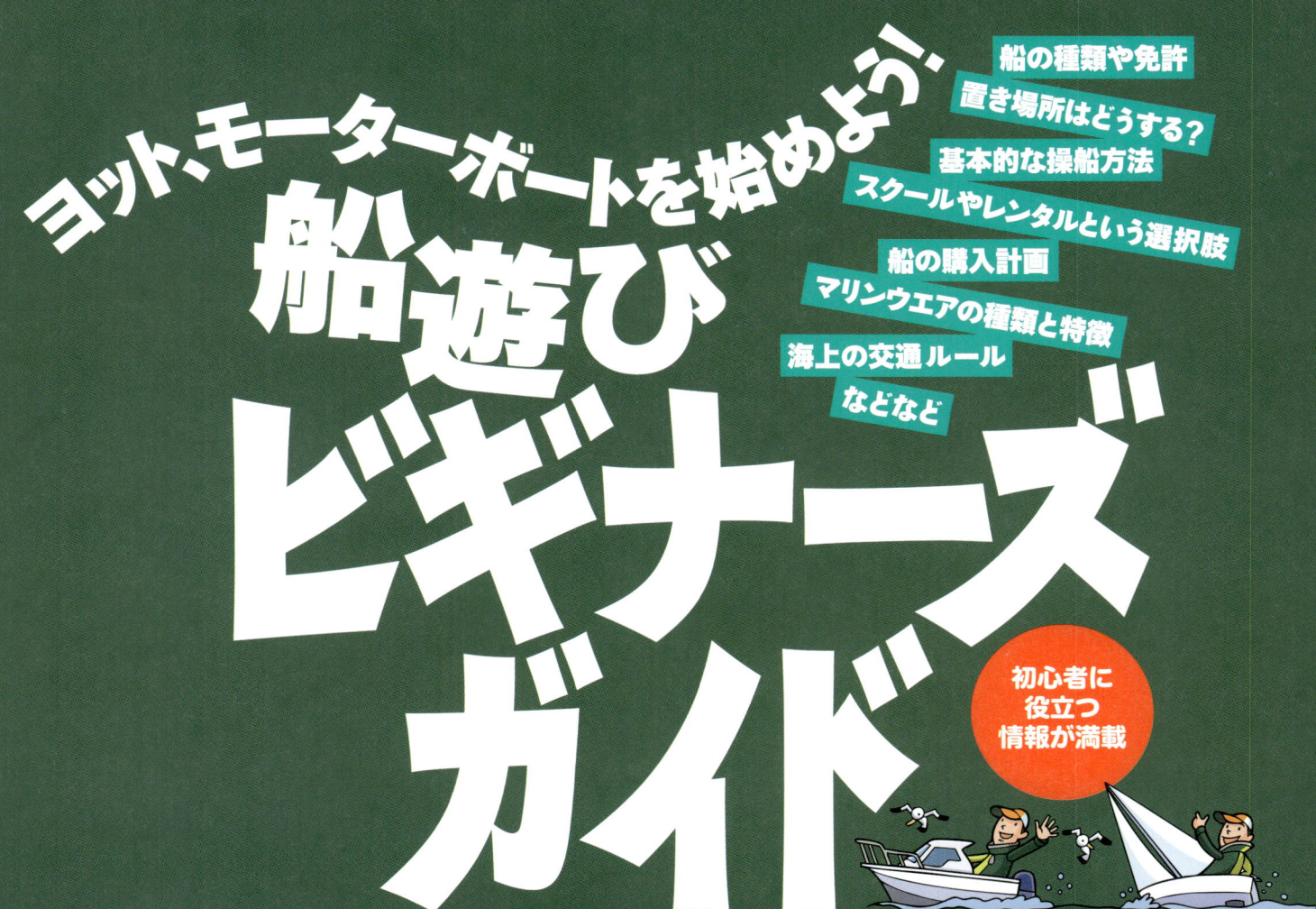

「偶然のきっかけ」は、あなたの近くにあります——まえがきに代えて——

ヨットやボートは敷居が高い、そんなイメージを抱く人は意外に多いですね。それなら、敷居の低い入門向けの記事を作ろうと、雑誌「Kazi」で連載を始めたのが、「ヨットやボートを、もっと楽しもう! 船遊びビギナーズガイド」でした。それを一部加筆するとともに、別稿「いま読んでみたい、世界の航海記」を追加し、一冊にまとめたのが本書です。

連載にあたり、入門者が読んで楽しめるテーマを、平易に書き上げました。「海に由来するタウンウエア」や「読み比べて楽しむ、海洋冒険小説」など、周辺を彩る話題も盛り込みました。単行本化に際し、「楽しむ」、「親しむ」、「装う」、「学ぶ」、「読む」、「聞く」、「調べる」をキーワードにテーマを分けていますが、どこから読んでいただいてもかまいません。目次を見て、興味あるテーマから、自由にページをめくってください。

私が海の世界に足を踏み入れたのは、学生時代。子供時分に遊んでもらった近所のお兄さん（6歳ほど年上）が、友人と一緒に自作した二人乗りのディンギーを、三浦半島の走水海岸に置いていました。そんな話を聞きつけ、幼なじみを誘って乗せてもらったのが初体験。思いもかけなかったディンギーとの出合いに、びっくりするやら、はしゃぐやら。たどたどしい操船ながら、とても気持ちのいいセーリングの洗礼を受けたのを、いまも鮮明に覚えています。

そんな自分の体験を振り返り、ヨットやボートに親しむ「偶然のきっかけ」をつかむ一助になれば、という思いを込めました。手に取って読んでいただいた、名前も知らない誰かさんの、船遊びを始める手がかりになれば、これにまさる喜びはありません。

最後になりましたが、本書の上梓にあたり、Kazi編集長の中島 淳さんに、連載中を含め、貴重なアドバイスをいただきました。また、イラストレーターの内山良治さんに、船遊びの楽しさが伝わるイラストを描いていただきました。両氏に深く感謝申し上げます。

2014年1月　桑名幸一

photo by Katsuhiko Miyazaki (Kazi)

CONTENTS

photo by Kazuhisa Matsumoto

1 生活に息づく、船にまつわる面白エピソード

海の仲間をもっと増やしたい、そんな願いを込めて、これから始まる「船遊びビギナーズガイド」。
初心者を想定しているので、難しい理屈や理論は割愛し、楽しさを押し出したいと考えています。
ですから、スタートは、親しみを込めて、船にまつわる面白エピソードをいくつか集めてみました。
「ええっ、ホントかよ?」なんてものもありますが、われわれの生活に中にいまも息づいているものばかりです。

紅茶を運んだ快速帆船〈カティーサーク〉

ヨットの語源となったのは、オランダ語の「jacht（ヤハト）」と呼ばれた高速帆船。14世紀のオランダで、海上輸送に使われ始め、遊覧船としても活躍したといわれています。1660年、イギリスのチャールズ二世が即位した際、オランダから1隻のヨットが献上され、そのときに、英語ではyachtとつづられるようになりました。

ですから、ヨットは、一般庶民が持つような船ではなく、王室などが所有する大型の遊覧船が本来の意味になるでしょう。個人がスポーツやレジャーとして楽しむ、帆の付いた船は、欧米では一般的に、セールボートと呼ばれています。日本では、帆の付いた船の総称としてヨットと呼ばれることが多いようです。

ヨットの母型は、帆船です。北欧のバイキング、ピーターパンに登場する海賊のフック船長、映画『パイレーツ・オブ・カリビアン』で、ジョニー・デップ演じるジャック・スパロウ船長が操る、帆を広げて、風の力で走る船です。帆船にもいろいろな種類がありますが、なじみ深いところでは、スコッチウイスキーの名前にもなっている〈カティーサーク〉が有名です。

〈カティーサーク〉は現在、イギリス・ロンドン近郊のグリニッジに展示されていますが、この帆船は、イギリスに多大な富をもたらしました。中国からヨーロッパに紅茶を運ぶために、19世紀に、快速帆船（クリッパー）が建造され、早く到着した紅茶は、高値で取引されました。海洋国家の威信をかけて建造されたイギリスの〈カティーサーク〉は、普通の帆船に比べ細長い船体から船足を延ばし、100日ほどで、中国からロンドンに紅茶を運んだといわれています。いわば、賞金のかかった国際的な帆船輸送レースで、ティークリッパーとして名を馳せたのが、〈カティーサーク〉です。

その後、地中海と紅海とを結ぶスエズ運河の開通により、紅茶の輸送手段としては蒸気船にその座を譲りましたが、紅茶に代わり、オーストラリアからイギリスまで羊毛を運ぶウールクリッパーとして、最速記録を打ち立てました。そんな数々の栄誉をたたえるため、港町グリニッジにいまも大切に保存展示されているのです。

19世紀に撮影したとされる、帆走中の〈カティーサーク〉（オーストラリア・ビクトリア州立図書館収蔵品）

〈カティーサーク〉は、現在もイギリスのグリニッジに保存展示されている

南を指していた、古代中国のコンパス

航海術を意味する「ナビゲーション」という言葉は、カーナビなど、われわれの生活の中に広く使われるようになりましたが、船のナビゲーションに欠かせない方位コンパスの原型は、中国の宋の時代（11世紀）に生まれました。ちょっと意外ですね。

このコンパスは「指南魚」と呼ばれ、魚の形をした木片に、磁気を帯びた針を付けていたといわれています。これを水に浮かべると、魚の頭部が南を指しました。現代のコンパスとは逆に、南を指すS極に矢印が付けられていました。

おもに風水に用いられた指南魚はその後、羅針盤（コンパスの古い呼び名）として、中国の四大発明の一つとして、航海用具に発展していきました。15世紀の明の時代、永楽帝に仕えた鄭《てい》和《わ》率いる大船団が、東南アジア、アラビア半島、アフリカに至る航海に7回も成功したのは、正確なコンパスがあったからでしょう。

鄭和がアフリカ東岸にたどり着いたのは1432年。バスコ・ダ・ガマがアフリカ最南端の喜望峰を回り、インドに到達したのは1498年のことです。つまり、ヨーロッパの大航海時代より66年も早く、鄭和は世界の海に乗り出していたのです。

しかし、永楽帝の没後、鄭和が礎を築いた対外政策は封印され、貴重な航海記録は焼き捨てられてしまいました。海外との交易を続けていれば、中国はヨーロッパの列強を脅かす、最強の海洋国家になっていたかもしれません。

海の上では
正確に自分の
位置を知ることが
大事なんだ！

19世紀に中国で作られたとされるコンパス

航海の安全を願う、精密時計クロノメーター

大航海時代、海外に覇権を求めたヨーロッパですが、船位（船の位置）の測定は当時、太陽や北極星の高さを測る天文航法に頼っていました。緯度は、星の位置と水平線から割り出せますが、船が予定針路に対し、東にいるか西にいるかを判断する経度の測定には、見かけ上、東から西に向かって運行する星や太陽の、東方または西方における高度角を測定する必要があります。それには、出航地の正確な時間を表示する時計が欠かせません。

1707年に、イギリスの軍艦4隻が、英仏海峡で座礁、沈没する事故が起こりました。事故原因は、「正確な経度を測定できなかったため」と報告され、これを契機に、「経度法」が議会で制定されました。イギリス政府は、イギリスから西インド諸島ジャマイカまでの航海で、経度誤差が0.5度以内の測定法を考案した者に、当時としては破格の2万ポンドの懸賞金を出しました。この懸賞金を射止めたのが、ジョン・ハリソンという時計職人でした。温度変化による遅速を生じさせないよう、異なる金属同士の伸縮率を応用したバイメタルでゼンマイ長さを調整する時計を1735年に完成させ、ギリシャ神話の時計神クロノスにちなみ、クロノメーターと名づけられました。その4号機が、ジャマイカまでの6週間の航海で、誤差わずか5.1秒の精度を打ち立てたのです。

クロノメーターは現在、スイスのクロノメーター検定協会が認定する高精度な機械式時計に与えられる称号として使われています。航海の安全を目的に考案されたクロノメーターの製造が、植民地政策を進めた大英帝国の衰退とともに、海を持たないスイスに取って代わられたのは、歴史の皮肉かもしれません。

18世紀後半にスイスで作られたマリンクロノメーター（パリ海事博物館収蔵品）
photo by David Monniaux

イギリスの時計職人、ジョン・ハリソン（1693 ～ 1776年）

フィギュアヘッドに女性像が多いのはなぜ？

ノルウェーの帆船〈Christian Radich〉のフィギュアヘッド

〈日本丸〉とともに日本を代表する大型練習帆船〈海王丸〉の船首にも、横笛を吹く女性のフィギュアヘッドが飾られている。このフィギュアヘッドは、先代〈海王丸〉から引き継がれたもの

船乗りは昔から、迷信深いようです。例えば、梅干しの種を海へ投げ入れると、風が吹きだすという言い伝えが残されています。海がしけると漁に出られなくなるので、漁師は、「いましめ」の意味を込めて使います。逆に、風がないと前に進まないヨットでは、無風にしびれを切らした際に、風を呼び込むための「おまじない」として、いまも広く信じられています。まあ、科学的根拠に乏しい言い伝えですが、海の神様はきっと、梅干しがお好きではないのでしょうね。

このような迷信が生まれた背景には、人知を超えた畏敬の対象として、海と接してきた民族が受け継いだDNAの作用が働いているのかもしれません。自然がもたらす厄難を避けるため、お守りに身の安全を託すのは、洋の東西を問わず、人間の共通心理のようです。古代ローマの船乗りが、アクアマリンを身につけていたのも、航海の安全を祈るためのお守りでした。この宝石は、人魚が流した涙で作られた、そんな言い伝えがあります（梅干しと違い、ロマンチックですね）。

帆船の船首に飾られるフィギュアヘッド（船首像）も、神の加護を受けて、得体の知れない魔物から逃れ、航海安全を願うシンボルという意味では、船のお守りといえるでしょう。世界の名だたる帆船のフィギュアヘッドを見ると、勇壮な男性の戦士像よりも、ふくよかな女性像が目につきます。わが国を代表する大型練習船〈日本丸〉（二代目）には、合掌する清楚な女性像が飾られています。

フィギュアヘッドに女性像を用いる理由はおそらく、海外の多くは昔から、船を女性名詞として扱ってきたからでしょう。「処女航海」の用例をはじめ、豪華客船や流麗な姿の帆船を「海の貴婦人」にたとえるなど、女性に見立てた表現が生まれたのも、そんな背景からだと思います。

昨今では、船を女性名詞で表すのは、差別と見られるようになり、海外では、船名を代名詞で指すときは、「She」の代わりに、性別を問わない「It」を使うケースが増えています。これも時代の流れかもしれませんが、憧れを込めるという点では、女性名詞のほうが親近感を覚えますよね、とりわけ男性は（だから、Itにすべきという声に屈服したのでしょうが）。

船底の汚れが、戦いに敗れる一因に

海に浮かぶ船のメインテナンスで厄介なことは、船底に付着するフジツボなどの海中生物を除去するために、船底塗料を定期的に塗り替えなければならないことです。海中生物が船底に付着すると、走行時の抵抗が増えて速力低下の原因になるほか、燃費の悪化につながります。船底塗料の研究は、船の歴史でもあるのです。

わが国初の船底塗料は、彫刻家で漆工芸家でもあった堀田瑞松によって考案されました。明治18年（1885年）7月、農商務省工務局の専売特許所（現在の特許庁の前身）に、「堀田錆止塗料及ビ其塗法」が出願され、同年8月14日に、特許を取得しました。これは、日本特許第1号となる偉業です。これ、ホントの話ですよ。

堀田瑞松が考案した船底塗料には、漆工芸の知識と経験を生かし、生漆、鉄粉、鉛丹、油煤、柿渋、酒精、生姜、酢などが配合され、旧日本海軍の横須賀造船所での実証試験で、その効能が認められたといわれています。海水に浸食されやすい鉄鋼船は当時、半年ごとにドックに入り、塗料を塗り直さなければなりませんでしたが、堀田船底塗料の効果は、3年持続すると喧伝されたようです。

それから20年後の明治38年、東郷平八郎司令長官率いる連合艦隊と、ロシアのバルチック艦隊による日本海海戦（日露戦争）で、船底の汚れが勝敗を決するエピソードが生まれました。

本拠地のバルト海を出航したバルチック艦隊は、アフリカ最南端の喜望峰を回るコース（一部は、スエズ運河経由）で日本に攻め入りましたが、その距離33,000km、7カ月にも及ぶ長い航海で、艦隊の船底は汚れきっていたといわれています。

インド付近で船底をきれいにしたかったものの、日英同盟が結ばれていたため、イギリスが統治するインドへの寄港はかなえられず、日本海に向けて直進。速力が思うように伸びないバルチック艦隊は、待ち受けていた連合艦隊の丁字戦法（敵前で大きく回頭し、横一列の態勢で、敵艦隊の先導艦に砲火を集中させる戦法）に翻弄され、壊滅しました。

そのときの連合艦隊に、堀田船底塗料が使われていたかどうかは分かりませんが、船底の汚れが勝敗を決める、一つの大きな要因になったのは間違いないでしょう。

明治38年（1905年）、ロシアのバルチック艦隊と日本の連合艦隊が戦った「日本海海戦」。連合艦隊の旗艦〈三笠〉で指揮を執る東郷平八郎司令長官

海上係留のプレジャーボートは、最低でも年1回は船底塗料を塗り直す

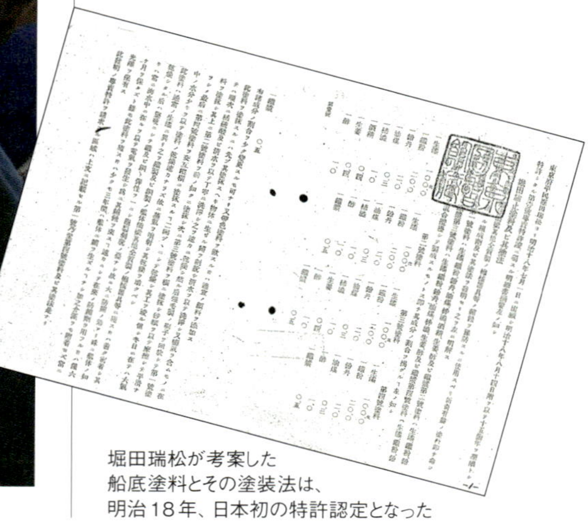

堀田瑞松が考案した
船底塗料とその塗装法は、
明治18年、日本初の特許認定となった

「海の男」は、今も昔もカクテル好き?

「海の男」と酒は、切っても切れない関係にあるようです。その代表のラム(サトウキビを原料にした蒸留酒)は、かつてイギリス海軍の支給品でした。なんでも、当時の水兵の間では、安い粗悪なジン(大麦やトウモロコシなどを原料にした蒸留酒)が好まれていましたが、強いアルコール度数が健康を害するという理由で、ラムに切り替えられました。

トラファルガー沖海戦で命を落としたイギリス海軍のネルソン提督の亡骸をおさめたラムの樽を、提督にあやかろうと、水兵たちが飲み始め、イギリスに帰還する頃には、樽が空になっていた、そんな逸話も残されているくらいです。

そのような背景から、「海の男」にちなんだネーミングのカクテルはけっこうあります。たとえば、「ジャック・ター」。横浜の中華街の老舗バーで生まれたこのカクテル、いまでは世界に通用するまでに広まりました。ロンリコ151と呼ばれるプエルトリコ産のラムに、サザンカンフォート(ピーチなどのリキュール)とライムジュースを加えてシェークし、クラッシュト・アイスを満たしたロックグラスに注ぎます。フルーティーな甘みが心地いいのですが、ロンリコ151のアルコール度数は75.5度もあり、油断すると腰を取られます。

ジャック・ターの「ター」は、コールタールのこと。帆船時代、防水の用途にタールが使われ、その作業をする水夫を、ジャック・ターと呼んでいたのが名前の由来です。

また、ウオツカにグレープフルーツジュースを注ぎ、グラスの縁に食塩を盛った「ソルティードッグ」も、イギリスのスラングで、「甲板員」を意味するカクテルです。グレープフルーツジュースの甘みと、食塩のしょっぱさが、ウオツカを引き立てます。

ジャック・ターもソルティードッグも、意味合い的には、水兵のカクテルですが、その上官が飲むのにふさわしいのが、「クオーターデッキ」というカクテル。船尾甲板という意味ですが、上官の命令がクオーターデッキで発せられたことから、上官の意味もあります。ラム、シェリー(アルコール度数を高めたスペイン産の白ワイン)、ライムジュースをシェークし、脚の長いグラスでいただきます。暑い盛りに清涼感を呼び込みますが、寒い時期にもいいですよ。

海の男に愛される酒の代表格、ラム。アルコール度数75.5度の「ロンリコ151」は、さまざまなカクテルに使われる

2 ヨットやボートの楽しみ方

ヨットやボートの醍醐味は、クルージングや釣りなど、海に出ることにありますが、マリーナに係留した状態でも、マリンライフを満喫できます。 船をまるごと楽しむ活用法をご紹介します。

クルージングで船旅気分を楽しむ

大型旅客船のような豪華な旅行とはいきませんが、自分のヨットやボートを移動手段に、クルマのドライブ感覚の船旅が味わえるクルージングは、開放感を満喫するマリンライフの王道です。手軽な日帰りから、足を延ばした泊まりがけまで、休日に合わせた「海の旅」が楽しめます。

クルージングの面白さは、立ち寄り先での食事や観光など、船旅を彩る感動に出合えること。寄港地や目的地で待ち受けるさまざまな体験が最大の魅力です。その究極にあるのが、日本一周クルージングかもしれません。

クルージングが注目されるようになったのは、二級ボート免許に対応する小型船舶の技術基準が2004年11月に見直され、5海里（約9km）以内の沿岸を航行できるようになったことに加え、プレジャーボートが立ち寄れる「海の駅」の普及による効果が大きいでしょう。

海の駅は、誰でも安心して利用できる海の交流拠点として、クルージングの途中に立ち寄るビジターを快く受け入れています。イメージ的には、ドライバーの休憩所やみやげ物を揃えた「道の駅」の海版といったところ。ビジター桟橋、トイレ、マリン情報の提供を条件に、各地のマリーナや漁港、公共桟橋など、140カ所を超える海の駅が登録されています。道の駅と海の駅にそれぞれ登録された伊東マリンタウン（静岡県伊東市）や宇土マリーナ（熊本県宇土市）のように、陸と海からの観光客でにぎわうところもあります。

少し古い資料になりますが、国土交通省の中国運輸局が2005年7月から9月にかけて、瀬戸内海沿岸の10カ所の海の駅における利用状況のアンケート調査を行ったところ、利用隻数223隻（ボート121隻、ヨット60隻、水上オートバイ2隻など）のうち、20ftから30ftが43%、30ft以上が27%で、中型艇から大型艇まで幅広いプレジャーボートに利用されていました。立ち寄った目的は、宿泊が27%、食事が26%、観光が25%という回答が得られ、泊まりがけの利用者の割合が際立っていました。

海外のように、クルージングを気軽に楽しめる環境がようやく整いつつあります。自分のヨットやボートに家族や友人を乗せて、観光地などを訪ねる船旅を堪能したいですね。

見知らぬ港を目指して、航海の計画を立てる。船旅への期待が高まってくる

リバークルージングで街の風景を楽しむ

東京都江東区には、過去に水運の要となっていた多くの運河が残され、リバークルージングが楽しめる

クルージングというと、海を舞台にしたものと思われがちですが、川をめぐりながら、街並みを眺めるリバークルージングも、うれしい出合いが待っています。なかでも、おすすめなのが、内陸部の河川。ふだん見られない、街の裏側の表情を間近に見ることができます。橋をくぐりながら、ちょっとした冒険気分も味わえます。

河川舟運という言葉が残されているように、川はかつて、人や物資輸送の重要な交通網として、多くの船が往来していました。石積みの階段状の船着き場など、当時の繁栄をしのばせる、そんな風景に出合えるのも、リバークルージングの魅力です。

東京都の中心部を流れる神田川は、江戸幕府が開削した、わが国初の本格的な上水（飲み水）で、井の頭池（三鷹市にある井の頭恩賜公園）を水源とする江戸庶民の生活に欠かせないライフラインでした。目白下の関口（文京区）の大洗堰で、上水と吐き水（余水）に分派した神田上水は、水戸藩上屋敷（現在の後楽園）を通り、江戸城の外濠を経て、日比谷入江（日比谷公園周辺）に流れ込んでいました。その後、江戸の町を洪水から守るため、隅田川に注ぐように流路が付け替えられ、現在の神田川が形づくられました。歴史をたどる船旅が楽しめます。

また、隅田川と旧中川（荒川の開削により分断された中川の一部）を東西に結ぶ小名木川（江東区）は、関東最大の塩田地帯だった行徳（千葉県市川市）の塩を船で運ぶために、人工的に造られた運河です。その後、北十間川や横十間川などが、江戸低地（江東区や墨田区の周辺）の東西南北に掘り込まれました。人を運ぶ猪牙《ちょき》船や、物資を運ぶ荷足《にたり》船が頻繁に行き交う、河川舟運のハイウェイだったのです。北十間川は現在、新名所の東京スカイツリーを仰ぎ見る、隠れたビューポイントになっています。

東京都と埼玉県の境を南北に流れ、東京湾に注ぐ荒川には、河川舟運促進区域が設けられ、「自然保全区域」、「減速区域」、「引き波禁止」、「追い越し禁止」などの標識が、橋梁や河川敷に設置されています。荒川の下流域は、水上バスや業務船、ボート、カヌーなどの船舶の利用が多く、利用者間の航行ルールを作り、環境保全を図る取り組みが行われています。

大阪市内の河川も健在です。旧淀川（大川）の支流となる堂島川や土佐堀川、道頓堀川、東横堀川などは、ボートで周遊できます。「江戸八百八町」にならい、「浪華八百八橋」とうたわれたほど、堀（運河と同じように、人工的に造られた水路）が縦横に張りめぐらされていました。江戸堀、京町堀、立売堀などの地名が、市内を流れる木津川沿いに残されています。ちなみに、大阪造幣局（北区）の「桜の通り抜け」の時期は、脇を流れる旧淀川から、ボートで花見が楽しめます。

このような新旧の歴史を垣間見ることができるのも、リバークルージングの楽しみの一つです。河川をめぐる際は、水深の浅いところや橋桁の低いところがあるため、満潮と干潮の時間を事前に調べ、小型ボートで出掛けるのがいいでしょう。岸近くは水深が浅いので、川の中央部を走るのが安全です。

マイボートで気ままな釣りを楽しむ

カジキ釣りは、大型モーターボートの醍醐味。各地で大会も催されている

モーターボートの利用目的の８割は、釣りと言われています。乗合船のように多くの釣り客を乗せる船は、出航時間や釣りのポイントが決められ、気ままな釣りが楽しめないという理由から、自分のボートによるマイボートフィッシングが人気を集めています。ボートフィッシングといっても、さまざまな形態があります。湾内での五目釣り（魚種を問わない釣り方）から、黒潮の流れる沖合でのカジキ釣りまで、いろいろな釣りが行われています。

初心者向けとして人気が高いのが、ミニボートによる釣りでしょう。長さ3m未満で、1.5キロワット未満のエンジンを搭載するミニボートは、ボート免許が不要なため、釣りが手軽に楽しめます。価格的にも40万円前後で購入でき、ふだんは自宅にボートを置いておけます。クルマに積み込めるサイズなので、保管費用がかからないのも、初心者にはうれしい特徴です。「ミニ」とはいえ、釣り用具のオプションが豊富に用意されているので、自分流にアレンジできるのも魅力です。

一方、ボート免許が不要といっても、出航前に最新の天気予報を確認し、風や波が強くなったら引き返す判断と勇気が求められます。馬力の小さいエンジンは、波が高くなると、推進力が落ちやすくなります。また、ボートの定員も守りましょう。クーラーボックスなどを積み込み、定員オーバーの状態で海に出ると、バランスを崩しやすく、転覆するおそれがあります。もちろん、ライフジャケットは、出航前に着用しましょう。

ボートの大きさを問わず、最近は、ルアーフィッシングの愛好者が増えています。小魚や虫、エビなどを模した、プラスチックや金属片などで作られた人工的なルアー（疑似餌《ぎじえ》）を使う釣りの一種です。ゴカイなどの生の餌を使わないため、女性にも扱いやすいのが特徴です。

ルアーフィッシングの対象魚は、スズキ、メバル、タチウオなどのほか、カツオなどの大物も狙えます。生の餌のように食いつきはよくありませんが、釣り上げる数を競うのではなく、釣り上げるまでのプロセスに価値を見いだす、スポーツ性の高い釣りと言えるでしょう。その究極が、カジキ釣りです。水温の高い黒潮周辺の海域を好む、重さ100kgを超えることも珍しくないカジキを、細いライン（釣り糸）で、いかに釣るか、技術とチームワーク、体力、知力が問われる大物釣りです。

カジキ釣り大会の多くは、使用する釣り針の数に制限を設けているほか、電動リールの使用を禁止し、ファイト中にアングラー（釣り人）の交代を認めないなど、IGFA（国際ゲームフィッシュ協会）の厳格なルールを用いています。世界共通のルールのもとで、より大きな獲物を釣り上げたアングラーだけが、公認記録として認定されるのです。

IGFAの日本の窓口となるJGFA（日本ゲームフィッシュ協会）では、カジキ釣り大会を主催するほか、タグ＆リリース（釣った魚に標識を付けて、放流すること）の普及活動などを行っています。

気軽に楽しめるミニボートでの釣りは、ボートフィッシングの入門編

友人を招いてパーティーを楽しむ

ヨットやボートの楽しみ方は、クルージングや釣りだけではありません。もちろん海に出ること自体、船遊びの醍醐味ですが、友人などをゲストに招いて、デッキやキャビンで、パーティーを開くのも有意義な時間の過ごし方になるでしょう。ホームパーティーの海版といったイメージです。

パーティーというと、大がかりな準備が必要と思われがちですが、たとえば、1時間程度の短いクルージングのあと、ゲストが盛り上がったところでマリーナに戻り、参加者が一品ずつ持ち寄った食べ物をテーブルに並べれば、立派なパーティーになります。

ゲストを招く際の注意点を、いくつか書き留めました。女性が含まれる場合は、招く側の気遣いが必要です。

① スニーカーで足元を固める

走行中はもちろんのこと、桟橋に係留していても、デッキは揺れやすいので、滑りにくいスニーカーを履いてきてもらいましょう。ハイヒールは転びやすいので、おすすめできません。スニーカーなら、濡れても気になりません。

② スカートはNG、パンツスタイルで

風の弱い日でも、マリーナに来ると、思った以上の風が吹いているものです。風にあおられやすいスカートは歩きにくいので、パンツスタイルで来てもらいましょう。

③ 長い髪には、髪留めを

海に出るのが前提ならば、長い髪の女性には、髪留めの用意を前もって伝えましょう。風で乱れるのを防ぐだけでなく、船の部品などへの巻き込みを防ぎます。帽子をかぶるのもいいでしょう。

④ ウインドブレーカーの準備

日差しがあっても、海の上で風にあたると、からだが冷えます。ウインドブレーカーがあれば風よけになります。また、急な雨に降られても一時的にしのげます。

⑤ マリントイレの使い方

ヨットやボートに搭載されるマリントイレには、手動ポンプで艇外に排出するタイプと、モーターの回転力で排出するタイプとがあります。家庭のトイレと使い勝手が違うので、ゲストが戸惑わないように、出航前にトイレの使い方を説明しましょう。

⑥ ライフジャケットの着用

船の乗り降りの際に、誤って海に落ちるおそれがあります。クルージング中はもちろんのこと、桟橋に係留していても、ライフジャケットを着用したほうが安心です。

キャビンでの寝泊まりを楽しむ

23ftを超えるヨットやボートの多くには、居住スペースとしてのキャビンや、キッチン機能を備えたギャレーがしつらえられています。このような空間と機能を生かす楽しみ方として、船内泊があります。文字通り、船に泊まることです。クルージングでの走りもさることながら、ふだんの日常とはひと味違う時間を体験できるのが、船内泊の魅力です。ヨットでの船内泊は決して珍しくありませんが、最近あまり見かけなくなったのは残念です。

寝るスペースは、キャビンのセティーバース（背もたれ付きのソファ）をベッド代わりに使います。30ftを超える大型艇なら、フォクスル（船首部分に設けられたソファ）や、クオーターバース（船尾側に設けられたソファ）も利用できます。夏なら、毛布などの寝具がなくても寝られるでしょう。風の涼しい季節は、寝袋に潜りましょう。波の音を聞きながら、野趣あふれるキャンプ気分が味わえます。

マリーナの桟橋に保管していれば、気軽に船内に泊まれます。24時間利用できるマリーナが増えているので、届けを出せば、自分の船に気兼ねなく泊まれるでしょう。パソコンや電子レンジなどの電化製品をキャビンに持ち込む際は、桟橋脇のパワーポスト（給電設備）の100ボルト電源を使えば、自宅とほぼ同じような生活ができます。給水設備の付いたパワーポストもあるので、飲料や食事に使う水は十分にまかなえます。クルージングを終えた週末など、そのまま船内に泊まると、ふだんのクルージングとは趣の異なる、充実した時間を体験できるでしょう。

同じように、泊まりがけのクルージングの際に、船内に泊まるのも一興です。ホテルや旅館に泊まるのも、それはそれで楽しいですが、買い揃えた食材を持ち込み、仲間とわいわい言いながら食事をこしらえ、船内に寝泊まりすれば、思い出に残るひと時を過ごせます。翌日の出航時間が早い場合には、とても重宝します。しかも、経済的です。

キャビンに寝泊まりする際の注意点は、閉鎖水域では、マリントイレが使えないこと。水質保全のため、マリーナや漁港などでは、艇外に排出するマリントイレの停泊中の使用を禁止しています。必要なときは、付近のトイレを借りましょう。

船台にボートを載せた状態で陸上保管する場合は、はしごの上り下りが事故の原因になりやすいのでおすすめできませんが、マリーナなどの桟橋に係留するなら、船内泊をぜひ体験してください。ヨットやボートのもう一つの楽しみ方を発見できると思います。

船の整備や自分のアイデアを楽しむ

構造が複雑なエンジンや電気系統などの整備は、専門の修理業者に依頼したほうが安心ですが、自分の手に負える範囲の整備を自らやってみるのも、ヨットやボートを持つ楽しみの一つです。こまめな整備は、トラブルや故障を早めに発見でき、安全航行につながります。

手軽なところから始めるなら、木部のニスの塗り替えがいいでしょう。キャビンの手すりやコンパニオンウェイ（ヨットのコクピットからキャビンに下りる階段）のニスの塗り替えなら、塗る面積が小さいので、作業は簡単です。コクピットやデッキ周辺などの外側に面した木部に、チークと呼ばれる木材が使われていることもあります。その場合は、ニスではなく、チーク専用のオイルを塗り込みましょう。水に強く、腐食しにくいチークにニスを塗ると、チーク本来の特性がそがれてしまいます。

キャビンの内装を、自分流にアレンジするのも面白いものです。例えば、お気に入りの生地で、セティーバースのカバーを作ったり、小さい本棚をこしらえたり、太陽電池で作動する室内灯を取り付けたり、野菜などを入れるネットをギャレーに張ったりするだけで、船内はぐっと使いやすくなります。

釣り目的のボートなら、釣り竿をサイドデッキに固定する台座を追加したり、釣り竿を収納するロッドホルダーをキャビンに設置したり、釣り機能を充実させる工夫が楽しめます。ミニボートなら、クッション付きのシートやスパンカー（流し釣りなどで、ボートを風上に向けるために船尾に揚げる小さなセール）などのオプションを取り付けることができます。なお、デッキの一部に、電動ドリルなどで穴を開ける際は、船の構造上、支障ないかどうか、ボート販売店に前もって確認したほうがいいでしょう。

さらに、体力に自信があれば、船底塗装の塗り替え作業をおすすめします。桟橋に係留していると、フジツボなどの海中生物が船底に付着し、それが抵抗となり、艇速が落ちるばかりでなく、エンジンの燃費にも悪い影響を及ぼします。船底塗装の塗り替え時期の目安は、年に1回、シーズンの始まる前が理想的です。

マリーナの修理ヤードを借り、古い塗料を削り取り、船底の表面をきれいに磨いてから、新しい塗料を塗ります。作業服や防塵マスクを身にまといながらの作業は、少しばかりの根気と体力が必要ですが、仲間と一緒に作業すれば、それなりの楽しさが見いだせます。費用面でも、修理業者に依頼するより安く済みます。

いろいろ手を加えれば、自分の船への愛着がより一層わいてくることでしょう。

海上係留艇では、少なくとも１年に１回、船底塗装を塗り替える必要がある

エンジン（写真は船内機）のメインテナンスは難しい点もあるが、日ごろのチェックは自分でしておきたい

3 プレジャーボートの種類と特徴

プレジャーボートには、用途に応じて、いろいろな種類があります。大きさもさまざまです。
そこで、われわれがよく目にする、ヨットやモーターボートをタイプ別に分類し、それぞれの特徴を見てみましょう。

プレジャーボートの種類は、大小さまざま

個人で楽しむヨットやモーターボートの総称として、プレジャーボートという言葉がよく使われます。プレジャー（pleasure）には、「楽しみ」や「喜び」などの意味がありますが、まさにレジャーを満喫するためのボートといえるでしょう。

ひと口にプレジャーボートといっても、風を推進力にするヨットや、エンジンの駆動力で走るモーターボートには、いくつかの種類があります。そこで、プレジャーボートの種類と特徴について、わかりやすく分類しました。

その前に、プレジャーボートの種類を、図を用いて、整理しましょう。

プレジャーボートの素材

ヨットやモーターボートの多くは、FRP（Fiber Reinforced Plastics=繊維で強化されたプラスチック）で造られています。製造の際に、シート状のガラス繊維をポリエステル樹脂で押し固め、成形するのが特徴です。成形する際に、モールドと呼ばれる型に、ガラス繊維とポリエステル樹脂を積層して、一定の厚さに形を整えます。複数のガラス繊維をサンドイッチすることにより、ふつうのプラスチックよりも強度を高めることができるのです。

FRPは、アメリカで生まれた複合素材です。太平洋戦争のころ、長距離爆撃機の補助燃料タンクの素材として開発されました。終戦後、優れた特性に注目した日本の技術者は、FRPの研究開発を始めましたが、当時は、ガラス繊維もポリエステル樹脂も、アメリカからの輸入に依存していました。ガラス繊維とポリエステル樹脂の国産化に成功したのは、1950年代になってからです。耐食性、耐候性、耐衝撃性などに優れていることに加え、成形時の仕上がりの良さと、均一な製品を大量生産できる経済的な工法が評価されたFRPは、自動車などの部品をはじめ、浴槽などの住宅資材、スキーなどのスポーツ用品など、幅広い分野に使われるようになりました。

プレジャーボートにFRPが導入されたのは、1960年代。従来の木に代わる素材として、次々と商品化され、同時に、低価格を実現し、その普及を後押ししました。プレジャーボートの9割は、FRPで造られています。

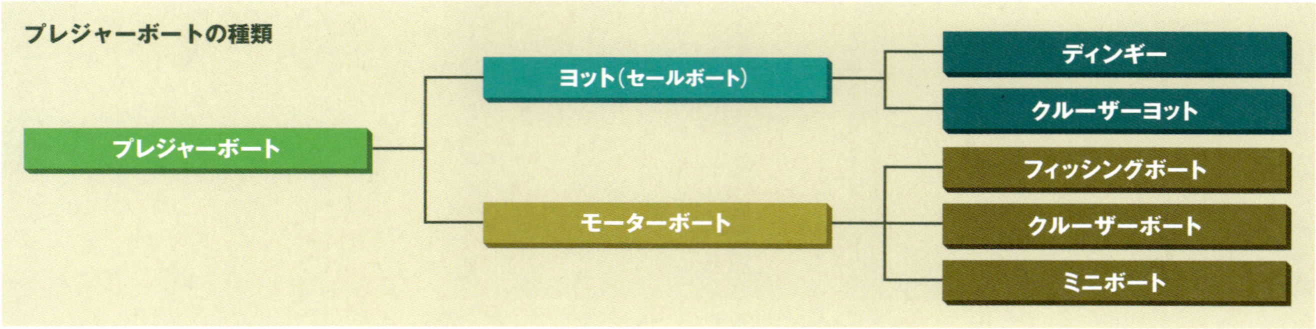

風の力で走る、スポーティーなディンギー

二人乗りスループの470級は、わが国でもっとも普及している艇種の一つ

ヨットの中でも、エンジンを搭載せずに、セール（帆）に風を受けて、それを推進力にして走るものを、ディンギーと呼んでいます。一般的に、長さは3mから5m前後の、スポーツ性能を重視した小型艇が中心です。したがって、キャビン（船室）のような居住スペースは備えていません。

艇体の構造は、海でよく見かける、一般的なモノハル（単胴船）のほか、二つの艇体を平行につなげたカタマラン（双胴船）などがあります。マストに取り付けるセールの数により、1枚帆（メインセール）をキャットリグ、2枚帆（メインセールと、マストの前に装着するジブ）をスループと呼んでいます。通常、キャットリグは一人乗り、スループは二人か三人乗りになります。

基本的な操作は、風の向きに合わせて調整するセールと、ラダー（舵）に取り付けたティラー（舵柄《かじづか》）を手に、セーリング（帆走）を楽しみます。クルマでいうと、セールがエンジン、ティラーがハンドルの関係にあります。

ディンギーには、セーリング中の横流れを防ぐために、センターボード（船底中央部から水中に降ろす可動式の板）が付いています。風を推進エネルギーにするディンギーでは、そのエネルギーの一部が艇体を風下側に押し流す作用に働きます。それを打ち消し、推進力を増すための水中翼として、センターボードの装着が必要になるのです。

ディンギーの艇体は、人の手で持ち上がるくらいに軽く、風を受けると、帆走中に風下側に傾きます。あまり傾きすぎると、デッキを越えて、コクピット（操舵席）に水が打ち込んでくるので、乗り手の体重を風上側にかけ、バランスをとりながらセーリングします。夏の海で、よく目にする光景ですね。

このように、風の力だけで走るシンプルさと、乗り手の体重移動に敏感に反応する運動性能を備えているディンギーには、数多くの艇種があり、競技やレジャーに広く愛用されています。例えば、オリンピックのセーリング競技の種目に採用されている、フランス人によって設計された国際クラスの470級は、全長4.70mのスループで、メインセールとティラーは、スキッパー（艇長）が受け持ち、ジブは、クルー（乗組員）が調整します。日本人の体格にマッチしているため、国体のセーリング競技などにも導入され、学生や社会人セーラーに人気の高い艇種です。

また、アクセスディンギーと呼ばれる、ビギナー向けの艇種は、ティラーの代わりに、手元のレバーを左右に動かし、舵を調整します。誰でも簡単にセーリングの楽しさを体験できる入門艇です。

前方を向いて座り、手元のレバーで舵を調整するアクセスディンギー。子供でも安心して操船できる

キャビンを備えた、外洋向けのクルーザーヨット

スポーツ性能に優れたディンギーに対し、クルーザーヨットは、キャビンやエンジンなどを備えた、外洋向けのヨットといえるでしょう。

艇体の長さはいろいろありますが、小さいものだと6m、大きいものだと10mを超えます。大まかに分けると、6mから7mほどが小型艇、8mから10mほどが中型艇、それ以上は大型艇、といった感じです。

ディンギーとの構造上の大きな違いは、セーリング中の横流れを防ぐためのセンターボードを船底に装着するディンギーに対し、クルーザーヨットには、キールと呼ばれる、船底と一体的な翼状のバラスト（おもり）が取り付けられています。横流れ防止のほか、帆走中に艇体が傾いた際に、バラストの重さで艇体を復元させる「起き上がりこぼし」の働きをします。

クルーザーヨットを用途で分類すると、居住性に重点を置いたクルージングタイプと、帆走性能に優れたレーサータイプとに分かれます。

① クルージングタイプ

巡航を目的としたクルージングタイプは、長い航海に耐えられるよう、デッキの下のキャビンに、ソファやテーブルを配置した居住スペースのほか、ベッド、ギャレー（キッチン）、トイレなどの生活設備が施されています。クルマにたとえると、家族で寝泊まりできるキャンピングカー並みの機能と空間を備えた乗り物です。なかには、年代物のクラシックな木造艇を大切に乗り続けている愛好者もいます。また、操船時の省力化を図るため、手早くセールを巻き取る装置や、針路方向をあらかじめ設定しておくと、一時的に手放しで帆走を続ける自動操舵装置などを取り付けることができます。

② レーサータイプ

おもにレース活動に用いるタイプで、一定のルールのもと、軽量化を図るため、艇体やマストの素材にカーボン（炭素繊維）などが使われることもあります。セールにしても、クルージングタイプに使われるダクロン（ポリエステル繊維）の代わりに、カーボンやケブラー（アメリカの化学メーカー、デュポンが開発したスーパー繊維）などを織り込み、伸びを抑え、形状を崩しにくい高機能なセールを装備し、帆走性能の向上を図っています。軽量化のため、クルージングタイプに比べ、キャビンは簡素に造られています。

＊

クルージングタイプもレーサータイプも、基本的な操船は、ディンギーと変わりませんが、艇体やセールが大きくなるぶん、より多くのクルーが必要になります。ディンギーでは、ジブはクルーが受け持ち、風に応じて調整しますが、クルーザーヨットの大きなジブは、人の力では引き込めないため、ジブにつながったジブシート（調整ロープ）を、デッキに取り付けられたウインチに巻き取り、機械の力で調整します。

キャビンライフは
クルーザーヨットの
だいごみ

なお、エンジンは、マリーナなどの出入港の際に使い、沖へ出れば、エンジンを止め、セールを揚げます。風がないときに、エンジンを補助的に使うこともあります。

また、ディンギーとクルーザーヨットの中間的な性格を持つキールボートは、ディンギーを大型化し、クルーザーヨットのような固定式のキールを備えた、よりスポーツ性能を追求した艇種です。日本ではそれほど普及していませんが、オリンピック艇種のスター級（全長6.9m、二人乗り）は、1932年のロサンゼルス五輪から採用されている、代表的なキールボートの一つです。

photo by Kurt Arrigo / Rolex

軽量で大きなセールを持つ、レーサータイプのヨット

photo by Peter Szamer / Hallberg-Rassy

充実した船内空間を持つ、クルージングタイプのヨット

釣り機能が充実したフィッシングボート

次に、モーターボートの種類に移りますが、代表的なものは、フィッシングボートになるでしょう。その名のとおり、釣りを目的に開発されたボートです。釣りといっても、湾内での五目釣り（目的の魚を決めず、いろいろな魚を釣ること）から、外洋での巨大なカジキ釣りまで、多岐にわたりますが、フィッシングボートにもいくつかのタイプがあります。ここでは、小型艇と大型艇に分けて、それぞれの特徴をまとめました。

① 小型フィッシングボート

デッキのないオープンタイプから、操舵席を中央部に設けたセンターコンソールタイプ、荷物などの収納スペースを持つカディ（小型キャビン）タイプなどがあります。釣り機能としては、凹凸の少ないフラットでワイドなデッキ、釣り上げた魚を一時的に収納するイケス、魚群探知機の設置スペース、釣り竿を収納するロッドホルダーなどを備えています。

用途に応じた、釣り用のオプションも充実しています。スパンカー（流し釣りなどで、ボートを風上に向けるために船尾に揚げる小さなセール）、微速用リモコン（釣りポイントでの微調整がしやすい、エンジンのスロットルレバー）、デッキウオッシャー（釣りで汚れたデッキを洗う給水装置）などが用意されています。

外洋でカジキなどを狙う大型フィッシングボートは、スポーツフィッシャーマンとも呼ばれる

フィッシングボートの多くは、FRPで造られていますが、小さく折りたため、クルマでの持ち運びが簡便なインフレータブルボート（空気でふくらませる小型ゴムボート）も人気があります。

カディ（荷物などを収納する小型キャビン）を船首部分に設けた小型フィッシングボート

② 大型フィッシングボート

長さが10mを超える大型フィッシングボートは、釣り機能に加え、居住性と走行性を満たした構造とデザインに仕上げられているのが特徴です。釣りスペースに使われるアフト（後部）デッキの広さを十分に確保するとともに、快適なキャビンスペースと、遠く沖合の釣りポイントに迅速に移動する大型エンジンを搭載しています。なかでも、居住性と釣り機能をバランス良く両立させたデザインのボートは、コンバーチブルと呼ばれています。

代表的な大型フィッシングボートといえば、カジキなどの大型魚を狙う、トローリング向けのスポーツフィッシャーマンと呼ばれるボートでしょう。カジキなどがヒットしたとき、獲物の動きに合わせて、ボートをコントロールしやすいように、高い位置のフライブリッジに操船機能を設けているほか、ファイティングチェア（カジキと格闘する際に座る、アフトデッキに取り付けたイス）や、アウトリガー（多くの疑《ぎ》似《じ》餌《え》を流すために張り出す長い竿）などを装備しています。

いろいろなタイプがそろったクルーザーボート

軽快な走りが楽しめるランナバウト。 実用的なフィッシングボートとは一線を画した、スポーティーなスタイリングが特徴

先に取り上げた、クルーザーヨットに対して用いることから、クルーザーボートという名称に分類しましたが、用途に応じ、さまざまなタイプが揃っています。それぞれの特徴をタイプ別にまとめました。なお、以下の分類に用いる「ボート」と「クルーザー」の名称に、大きな違いはありません。

① ランナバウト

ランナバウトは、小型で軽量な造りの、高速性能に優れたスポーツボートを指します。ランナバウト（run about）には、「うろつき回る」という意味があり、走ることを楽しむためのボートです。クルマにたとえると、スポーティーなオープンカーのイメージに近いでしょう。

② ファミリーボート

ファミリーボートは、クルージングや釣り、ウェイクボード（水上スキーに似た、ウオータースポーツ）など、家族で楽しめる多目的な用途に対応するという意味合いで用いられています。小型艇から中型艇に多いタイプですが、特に決まった定義はないようです。

③ キャビンクルーザー

走行性能とともに、居住性を高めた造りのボート。キャビンには、ソファ、テーブル、ギャレー（キッチン）が備え付けられ、ベッドも用意されています。クルージングが楽しめる機能が充実しているのが特徴です。より大型化すると、サロンクルーザー、モーターヨットと呼ばれます。

④ エクスプレスクルーザー

走行性能とデザイン性を重視した、デッキの広い比較的大きなボート。デッキの下にキャビンを備えていますが、デッキで過ごす時間を優先した、開放的で機能的な造りになっています。操舵席の背後に、座り心地のいいソファや、コンパクトなギャレーなどを装備したものもあります。

⑤ トローラー

走行性能よりも居住性に重きを置いた造りの、比較的大きなボート。居住スペースを広く取るため、ボートの長さと幅を最大限に活用し、内装も豪華に仕上げています。ほかのボートに比べると、スピードはあまり出ませんが、「海に浮かぶ別荘」感覚で使われることが多いようです。

船内空間を最大限確保するため、箱形に違いデザインとなっているトローラー

免許と船舶検査のいらないミニボート

ディンギーを除き、総トン数20トン未満の、エンジンを搭載するクルーザーヨットやモーターボートを操船するには、ボート免許（小型船舶操縦士免許）が必要になります。その例外規定として、2003年のボート免許制度の一部改正の際に、免許がなくても操船できる対象ボートが拡大されました。

従来の対象ボートは、長さ1.5m未満で、2馬力未満のエンジンに限定されていましたが、新制度では、3m未満、1.5キロワット未満になりました。この規制緩和により商品化されたのが、ミニボートと呼ばれる小型ボートです。ミニボートは、免許がいらないだけでなく、船舶検査（クルマの車検に相当する定期的な検査）が不要なため、手軽に所有できることから、ボート愛好者を増やす起爆剤になりました。

ミニボートの材質は、FRP、ゴム、アルミ合金などです。ボートの大きさやエンジンの馬力が限られているため、おもに湾内や湖など、おだやかな水面での釣りに用いられています。長さが3m未満のため、自宅に保管するケースが多く、使うときは、クルマの屋根（ルーフキャリア）に積み込むカートップや、専用トレーラーに載せて出掛けるスタイルが一般的です。FRPの分割式の艇体なら、ワンボックスカーの車内に積み込めます。艇体やエンジンは、持ち運びが容易なため、ビーチなどから出航できます。

しかし、免許や船舶検査が不要のミニボートといっても、ボートであることに変わりはありません。船舶の航行ルールを定めた海上衝突予防法などの関連法規が適用されるほか、天候などの適切な判断、航行に関するルール（定員の遵守、ライフジャケットの着用、燃料やバッテリーの確認）や、マナー（漁業者に迷惑をかけない、防水ケースに入れた携帯電話の所持、ごみの持ち帰り）などに十分注意したうえで、操船者自身が安全航行を心掛けるのは言うまでもありません。

長さ3m未満、出力1.5キロワット未満のミニボートは、免許なしでも操船できる

ボート免許と船舶検査が不要な対象船舶

	免許が不要なボート	船舶検査が不要なボート
2003年6月以前（旧ボート免許制度）	長さ1.5m未満で、推進機関の出力が2馬力未満のもの	長さ1.5m未満で、推進機関の出力が2馬力未満のもの
2003年6月以降（新ボート免許制度）	長さ3m未満で、推進機関の出力が1.5キロワット未満のもので、電動船外機またはそれ以外の船外機で、巻き込み防護用のプロペラガードが付いているもの	長さ3m未満で、推進機関の出力が1.5キロワット未満のもの
2003年11月以降（新ボート免許制度）	長さ3m未満で、推進機関の出力が1.5キロワット未満のもので、プロペラによる人の身体の傷害を防止する構造を有するもの	長さ3m未満で、推進機関の出力が1.5キロワット未満のもの

4 ヨットとボートの各部の名称

欧米で生まれたヨットやボートには、カタカナ表記の名称が多く使われています。
そこで、ヨットとボートに分類し、デッキ、セール、船内、船底など、それぞれの各部の名称を分かりやすく解説します。

ヨットとボートの各部の共通名称

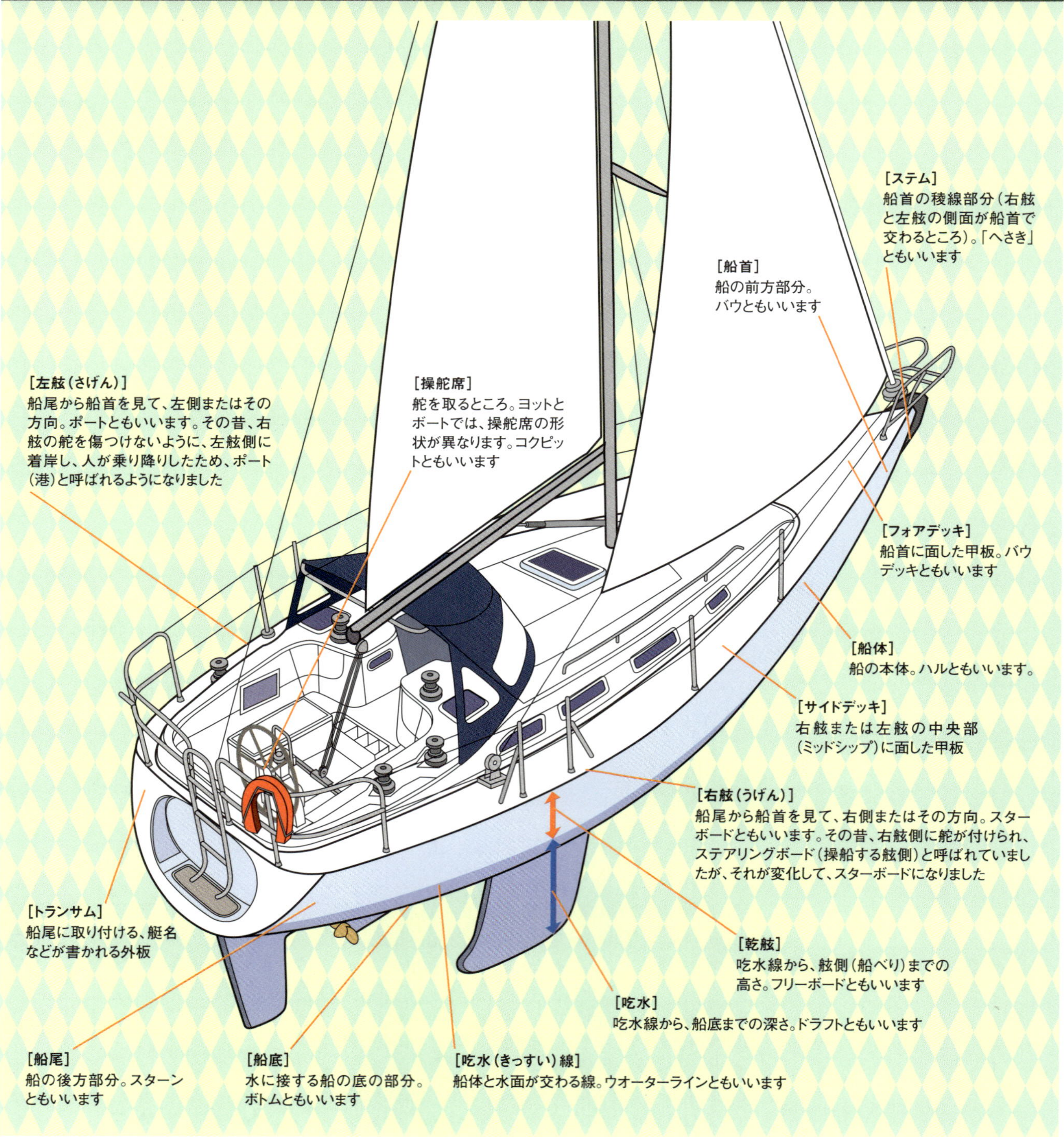
［ステム］
船首の稜線部分（右舷と左舷の側面が船首で交わるところ）。「へさき」ともいいます
［船首］
船の前方部分。バウともいいます
［左舷（さげん）］
船尾から船首を見て、左側またはその方向。ポートともいいます。その昔、右舷の舵を傷つけないように、左舷側に着岸し、人が乗り降りしたため、ポート（港）と呼ばれるようになりました
［操舵席］
舵を取るところ。ヨットとボートでは、操舵席の形状が異なります。コクピットともいいます
［フォアデッキ］
船首に面した甲板。バウデッキともいいます
［船体］
船の本体。ハルともいいます。
［サイドデッキ］
右舷または左舷の中央部（ミッドシップ）に面した甲板
［右舷（うげん）］
船尾から船首を見て、右側またはその方向。スターボードともいいます。その昔、右舷側に舵が付けられ、ステアリングボード（操船する舷側）と呼ばれていましたが、それが変化して、スターボードになりました
［トランサム］
船尾に取り付ける、艇名などが書かれる外板
［乾舷］
吃水線から、舷側（船べり）までの高さ。フリーボードともいいます
［吃水］
吃水線から、船底までの深さ。ドラフトともいいます
［船尾］
船の後方部分。スターンともいいます
［船底］
水に接する船の底の部分。ボトムともいいます
［吃水（きっすい）線］
船体と水面が交わる線。ウオーターラインともいいます

ディンギーの各部の名称

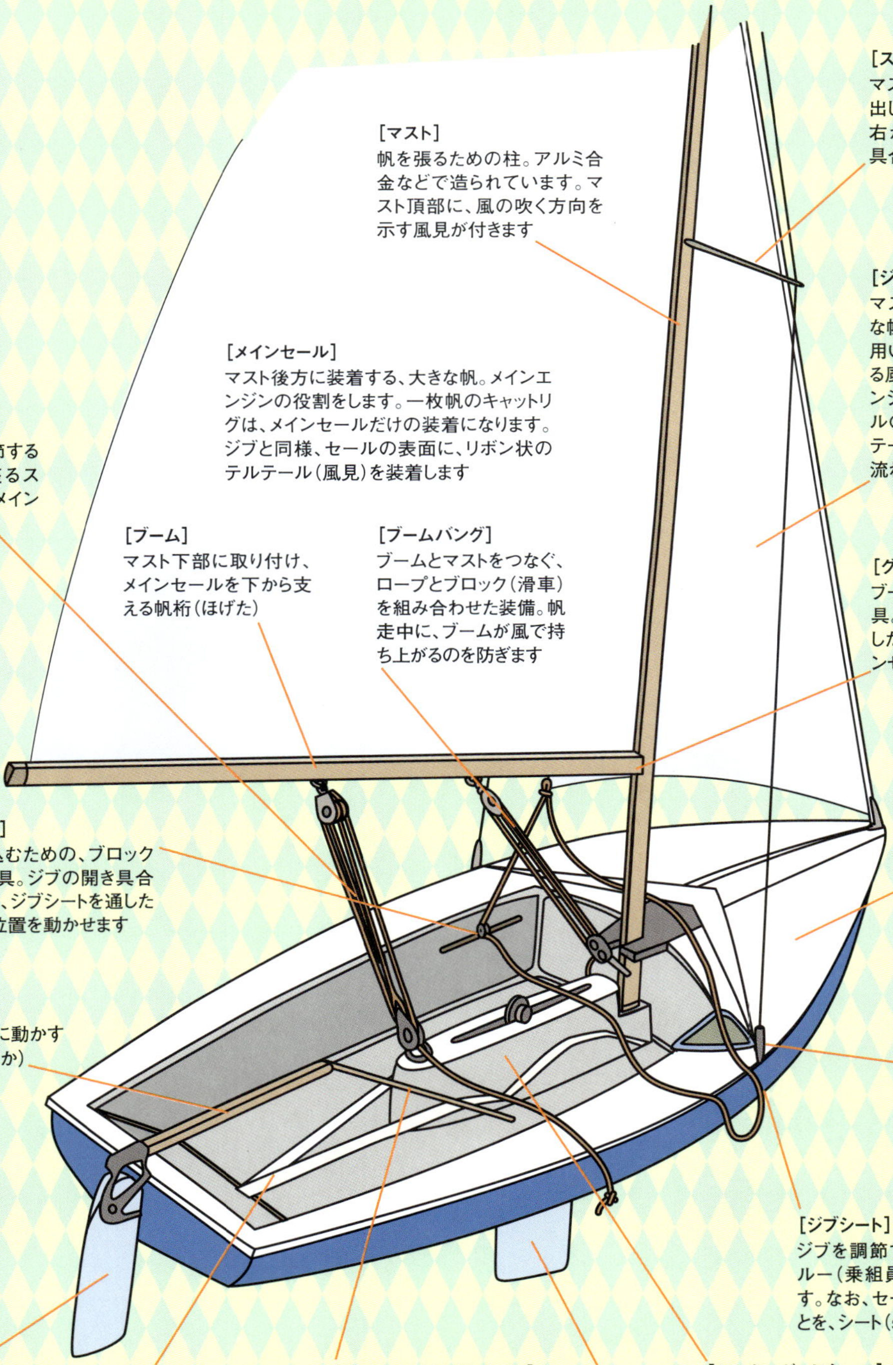

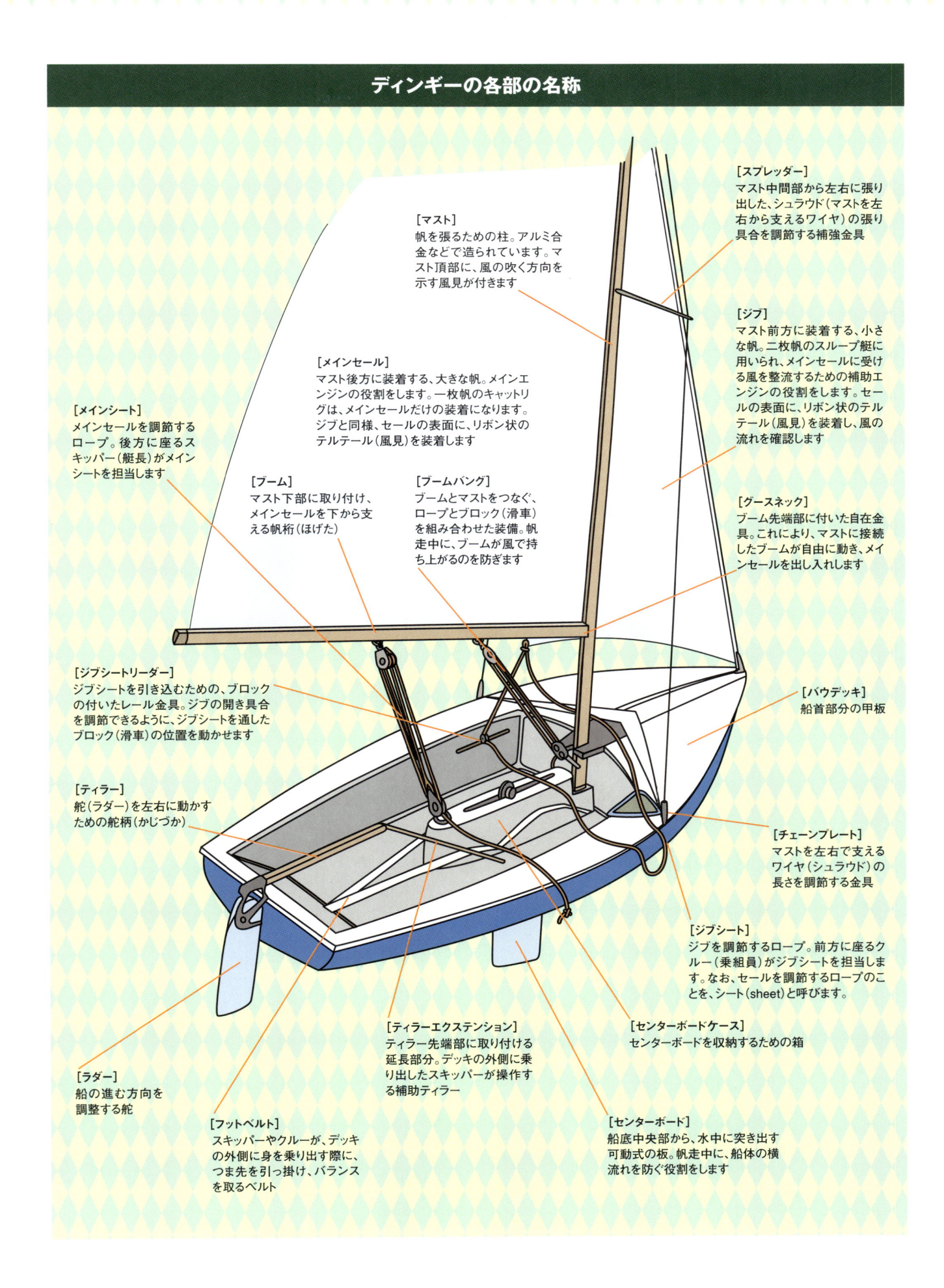

[スプレッダー]
マスト中間部から左右に張り出した、シュラウド（マストを左右から支えるワイヤ）の張り具合を調節する補強金具

[マスト]
帆を張るための柱。アルミ合金などで造られています。マスト頂部に、風の吹く方向を示す風見が付きます

[ジブ]
マスト前方に装着する、小さな帆。二枚帆のスループ艇に用いられ、メインセールに受ける風を整流するための補助エンジンの役割をします。セールの表面に、リボン状のテルテール（風見）を装着し、風の流れを確認します

[メインセール]
マスト後方に装着する、大きな帆。メインエンジンの役割をします。一枚帆のキャットリグは、メインセールだけの装着になります。ジブと同様、セールの表面に、リボン状のテルテール（風見）を装着します

[メインシート]
メインセールを調節するロープ。後方に座るスキッパー（艇長）がメインシートを担当します

[ブーム]
マスト下部に取り付け、メインセールを下から支える帆桁（ほげた）

[ブームバング]
ブームとマストをつなぐ、ロープとブロック（滑車）を組み合わせた装備。帆走中に、ブームが風で持ち上がるのを防ぎます

[グースネック]
ブーム先端部に付いた自在金具。これにより、マストに接続したブームが自由に動き、メインセールを出し入れします

[ジブシートリーダー]
ジブシートを引き込むための、ブロックの付いたレール金具。ジブの開き具合を調節できるように、ジブシートを通したブロック（滑車）の位置を動かせます

[バウデッキ]
船首部分の甲板

[ティラー]
舵（ラダー）を左右に動かすための舵柄（かじづか）

[チェーンプレート]
マストを左右で支えるワイヤ（シュラウド）の長さを調節する金具

[ジブシート]
ジブを調節するロープ。前方に座るクルー（乗組員）がジブシートを担当します。なお、セールを調節するロープのことを、シート（sheet）と呼びます。

[ティラーエクステンション]
ティラー先端部に取り付ける延長部分。デッキの外側に乗り出したスキッパーが操作する補助ティラー

[センターボードケース]
センターボードを収納するための箱

[ラダー]
船の進む方向を調整する舵

[フットベルト]
スキッパーやクルーが、デッキの外側に身を乗り出す際に、つま先を引っ掛け、バランスを取るベルト

[センターボード]
船底中央部から、水中に突き出す可動式の板。帆走中に、船体の横流れを防ぐ役割をします

クルーザーヨットの各部の名称

デッキ周辺の名称

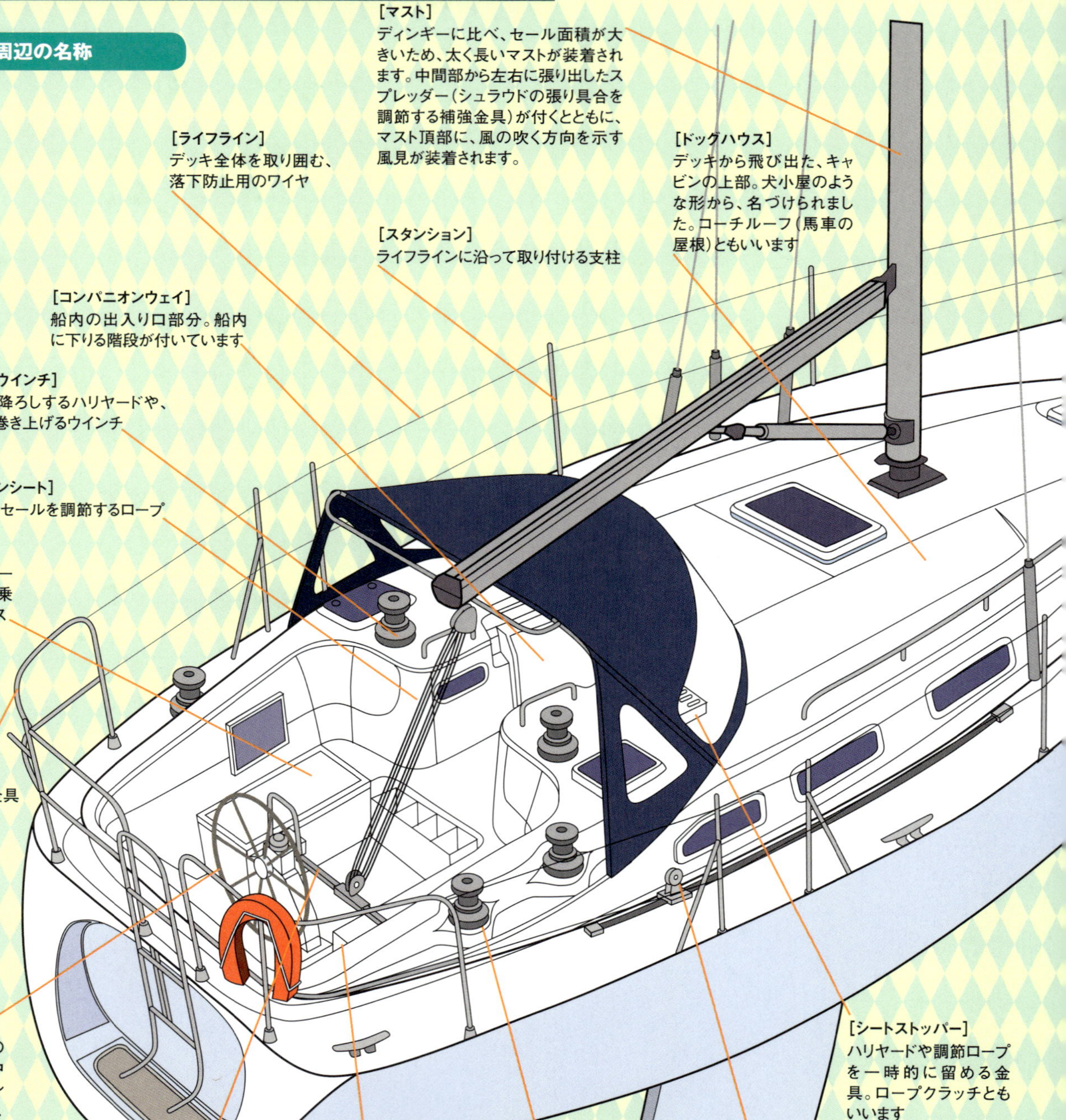

［マスト］
ディンギーに比べ、セール面積が大きいため、太く長いマストが装着されます。中間部から左右に張り出したスプレッダー（シュラウドの張り具合を調節する補強金具）が付くとともに、マスト頂部に、風の吹く方向を示す風見が装着されます。

［ライフライン］
デッキ全体を取り囲む、落下防止用のワイヤ

［ドッグハウス］
デッキから飛び出た、キャビンの上部。犬小屋のような形から、名づけられました。コーチルーフ（馬車の屋根）ともいいます

［スタンション］
ライフラインに沿って取り付ける支柱

［コンパニオンウェイ］
船内の出入り口部分。船内に下りる階段が付いています

［ハリヤード用ウインチ］
セールを揚げ降ろしするハリヤードや、調節ロープを巻き上げるウインチ

［メインシート］
メインセールを調節するロープ

［操舵席］
舵を操るスキッパーのほか、クルーが乗り込む操船スペース

［スターンパルピット］
船尾に付いた、手すり金具

［ステアリングホイール］
舵を左右に動かすための舵輪（だりん）。小型、中型ヨットでは、ステアリングホイールの代わりに、ティラー（舵柄。下の写真）が取り付けられます

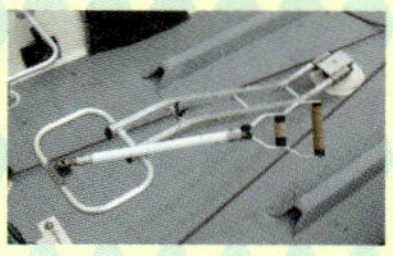

［シートストッパー］
ハリヤードや調節ロープを一時的に留める金具。ロープクラッチともいいます

［メインシートトラベラー］
メインシートを出し入れするための、ブロック（滑車）の付いたレール金具

［スロットルレバー］
速力を調節するとともに、前進と後進を切り替えるエンジン操作レバー

［ジブシート用ウインチ］
ジブシートを巻き上げるウインチ。右舷と左舷に取り付けられます

［ジブシートリーダー］
ジブシートを引き込むための、ブロック（滑車）の付いたレール金具

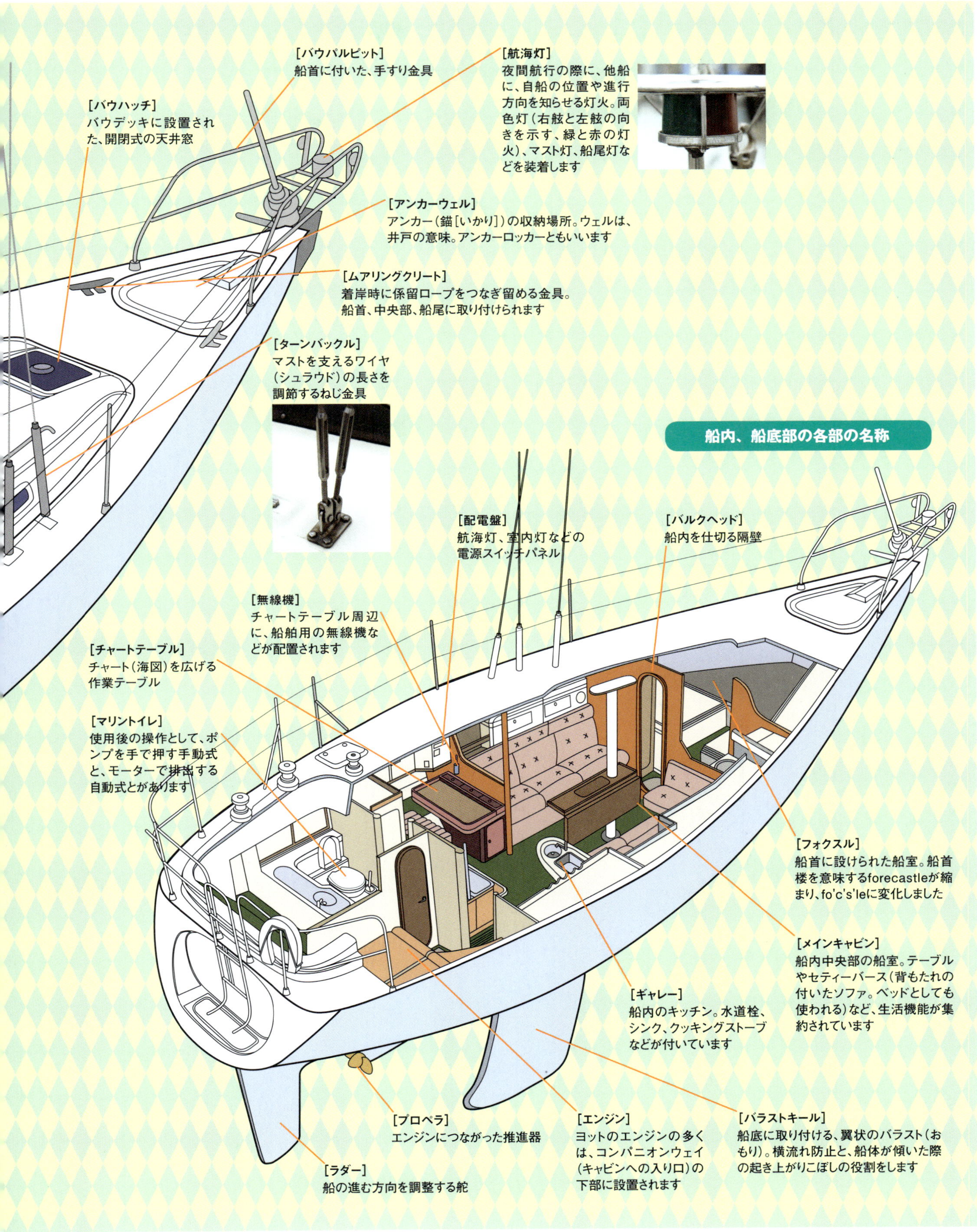
[バウパルピット]
船首に付いた、手すり金具
[航海灯]
夜間航行の際に、他船に、自船の位置や進行方向を知らせる灯火。両色灯（右舷と左舷の向きを示す、緑と赤の灯火）、マスト灯、船尾灯などを装着します
[バウハッチ]
バウデッキに設置された、開閉式の天井窓
[アンカーウェル]
アンカー（錨[いかり]）の収納場所。ウェルは、井戸の意味。アンカーロッカーともいいます
[ムアリングクリート]
着岸時に係留ロープをつなぎ留める金具。
船首、中央部、船尾に取り付けられます
[ターンバックル]
マストを支えるワイヤ（シュラウド）の長さを調節するねじ金具
船内、船底部の各部の名称
[配電盤]
航海灯、室内灯などの電源スイッチパネル
[バルクヘッド]
船内を仕切る隔壁
[無線機]
チャートテーブル周辺に、船舶用の無線機などが配置されます
[チャートテーブル]
チャート（海図）を広げる作業テーブル
[マリントイレ]
使用後の操作として、ポンプを手で押す手動式と、モーターで排出する自動式とがあります
[フォクスル]
船首に設けられた船室。船首楼を意味するforecastleが縮まり、fo'c's'leに変化しました
[メインキャビン]
船内中央部の船室。テーブルやセティーバース（背もたれの付いたソファ。ベッドとしても使われる）など、生活機能が集約されています
[ギャレー]
船内のキッチン。水道栓、シンク、クッキングストーブなどが付いています
[プロペラ]
エンジンにつながった推進器
[エンジン]
ヨットのエンジンの多くは、コンパニオンウェイ（キャビンへの入り口）の下部に設置されます
[バラストキール]
船底に取り付ける、翼状のバラスト（おもり）。横流れ防止と、船体が傾いた際の起き上がりこぼしの役割をします
[ラダー]
船の進む方向を調整する舵

4 ヨットとボートの各部の名称

マストとセールの各部の名称

マスト周辺のワイヤの名称

[バックステイ]
マストを後方で支えるワイヤ。ディンギーには装着されません

[フォアステイ]
マストを前方で支えるワイヤ

[ジブハリヤード]
ジブを揚げ降ろしするための、ロープもしくはワイヤ

[メインハリヤード]
メインセールを揚げ降ろしするための、ロープもしくはワイヤ

[シュラウド]
マストを左右で支えるワイヤ。サイドステイともいいます

セール各部の名称

[ピーク]
セールの上部。頂部の穴にハリヤードを結び、セールを揚げ降ろしします

[リーチリボン]
セール上の風の流れ具合を確認するための吹き流し

[ラフ]
セールの前縁。メインセールのラフは、マストに接し、ジブのラフは、フォアステイに接しています

[バテン／バテンポケット]
バテンは、セールの形状を保つための樹脂製の板。バテンポケットは、セールのリーチに設けられたバテンの差し込み口

[リーチ]
セールの後縁。ゆるいカーブに仕上げています

[カニンガムホール]
タック上部の穴。ロープを通し、メインセールのラフの張り具合を調節します

[シーム]
セール生地の縫い目

[タック]
セール前縁の角の部分。メインセールのタックは、金具で固定します

[クリュー]
セール後縁の角の部分。ジブのクリューには、ジブシートが結ばれます

[フット]
セールの下縁。メインセールのフットは、ブームに接しています

モーターボートの各部の名称

デッキ周辺の名称

[エンジン]
写真は、船外機の搭載例
[ハードトップ]
操舵席を覆う屋根状の構造物。より大型艇になると、フライブリッジと呼ばれる、一段高い位置に操舵席が設けられます
[カディ]
荷物などを収納する、小さなキャビン
[燃料タンク]
小型艇では、持ち運びに便利な携行缶が使われます。大型艇では、タンクが船内に設置されます
[ムアリングクリート]
着岸時に係留ロープをつなぎ留める金具。船首、中央部、船尾に取り付けられます
[アンカーウェル]
アンカー（錨）の収納場所。アンカーロッカーともいいます
[バウレール]
船首に付いた、手すり金具

操舵席周辺の名称

[ステアリングハンドル]
舵をコントロールするハンドル
[航海計器]
エンジン回転計、燃料計、水温計のほか、方位コンパスなどが付きます
[スロットルレバー]
速力を調節するとともに、前進と後進を切り替えるエンジン操作レバー

船底部の名称

[ストレーキ]
船底部の前後方向に延びた、筋状の突起。波をさばき、安定性を向上させます
[チャイン]
ボートの側面と船底とが交差する部分。交わる角度により、旋回性能などに影響を及ぼします
[キール]
船底中央部を貫く、船体の背骨にあたる部分。波の衝撃を受けるため、強度が要求されます

5 装備品の種類と特徴

ヨットやボートには、船体を確実に留める係船用品や、安全に役立つ航海用具などが取り付けられています。
代表的な装備品の種類と特徴を分かりやすくまとめました。

ヨットに搭載される装備品

ディンギーやクルーザーヨットは、セールを推進力にするため、モーターボートにはない独自の装備が施されています。

1. シート

セールを調整するロープは、一般にシートと呼ばれていますが、なかでも、外皮と中芯を組み合わせたダブルブレード（丸編みの二重構造）と呼ばれるタイプがよく使われています。

①外皮の特徴

外皮はおもにポリエステル繊維が使われています。吸水が少なく、紫外線などの耐候性に優れ、伸びが少ないのが特徴です。強度そのものは中芯が受け持つため、外皮は、中芯を保護し、握りやすい編み目を施したカバーの役割をします。

②中芯の特徴

ポリエステルなどの従来の素材に加え、スペクトラやダイニーマなど、超高分子量ポリエチレン繊維を使った、いわゆるスーパー繊維が主流になりつつあります。このスーパー繊維は、ばらばらになりやすい分子の向きを整えることにより、引っ張り強度を高め、伸びを抑える特性があります。

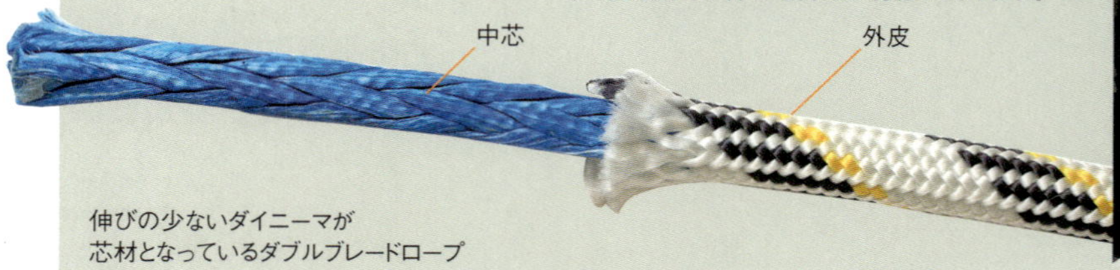

伸びの少ないダイニーマが
芯材となっているダブルブレードロープ

2. ウインチ

ディンギーの場合、ジブ（マストの前に付いた小さいセール）を調整するシートは、クルーの手でコントロールしますが、クルーザーヨットのジブは、面積が大きいので、クルーが手で引くことはできません。そのため、デッキの右舷と左舷に取り付けたウインチにジブシートを巻き付け、引いたり出したりの調整を行います。

いくつかのギアが組み込まれたウインチは、ウインチハンドルの回転操作で減速され、小さな力でシートを巻き取ることができます。巻き上げる力は、ウインチのパワー比を示す数字で表されます。例えば、「8：1」であれば、8分の1の力でシートを巻き上げる能力を持っています。巻き上げ速度（減速比）は、一般的なシングルスピード（一定の回転数）のほか、より大きなトルクのセカンドギアを内蔵した2スピードがあります。

種類としては、巻き取る側のシートを片手でたぐり寄せながら、ウインチハンドルを操作するスタンダードタイプと、ウインチ本体上部の溝にシートをはさむと、自動的に巻き取るセルフテーリングタイプがあります。

（左）セルフテーリング機能の付いたウインチ
（上）ウインチの内部は複雑な構造になっており、定期的にメインテナンスが必要

3. ブロック

ディンギーやクルーザーヨットのメインシート（メインセールを調整するロープ）には、ブロック（滑車）が取り付けられています。これは、風圧のかかるメインシートの荷重を減らし、小さな力でセールを操るための装備です。ウインチを取り付けにくい構造上、いくつかのブロックを介して、ウインチと同じように減速しています。

帆船時代のブロックには、カシなどの堅い木が使われました。その後、真ちゅう（銅と亜鉛の合金）を経て、本格的な合成樹脂の第１号になったベークライトがシーブ（ブロックの回転部分）の素材に用いられ、現在は高強度の合成樹脂で作られています。レース艇などには、軽量で強靭（きょうじん）なチタニウムが使われています。

種類としては、シーブが一つのシングルブロック、二つのダブルブロック、歯車が内蔵されたラチェットブロックなど、用途に応じてさまざまなタイプがあります。

ブロックは、ディンギーやクルーザーヨットの多くの部分に使われている

4. クリート、シートストッパー

クリートは、シートやコントロールロープなどを一時的につなぎ留める装備品。ディンギーでは、ジブシートやコントロールロープなどにカムクリート（軸の回転に対応し、二つの向かい合った卵形のカムでロープを留める金具）が使われています。また、荷重の弱い箇所には、クラムクリート（V字型の溝に刻みを入れ、ロープを留める金具）が用いられています。もやいロープをつなぎ留める金具は、ムアリングクリートと呼ばれています。

一方、クルーザーヨットでは、ウインチで巻き取ったコントロールロープやハリヤードは、キャビン入り口脇に取り付けたシートストッパー（ハンドルでカムを操作し、ロープを留める金具）が使われています。

おもに細いシートを留めるのに用いられるカムクリート

数多くのシートストッパー（奥）が並ぶ、大型セーリングクルーザーのドッグハウス上部

5. ブームバング

メインセールの下縁を支えるブームとマスト下部とをつなぐ装備品。風の勢いでブームが持ち上がるのを防ぐ役割があります。種類としては、ロープとブロックを組み合わせた一般的なソフトタイプ（おもにディンギー向け）と、アルミ合金の伸縮式チューブにスプリングを内蔵し、ロープとブロックで調整するリジッドタイプがあります。リジッドタイプは、セールを降ろした状態でも、スプリングの反発力でブームの位置を水平に保てるため、セールの揚げ降ろしが簡便なのが特徴です。レース艇のほか、クルージング艇にも広く使われています。

ソフトバング

リジッドバング

ヨットにもボートにも大切な係船用品

マリーナの桟橋に留めたり、沖に停泊したりする際に必要なのが、係船用品。操船に必要な装備と同様、船を安全に留める装備もまた大切です。

1. フェンダー

船を桟橋や岸壁などに係留する際に、船体側面につり下げる防舷材。形状は、空気を詰めた、柔らかい樹脂製の円筒形や球形などさまざま。船体を保護するため、大きな船ほど、大型のフェンダーが必要です。また、収納時に小さく折りたためるマット状のタイプや、船首や船尾を保護するコーナーフェンダーもあります。船のサイズにもよりますが、一般的に、片舷に3個程度のフェンダーを使います。

なお、係留状況が分かりにくい場所へクルージングに出掛ける際は、予備をいくつか持っていたほうが安心です。

最もポピュラーの円筒形のフェンダー。球形やマット状のタイプもある

2. フェンダー関連用品

フェンダーは通常、細いロープをライフライン（ヨットのデッキ外周に張られた、転落防止用のワイヤ）や、ハンドレール（ボートのサイドデッキに付けられた、ステンレスの手すり）などに結びますが、慣れない場所に係留するときは、ロープの長さ調節に手間取ることがあります。そんな手間を省くのが、フェンダークリップ（商品名はいろいろ）。長さを簡単に調節できるアジャスターが付いているので、ワンタッチで素早くフェンダーの位置を固定できるアイデア商品です。

また、使わないときに、スマートに収納できるフェンダーホルダーは、デッキスペースに余裕のある大型ボートに装着されています。フェンダーの出し入れが容易で、走行中に転がる心配がありません。

フェンダーをつるすロープに取り付ける、フェンダークリップ。ほかにもさまざまなアイデア商品がある

3. アンカー

船を海上に留めるための錨（いかり）。海底の土質（砂地、岩場など）により、把駐力（食い込む度合い）が異なります。ヨットやボートで一般的に使われる代表的なアンカーをいくつか紹介します。

①ダンフォースアンカー

アメリカのダンフォース社が開発した製品で、薄く広い爪（フルーク）が海底に刺さり、大きな把駐力を生みます。形状がよく似た他社のアンカーも出回っていますが、これらは、ダンフォース型と総称されています。

②CQRアンカー

イギリスのシンプソン・ローレンス社が開発した製品で、先端部が鋤（すき）のような形状をして、爪の部分が動くため、砂地に食い込みやすい特徴があります。走錨（そうびょう：アンカーが抜けて、船が動きだす現象）しにくいので、クルージング艇によく使われています。

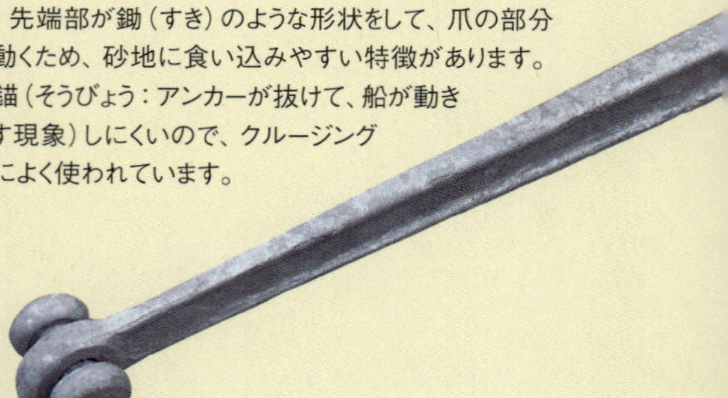

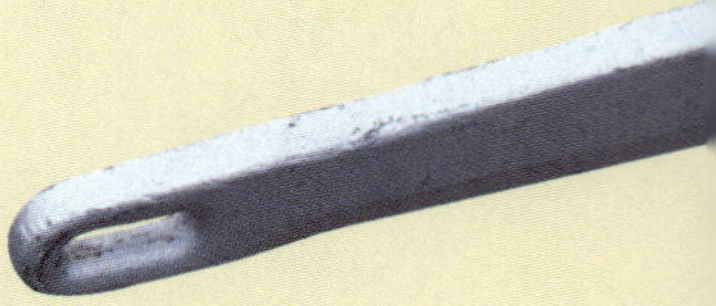

③ブルースアンカー

北海油田のために開発された製品で、ダンフォースアンカーのような可動部はなく、一体的に作られているのが特徴。軟らかい砂地でもよく食い込み、CQRアンカーと同様、クルージング艇に搭載されています。

4. アンカーロープ、チェーン

ロープの太さは、船のサイズ（長さや総トン数）により異なりますが、25ft前後のヨットの場合、直径10mmから12mm程度のものが使われています。素材は、ナイロンなどの化学繊維が一般的。適度な伸びのあるナイロンは、風波による船の揺れによる衝撃を吸収する効果があります。

アンカーロープの長さは、海底までの長さの5倍以上が目安。ロープが短いと、アンカーの把駐力を引き出せず、走錨するおそれがあります。

大型艇の場合は、ロープでは強度を保てないため、チェーンを代わりに使うことがあります。アンカー側に一定の長さのチェーンを使い、ロープにつなぐ方法と、すべてチェーンにする方法とがあります。帆走時にアンカーウェル（船首部のアンカー収納場所）が重くなりますが、フルチェーンのほうが把駐力に優れています。

バウデッキに用意された、アンカーとチェーン、アンカーロープ

5. ウインドラス

重いアンカーや、チェーンをつないだアンカーを、手で引き上げるのは相当な作業になります。そんな苦労を省いてくれるのが、モーターの力で巻き上げるウインドラス（揚錨機）。船首に取り付け、ボタン一つで操作できますが、チェーンを巻き取るジプシーと呼ばれるホイールの構造上、溶接部分のバリが残りやすい亜鉛メッキのチェーンだと、バリがジプシーに引っ掛かりやすい傾向にあります。表面が滑らかなステンレスチェーンのほうが、動きはスムースです。

ウインドラスというと、大型艇のイメージがありますが、ロープ専用タイプもあります。小型から中型の釣りボートに使われています。

モーターボートのバウ（船首）に設置されたウインドラス

安全に役立つ航海用具

クルージングなどに出掛ける際に必要となるのが、各種の航海用具。目的地の針路を確認したり、自船や他船の位置を把握したりする、大切な装備です。

1. マグネティックコンパス

航海用具の基本となるのが、目的地の方位を確認するマグネティック（磁気）コンパス。ヨットやボートに使われるコンパスは、東西南北を表示した円盤状のコンパスカードの裏側に磁石を取り付け、コンパス液を満たした透明なカプセルに組み込んだタイプが一般的です。

種類としては、操舵席に取り付けるタイプ、目標方向に対し、腕を伸ばしてコンパスを構え、方位を読み取るハンドベアリングタイプ、コンパスを目元に近づけ、目標方向に向けて水平に構え、プリズムによって拡大された目盛りを読み取るミニタイプなどがあります。

コンパスカードは、北が0度、東が90度、南が180度、西が270度を示し、360度に分割されています。海図から読み取った、目的地の方位をコンパスで確認しながら、針路を進みます。

操舵席に取り付けたマグネティックコンパス。360度表示で方位を示すほか、内側のコンパスカード（目盛り）の傾きによって、船体の傾きを知ることができる

2. GPS受信機

複数の人工衛星からの電波を受信し、位置を測定するGPS（グローバルポジショニングシステム）は、カーナビをはじめ、携帯電話などに使われている位置情報システム。

自船の位置を正しく知ることは、安全な航海につながります。測定した緯度と経度から現在地を割り出すGPS機能と、自船の航跡や海岸線情報を表示する、液晶画面とを一体化したGPSプロッターは、画面の地図上に自船の位置を映し出し、設定した目的地までの距離、方位、艇速から算出した到着予想時刻などを表示する便利なナビゲーションツールです。

種類としては、据え置きタイプのほか、本体にアンテナを組み込んだ、手のひらに収まる小型軽量のハンディータイプがあります。

JAXA（宇宙航空研究開発機構）が2010年に打ち上げた準天頂衛星「みちびき」の1号機の運用が開始され、日本のほぼ真上（準天頂）を定期的に周回しながら、GPSと同一の測位信号を送信しています。それにより、いままで電波が届きにくかった山間地や高層ビルに囲まれた都市部でも容易に測位できるようになりました。将来的には、衛星の数を増やすとともに、補強信号を送信し、1m以内の位置精度を目指しています（GPSの位置精度は10m程度）。日本版GPSの早期実用化が望まれています。

画面の地図上（左側）に自船の位置を表示するGPSプロッター。写真は魚群探知機の機能（右側の画面）も備えたタイプ

3. オートパイロット

目的地の針路（コンパス角度）を設定すれば、そのコースを維持し、手放し操船が可能なオートパイロット（自動操舵装置）は、クルージング艇にはおなじみの航海用具。電子コンパス、マイクロプロセッサー、モーターで構成された本体を、舵を調節するティラー（もしくはステアリングホイール）につなぎ、針路を固定する仕組みです。

例えば、大きな波が船体にぶつかり、その勢いでコースを外れた場合、設定角度が入力されたマイクロプロセッサーは、電子コンパスを通じ、コースのずれを読み取り、その修正値をモーターに伝達し、舵の向きを元に戻す働きをします。

種類としては、舵柄に固定するティラータイプ、舵輪に取り付けるホイールタイプ（いずれもクルーザーヨット用）、船内埋め込みタイプ（モーターボート用、クルーザーヨット用）があります。

小型から中型のクルーザーヨットに用いられる、ティラーに装着するタイプのオートパイロット

4. レーダー

レーダーは、自ら発射した電波の反射波を捉えることにより、海上の他船やブイなどの位置を読み取り、画面に表示する航海用具です。濃霧や夜間航行など、視界の悪い状況に役立ちます。

電波は一直線上に進む性質があり、途中で物体にぶつかると、電波は跳ね返されます。その反射波の戻る時間を測定し、距離に換算することで、物体までの距離を表示します。電波の伝搬速度は、1秒間に約30万km。その速さにより、広範囲な海上での他船の動きを素早くキャッチできるのです。

搭載は任意ですが、操作するには、海上特殊無線技士の資格が必要です。レーダーの出力により、第一級から第三級まであります。なお、出力5kW以下の小型船用レーダーは、操作資格は不要ですが、無線局（船舶局）免許が必要です。総務省の各総合通信局に申請書類を提出し、免許を取得します。

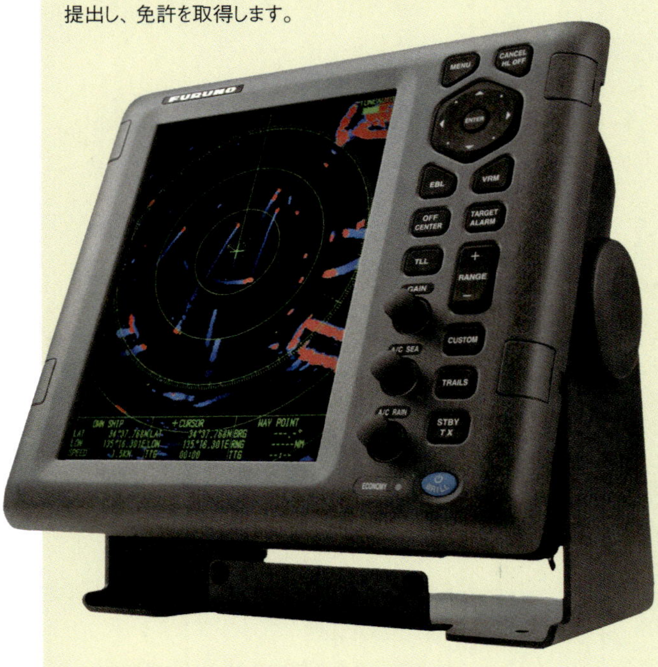

カラー液晶レーダー。船外に取り付けたアンテナとセットで機能する

5. 国際VHF無線機

海上での船舶間の通話を行う国際基準の無線機。仲間の船同士なら、携帯電話で通話できますが、種類の異なる船舶とは、共通の無線システムがないと、通話できません。海外で広く使われている国際VHF無線機ですが、日本では小型船舶での使用に制約がありました。2008年のイージス艦衝突事故（千葉県の野島崎沖で、海上自衛隊のイージス護衛艦〈あたご〉と、千葉県勝浦市漁協所属の漁船〈清徳丸〉が衝突した事故）を契機に、海難防止の観点から規制緩和が進められ、プレジャーボートなどにも、簡素な手続きで、国際VHF無線機を搭載できるように電波法が改正されました。

搭載は任意ですが、操作するには、無線局（船舶局）免許のほか、出力5W以下のハンディータイプは、第三級海上特殊無線技士以上、25W以下の据え置きタイプ（緊急時に自船の位置情報と遭難信号を周囲の船舶に送信するDSC機能を持つハンディータイプを含む）は、第二級海上特殊無線技士以上の資格が必要です。

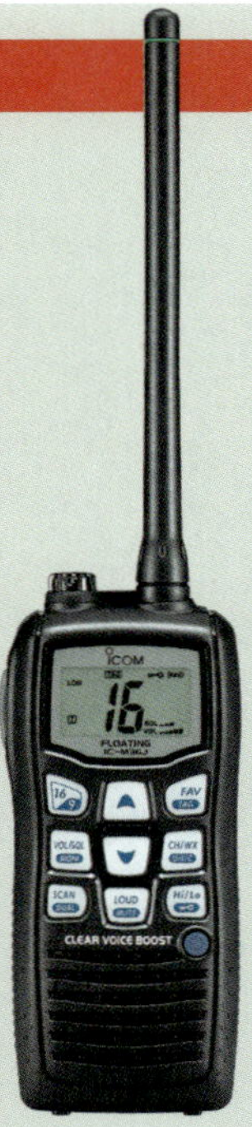

ハンディータイプの5W国際VHF無線機

据え置き型の25W国際VHF無線機

6 マリンエンジンの種類と特徴

クルーザーヨットやモーターボートに使われるマリンエンジンには、艇種や設置場所に応じ、いくつかの種類があります。一般的に利用されているエンジンを種類別に分類し、それぞれの特徴をまとめました。

風で走るクルーザーヨットもエンジンは必需品

モーターボートやクルーザーヨットには、推進機関として、エンジンが搭載されています。エンジンを駆動力とするモーターボートはもちろんのこと、セールに風を受けて走るクルーザーヨットも、マリーナなどの出港の際に、沖に出るまでエンジンを使います。入港の際は、マリーナに入る前にセールを降ろし、エンジンによる徐行運転で安全にアプローチします。

また、クルーザーヨットは、風が弱いときには、セールを揚げたままエンジンをかけて速度を稼ぐ「機帆走」や、風がまったく吹いていない場合には、帆走を諦め、セールを降ろし、エンジンの推進力に頼る「機走」も行われます。このように、クルーザーヨットにとっても、エンジンは欠かせない大切な装備なのです。

ヨットやモーターボートに搭載されるエンジンには、いくつかの種類があり、右上の図のように分類することができます。

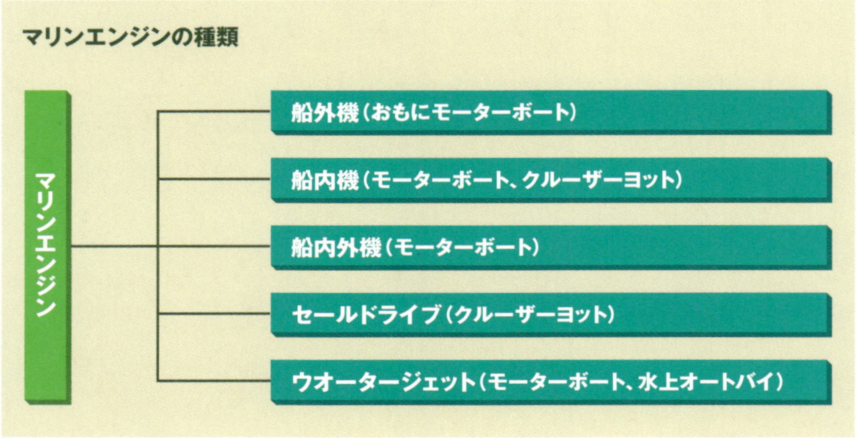
マリンエンジンの種類
マリンエンジン
船外機（おもにモーターボート）
船内機（モーターボート、クルーザーヨット）
船内外機（モーターボート）
セールドライブ（クルーザーヨット）
ウオータージェット（モーターボート、水上オートバイ）

燃焼方式による分類

マリンエンジンを、燃焼方式の違いで分類すると、ガソリンエンジンとディーゼルエンジンとに分けられます。前者は、ガソリンと空気の混合ガスをシリンダーにおいて、吸気、圧縮、点火、排気を行う4ストロークと、吸気と圧縮、点火と排気の二つの行程を同時に行う2ストロークとに分類されます。

一方、後者は、空気のみをシリンダーに吸入し、ピストンで圧縮した、600度前後に達した高温空気に、霧状の燃料を噴射することで、自然着火させ、燃焼させる仕組みです。そのため、ガソリンエンジンに使われる点火プラグの代わりに、燃料噴射装置が取り付けられます。

4ストロークが一般的なマリン用ディーゼルエンジンの燃料には、軽油や重油が使われます。プレジャーボートに搭載されるディーゼルには、軽油がおもに用いられ、大きな馬力を必要とする漁船などには、重油が使われます。

同じエンジンでも、それぞれ長所と短所があります。ガソリンエンジンは、軽量で加速性がいい反面、大馬力の対応に限界があります（波や風の抵抗を受けやすいマリンエンジンは、自動車のエンジンよりも大きな馬力が要求されます）。それに対し、ディーゼルエンジンは、燃費に優れている反面、シリンダー内の高い圧力に耐える頑丈なエンジンブロック（エンジン本体）が必要になるため、製造コストが高くなる傾向にあります。

ふだんは
セールで走るヨットにも、
エンジンが
付いているんだ

幅広いボートに使われる、機能的な船外機

船外機の取り付け位置

① 船外機の構造

ボート免許のいらないミニボートから、中型のモーターボートまで幅広く使われている船外機は、エンジン心臓部、ギア、ドライブシャフト、プロペラを一体化した、船尾に取り付けるエンジンで、アウトボードエンジンとも呼ばれています。ガソリンを燃料とし、2馬力から350馬力程度までの幅広いレンジが揃い、スタンダードなマリンエンジンとして親しまれています。

船外機の特徴は、デッキが広く使えるほか、小馬力では、速度を調整するスロットルレバーを兼ねたティラーハンドルを左右に動かすことにより、舵の働きをします。中馬力以上では、操舵席のステアリングハンドルの操作により、プロペラの向きを変え、舵を切ることができます。

② 船外機の歴史

実用的な船外機の試作としては、アメリカのオーレ・エビンルードが1909年に考案した、「デチャッタブル・ローボートモーター」が有名です。湖畔の別荘にいる恋人に、アイスクリームが溶けないうちに届けたい一心で、手漕ぎボートに取り付ける着脱式モーターを、自ら考え出したというエピソードが残されています。エビンルードは老舗メーカーとして、現在も船外機の製造を続けています。

日本では、かまぼこのすり身を作る、東京の機械メーカーの社長のボート熱が高じ、「天城」という名前の船外機が、1933年（昭和8年）に造られたそうです。これが本邦初と言われています。

量産型としては、東京発動機（現在のトーハツ）が1956年に発売した、「OB-1」が国内第1号になります。1.5馬力、2ストロークの、かわいいエンジンです。それを追うように、ヤマハ発動機も1960年に、同社初の船外機「P-7」（7馬力）を発売しました。

このように、わが国の船外機は、オートバイで培われた2ストロークのエンジン技術を応用し、発展しました（トーハツは1960年代まで、オートバイを製造）。

③ 船外機の環境対策

構造がシンプルで、軽くて扱いやすい2ストロークの船外機は、プレジャーボートの普及に貢献しました。その一方、排気の際に、次の行程に使われる混合ガスの一部が未燃焼のまま排出される構造から、排気ガス中の炭化水素や窒素酸化物などを段階的に削減するため、排気ガス規制が1990年代に欧米で進められ、メーカーの多くは、有害物質の排出を抑制する4ストロークに転換しました。4ストローク化に伴い、構造が複雑になり、同馬力の2ストロークに比べ、重くなりましたが、クリーンな燃焼を実現するとともに、燃費を向上させ、走行中の騒音を抑えるなど、快適なマリンレジャーを生み出しました。

国内では、ヤマハ発動機、スズキ、トーハツ、ホンダなどが製造し、海外にも数多く輸出されています。

140馬力船外機を搭載したフィッシングボート（スズキ・エグザンテ）

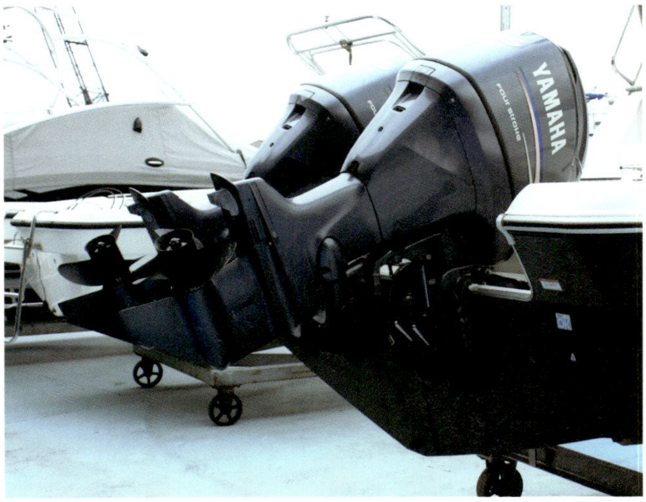

船外機は写真のように跳ね上げることができ、メインテナンスも容易

6 マリンエンジンの種類と特徴

大型艇の駆動力として、信頼される船内機

船内機の取り付け位置

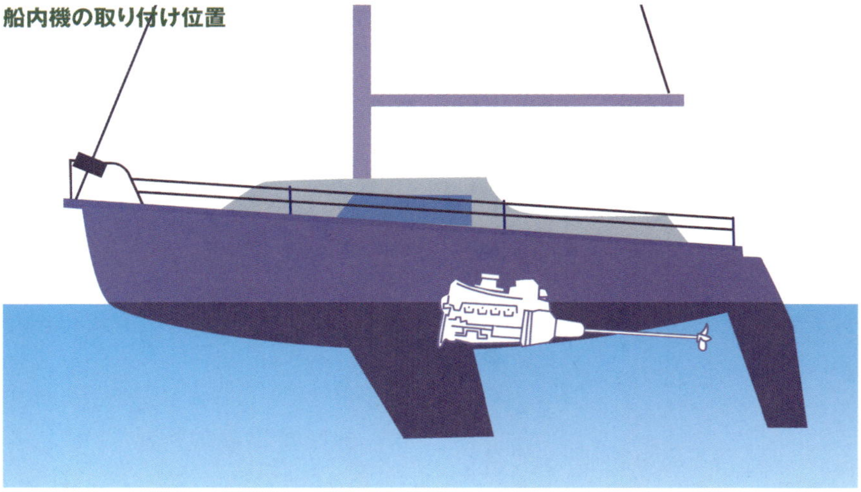

① 船内機の構造

エンジン本体を船内中央部（ミッドシップ）に設置し、船底から突き出たドライブシャフトの先端に、プロペラを取り付けたタイプで、インボードエンジンとも呼ばれています。エンジンを船内に置くため、走行時の安定性は増しますが、限られた空間にエンジンを設置するため、大型のモーターボートやクルーザーヨットを中心に用いられています。ガソリンエンジンでは動かせない大型艇の推進機関として、プレジャーボートのほか、漁船などにも搭載されています。

船内機は、アフト（後部）デッキで釣りをする大型フィッシングタイプのボートでは、デッキの床の高さに制約を受けないため、動きやすいフラットなスペースを生み出す、有用なエンジンとなります。その反面、エンジンルームの上部に設けられるキャビンに制約が加わるほか、振動や騒音が大きくなる傾向にあります。

船内機は、燃費のいいディーゼルが一般的で、ガソリンエンジンに比べ、経済的です。馬力は、モーターボート向けは、100馬力から600馬力、クルーザーヨット向けは、10馬力から60馬力を中心に製造されています。構造的には、プロペラ後方に舵が取り付けられ、操舵席のステアリングハンドルで操作します。

国内では、ヤンマー、いすゞ、コマツなどが製造しています。海外では、ボルボ・ペンタ（スウェーデン）、マン（ドイツ）、カミンズ（アメリカ）などが製造しています。

② ボルボ・ペンタのIPS

マリンエンジンとしては古典的な船内機ですが、ボルボ・ペンタが2004年に発表したIPS（インボード・パフォーマンス・システム）は、船内機のイメージを一新させる画期的な製品として、注目されました。船内中央部にエンジンを置き、ドライブシャフトにプロペラを付けた従来の船内機に対し、2基のエンジンを船尾近くに設置し、それに直結する形で、船底にプロペラを取り付けています。同社の斬新なアイデアは、プロペラを従来とは逆向きに、ちょうど飛行機のように進行方向（船首側）に向けて取り付けたことです。このユニークなシステムにより、推進効率、加速性、燃費を向上させました。

さらに、同社独自の二重反転プロペラ（2枚のプロペラを前後で反転させるシステム）を採用し、直進推進力を高めているのも特徴の一つです。ステアリングハンドルでプロペラの向きを調整するため、いままでの船内機に欠かせなかった舵は必要ありません。

船内機仕様のクルーザーヨットでは、写真のようにプロペラシャフトが船底を貫通する

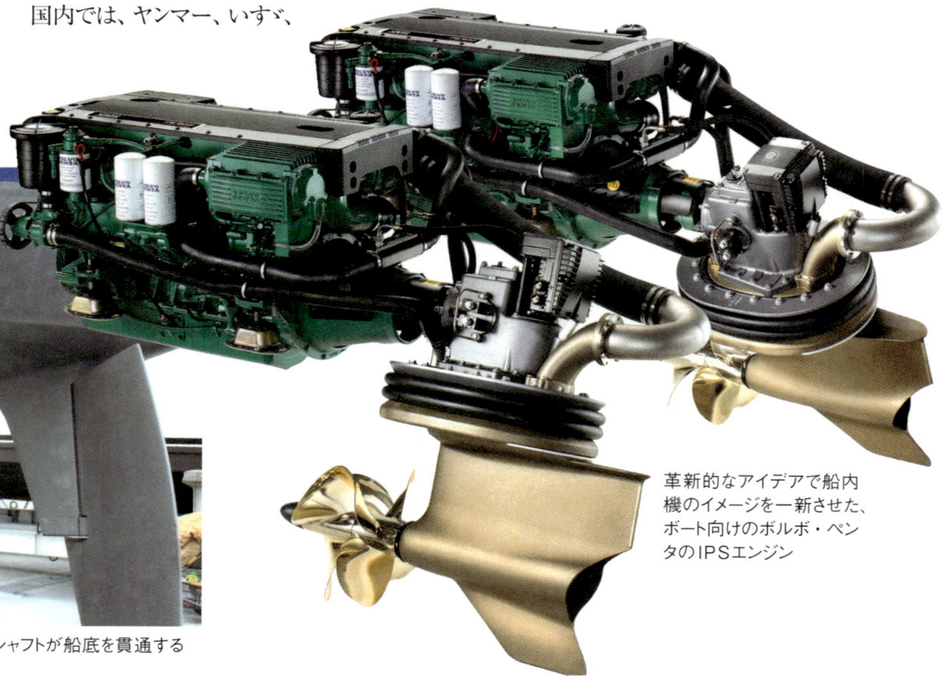

革新的なアイデアで船内機のイメージを一新させた、ボート向けのボルボ・ペンタのIPSエンジン

クルージングボートに最適な船内外機

船内外機の取り付け位置

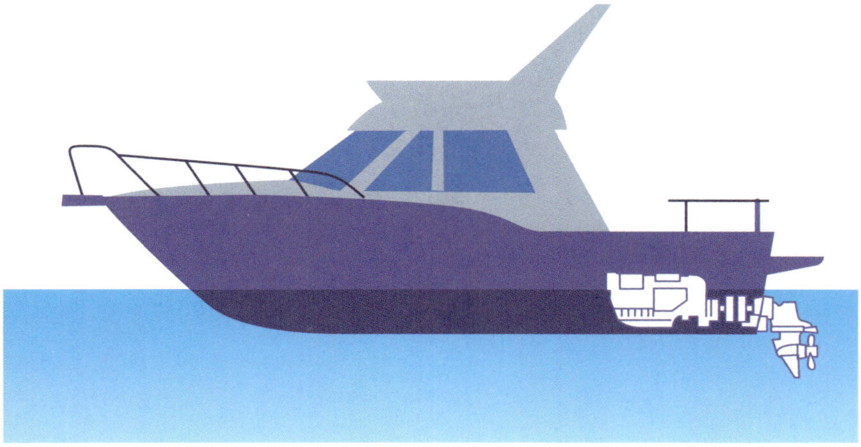

① 船内外機の構造

船尾に設置したエンジンにプロペラを直結した、船内機と船外機の要素を取り入れたタイプです。インボードアウトドライブエンジン、またはスターンドライブとも呼ばれています。30ft（9m）前後のモーターボートに用いられ、おもにディーゼルが使われています。

船内外機の利点は、エンジンを船尾に設置するため、キャビンが広くとれることです。また、船外機と同じように、プロペラを左右に動かすことによって、方向を変えることができるため、舵は必要ありません。ステアリング操作にクセがないのも特徴です。

その一方、船尾のエンジンルームが大きくなり、釣りに必要なフラットなデッキスペースを確保しづらい傾向にあります。したがって、船内外機は、フィッシングボートよりも、キャビン機能を優先したクルージングボートに向いています。馬力は、150馬力から350馬力を中心に製造されています。

② ディーゼルの環境対策

船外機と同様、船内外機や船内機などのマリン用ディーゼルエンジンも、環境対策が進められています。燃費と耐久性に優れたディーゼルですが、シリンダー内で空気と燃料を拡散燃焼させる構造上、混合ガスが均一になりにくく、窒素酸化物や黒煙が発生しやすい特性があります。排気ガスに含まれる、これらの有害物質を削減するための技術開発に、メーカーは力を注いでいます。

なかでも実用化が進んでいる排気ガス対策は、電子制御による高圧燃料噴射装置。燃料噴射圧力を高圧化し、微細化した燃料と空気との混合状態を改善することにより、有害物質を減らす技術です。具体的には、エンジン回転数や燃料温度などを細かく検知し、最適燃焼に必要な燃料の噴射時期や噴射量を電子制御する、コモンレール方式が主流になっています。ポンプで作られた高圧燃料は、コモンレール（蓄圧室）を経て、燃料噴射弁に分配されます。各種センサーがエンジンの運転状態を検知し、噴射時期や噴射量を制御する仕組みです。

この方式は、自動車の環境対策に採用されているものですが、いままでのディーゼルのイメージを払拭する画期的な技術の導入により、マリン用ディーゼルは、クリーンに生まれ変わりました。

国内では、ヤンマー、トヨタなどが製造しています。海外では、ボルボ・ペンタ、マーキュリーマリン（アメリカ）などが製造しています。

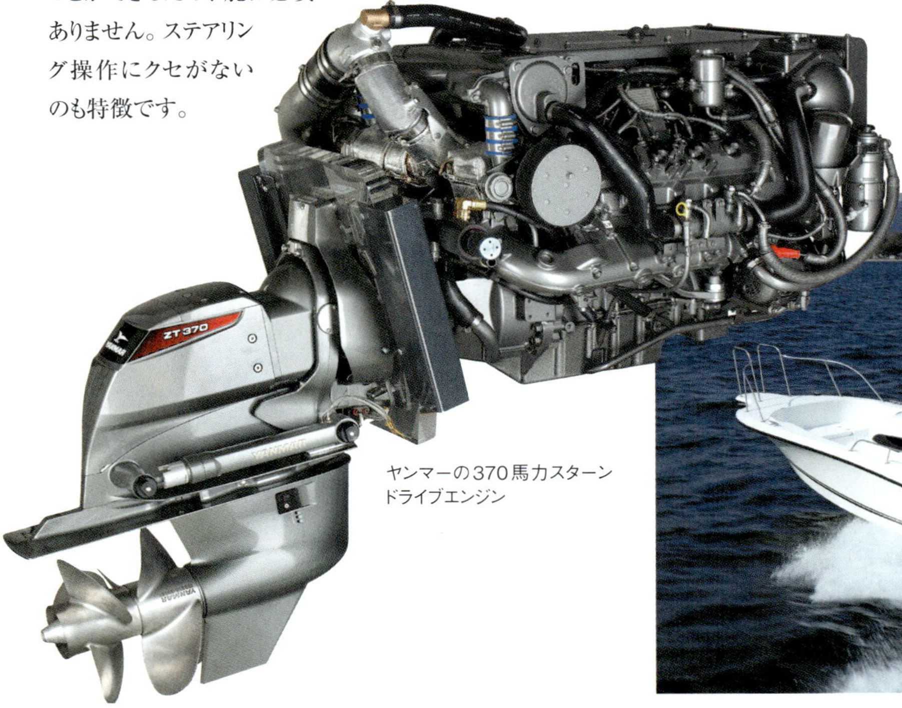

ヤンマーの370馬力スターンドライブエンジン

ボルボペンタの170馬力スターンドライブエンジンを搭載したフィッシングボート（ヤマハ・ファースト26）

ヨット向けに開発されたセールドライブ

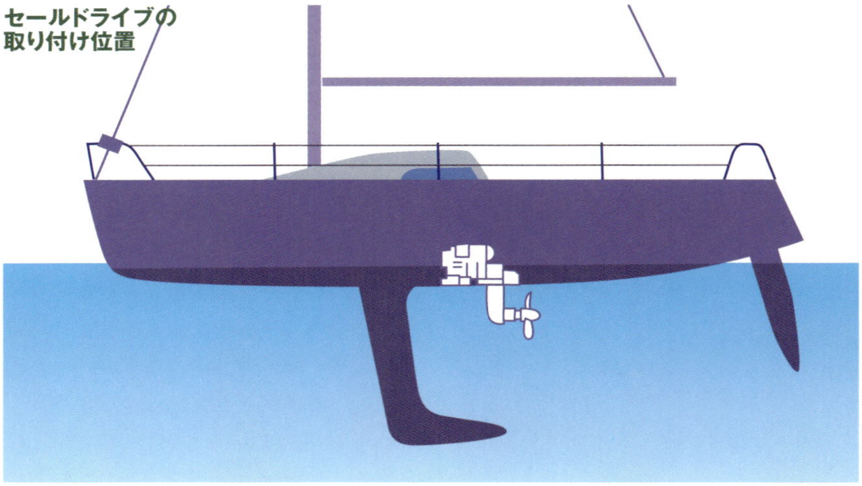

① セールドライブの構造

セールドライブは、クルーザーヨット向けに開発された駆動システムです。分類としては船内機に属しますが、ここでは、独立したエンジンとして扱います。

ボルボ・ペンタが1973年に発売したセールドライブは当初、レース艇を中心に使われていましたが、狭いスペースに設置できるコンパクトな本体と、高い推進力が評価され、クルージング艇にも広がりました。エンジンは、ディーゼルが使われています。

構造的には、船内中央部にエンジンを設置し、それに直結する形で、船底にプロペラを取り付けるものです。エンジンとドライブ部分（シャフト、プロペラ）の取り付けは、船内外機のように密着しているため、重心を集約でき、帆走中のバランスを要求されるクルーザーヨットには理想的な配置が実現します。

② セールドライブの長所

ドライブシャフトが船底から突き出た船内機は、吃水（船体と水面が交わる線）に対し、エンジンとの兼ね合いで、プロペラの位置は斜め下方向になるため、推進力のロスは避けられません。それに対し、セールドライブは、吃水とほぼ平行なるようにプロペラが取り付けられるため、運動エネルギーを効率良く推進力に変換することができます。推進力のロスが小さくなれば、そのぶん、速力は上がります。小馬力のエンジンを搭載するヨットにとって、限られたパワーを推進力に有効に生かせれば、安全航海にもつながります。

また、船底に露出する部分が少ないため、帆走中の水中抵抗が小さくなるのも長所の一つです。加えて、ブレード（翼）を折りたためるフォールディングタイプのプロペラとの組み合わせで、水中抵抗はさらに小さくなります。帆走中は、水流を受けて翼を閉じますが、エンジンを掛けると、遠心力の作用で翼が開く構造になっています。

用途に応じ、翼の枚数が異なるプロペラが用意されています。折りたたんだ際の抵抗がより小さい2枚翼は、おもにレース艇に使われ、推進力の高い3枚翼や4枚翼は、おもにクルージング艇に用いられています。レース艇、クルージング艇を問わず、大きい（重い）ヨットほど、翼の多いプロペラのほうが有効に働きます。

セールドライブは、ヤンマーとボルボ・ペンタの2社が市場の大半を占め、ヤンマーは、13馬力から30馬力、ボルボペンタは、10馬力から100馬力以上の製品を製造しています。

上：ボルボ・ペンタのセールドライブ（D1-13）
左：クルーザーヨットに搭載したセールドライブのプロペラ部分。写真は2枚翼の折りたたみ式

水の噴射で推進するウオータージェット

ウオータージェットの
取り付け位置

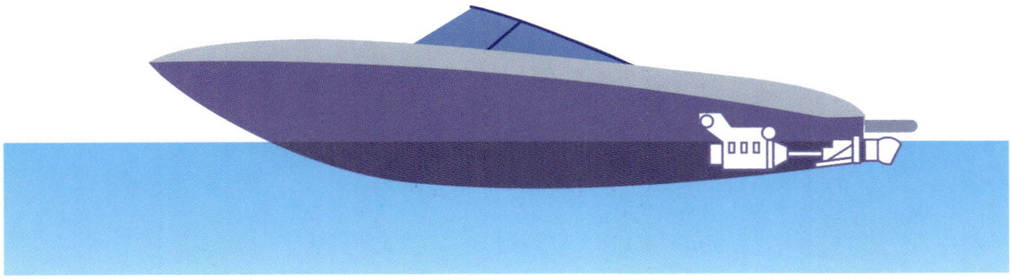

① ウオータージェットの構造

いままで取り上げた、船外機、船内機、船内外機、セールドライブはすべて、プロペラの回転力で推進するエンジンですが、ウオータージェットは、船底から取り込んだ水を、エンジンにつながったポンプで圧力を加え、船尾のノズルから強い噴流を後方に吐き出し、それを推進力にする駆動システムです。ニュージーランドのウイリアム・ハミルトンによって、1953年に考案されました。

プロペラによる推進では、キャビテーション（高速回転時にプロペラ周辺に発生する細かい気泡が推進力を低下させる現象）により、高速走行での推進力のロスを生み出しますが、ウオータージェットは、プロペラがないため、キャビテーションを起こさず、無理のない高速走行を実現します。ノズル先端部のデフレクター（噴流の向きを左右に変える装置）の働きにより、舵を取り付ける必要はありません。

プレジャーボートでは、小型スポーツボートや水上オートバイに搭載されています。大型艇では、海上保安庁の高速巡視船などに使われています。

② ウオータージェットの長所

ウオータージェットは、プロペラ船に比べ、低速時の燃費は劣りますが、高速走行では、燃費が良くなり、持ち前の性能を発揮する推進システムです。ノズルを絞り込むことで、プロペラ船では到達しがたい40ノット（時速74km）を超える高速走行を可能にします。プロペラやドライブシャフトを使わないため、振動や騒音が少なく、乗り心地に優れているほか、船底に突起物がないため、浅瀬での走行が楽しめるのも特徴の一つです。

さらに、ノズル上部に付けられた可動式のバケット（噴流の向きを前方と後方に振り分ける装置）により、後進走行もスムースです。噴流の向きを自在に変えられるため、小回りなどの旋回性能に優れ、軽快な走行を引き出します。

プロペラ船との大きな違いは、走行中に、バケットを後進位置に入れると、推進力が打ち消され、急停止する特性があることです。

エンジンは、モーターボートや水上オートバイの場合、ガソリンが一般的ですが、大型船には、ディーゼルが使われています。国内では、各種ジェットボートを手がける石垣、海外では、ハミルトン・ジェット（ニュージーランド）が有名です。

ヤマハAR190に搭載されるのは、1.8リッター４ストロークのガソリンエンジン

ジェット推進システムでは、吃水より下のプロペラなどの突起物がないため、水深の浅い場所も航行することができる

ジェット推進システムを搭載したヤマハのスポーツボート（AR190）

7 保管施設の種類と特徴

ヨットやボートを預けるマリーナなどは、保管機能に加え、さまざまな情報を発信するとともに、レンタルボートやボート免許教室など、海を安全に楽しむための取り組みを行うマリン基地です。どのような種類の保管施設があるか、見てみましょう。

設備や機能の違いで選べる保管施設

クルマを所有する際に駐車場が必要なように、ヨットやボートを購入するときに探さなくてはならないのが、保管施設です。クルマの場合、自宅の車庫や貸し駐車場を使いますが、プレジャーボートは、海沿いの保管施設に預けるのが一般的です。選ぶ際のポイントは、自宅からの距離、料金、サービスなど、いくつかの要素があります。設備や機能の違いで見ると、以下のように分類されます。

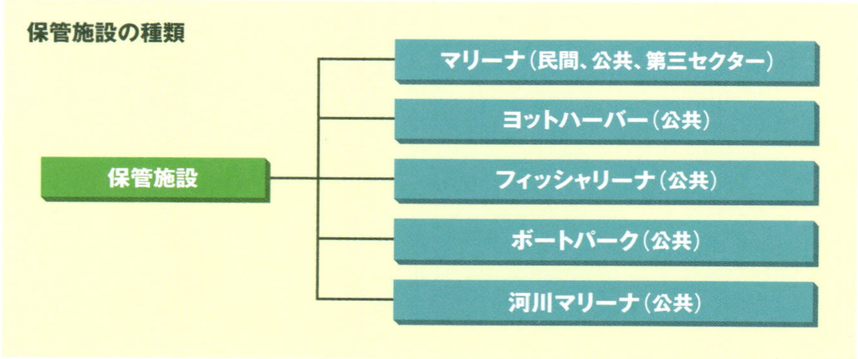

① マリーナ

ラテン語に由来する、「海辺の散歩道」を意味するマリーナは、係留用の桟橋、陸上保管用のボートヤードをはじめ、船の上げ下ろしに使われるクレーンなどが整った、代表的なプレジャーボートの保管施設です。種類としては、民間企業が整備した民間マリーナ、地方公共団体が整備した公共マリーナ、第三セクター（官民共同出資会社）が整備した三セクマリーナがあります。

② ヨットハーバー

ヨット専用の保管施設（ボートを受け入れるところも一部あります）。国体（国民体育大会）のヨット競技会場として、地方公共団体が整備したものが多く、ディンギーは陸上保管、クルーザーヨットは海上係留または陸上保管が一般的です。ハーバー（harbor）には本来、「自然の地形を生かした、波や風を避ける停泊地」という意味があり、小さな湾（入江）に近いイメージです。人工的に造られた港（port）と区別されます。

③ フィッシャリーナ

漁港の一部にプレジャーボートを受け入れる施設。桟橋だけの簡易なものから、マリーナ並みの設備を整えたものまであります。

④ ボートパーク

放置艇を収容する目的で地方公共団体が整備した簡易な施設。桟橋係留が主体で、駐車場やトイレがある程度の「駐船場」のイメージです。マリーナに比べ、保管料は安く設定されています。空きがあれば、一般のプレジャーボートも利用できます。

⑤ 河川マリーナ

これも放置艇対策の一環として、地方公共団体などが整備した簡易な施設。河川の下流域を掘り込み、そこに桟橋を設置する形態です。ボートパークと同様、空きがあれば、一般のプレジャーボートも利用できます。

マリーナのおもな設備

プレジャーボートの保管施設といっても、ふだん目にする機会がないと、どのようなところか、分かりにくいものです。そこで、マリーナやヨットハーバーを例に、どのような機能がそろっているか、見てみましょう。

クラブハウス
マリーナ事務所、シャワールーム、トイレ、会議室などがそろった管理棟。レストランやマリンショップを備えたマリーナもあります。

桟橋
ヨットやボートを、海上に係留するための設備。潮の干満差で水面の高さが変わっても、潮位に応じて上下に動く、円柱の太い杭（くい）で支えられた浮桟橋が設置されています。桟橋係留は、出航準備の手間が少なく、人気があります。公共マリーナの多くは、海上係留が一般的です。外来艇を受け入れるビジター桟橋を用意するところもあります。

修理工場
保管艇を修理するための設備。専門スタッフの手で、部品交換、洗艇サービス、エンジン修理などが行われます。

スロープ
ヨットハーバーに設置された、ディンギーの上げ下ろしの際に使われる、コンクリート製の斜路。船台に載せたディンギーをスロープから下ろし、水面に浮かべます。

パワーポスト
100ボルト電源や給水栓を備えたパワーポスト（給電・給水設備）を取り付けた桟橋もあります。船に持ち込んだ家電製品などの電源として利用されています。

ボートヤード
陸上に設けられた保管スペースで、船台に載せて保管します。出航のたびに、船をクレーンで吊り上げ、海に下ろす手間がいりますが、船底やプロペラをドライに保てるため、メインテナンスが楽です。

クレーン
陸上保管艇のほか、海上係留艇を修理などでボートヤードに上げ下ろしするための設備。揚降施設または上下架施設ともいいます。岸壁に設置された固定式クレーン（写真）と、船をクレーンのベルトに載せたまま、ボートヤード内を移動する自走式クレーンとがあります。

給油設備
ガソリンや軽油などの燃料の補給設備。一般のガソリンスタンドと同じように、貯蔵タンクを地下に埋め込み、係員が給油作業を行います。消防法の規定により、マリーナの給油設備は船舶用のため、クルマには給油できません（中味は同じですが）。

保管以外のマリーナのサービス機能

マリーナによって異なりますが、保管以外にも、さまざまなサービスが用意されています。一般の人も気軽に利用できます。

① 気象海象情報

天気概況をはじめ、風速や風向、注意報や警報などの気象海象情報を、クラブハウス内部のモニターに表示します。台風や低気圧の接近に伴い、一定以上の風速になると、出航を停止し、利用者に注意を促します。

② 水路情報

マリーナ周辺で行われる海上工事や、定置網の設置など、安全な航行に必要な水路情報を提供しています。

③ 釣り情報

季節に応じて、魚種や釣りのポイントの情報を発信しています。

④ ボート免許教室

マリーナが自ら主催するほか、ほかの団体が実施するボート免許教室が行われています。学科講習には、クラブハウスの会議室などが使われ、実技講習には、桟橋に係留された教習艇が使われます。

⑤ レンタルボート

自分のボートを持っていなくても、レンタカーと同じようなシステムで、レンタルボートが各地のマリーナに用意されています。ボートを借りる際は、ボート免許が必要ですが、手軽にボート体験が楽しめます。

⑥ ヨットスクール

ディンギーやクルーザーヨットによる、ヨットスクールを行っているマリーナやヨットハーバーがあります。インストラクターの指導で、初心者も安心して、セーリングの基本を学べます。

⑦ 釣り大会

マリーナの会員向けに、釣り大会が行われています。決められた対象魚を自分のボートで釣り上げ、最大魚などが競われます。複数回開催し、通算の成績で、その年の優勝者を選ぶ大会もあります。

⑧ 艇の販売

ヨットやボートの新艇の販売ほか、中古艇を扱うマリーナもあります。保管場所の斡旋も行っています。

⑨ ヨットレースやクルージング

会員向けに、ヨットレースやクルージングなどのイベントを行うマリーナもあります。ヨットレースは、沖のブイを回るなど、場所に応じたコースが設定されます。クルージングは、桜の季節の花見や、観光地などを訪ねながら食事を楽しむなど、ピクニック気分を味わえるコースを用意しています。

⑩ 体験試乗会

マリーナの会員有志が自分たちの艇を持ち寄り、仲間を増やす目的で、「海の日」などに、一般向けの体験試乗会を行っています。事前の申し込みが必要になりますが、手軽にヨットやボートに乗れるため、これをきっかけに、マリンレジャーを始める人もいます。初心者も安心してヨットやボートに乗り込めます。

神奈川県の横浜ベイサイドマリーナで開催されている、ISPAクルーザースクール

海上係留と陸上保管との違い

前述のように、マリーナの保管形態には、船を桟橋につなぐ海上係留と、ボートヤードに並べる陸上保管とがあります。それぞれのメリットとデメリットを比べてみましょう。

① 海上係留

海上係留は、つねに桟橋に係留しているため、乗り降りが便利です。マリーナに行って、すぐに船に乗り込めます。キャビンの内装を自分流にアレンジしたり、デッキで読書を楽しんだり、そんな快適な時間を過ごせるのも、係留ならではのメリットです。ゲストを招いてのパーティーなどを楽しむ際も、係留のほうが雰囲気は盛り上がるでしょう。

一方、桟橋につないでいると、船底にフジツボなどの海中生物の付着は避けられないので、船底塗装の塗り替えを1年に1回程度しなくてはなりません。船底が汚れていると、走行時の抵抗が増えて、艇速が落ちるばかりでなく、エンジンの燃費も悪くなります。船底塗装の塗り替えは、専門業者に依頼することもできますが、自分でもできます。

② 陸上保管

陸上保管の場合は、海中生物の付着の心配はなく、船底塗装の塗り替えはほとんど不要ですが、その半面、船の上げ下ろしに、クレーン料金がかかります。クレーン料金は、マリーナによって異なります。上げ下ろし1往復ごとに料金が必要なところ、年間10回程度のクレーン料金を保管料に含め、それを回数券で発行するところ、保管料にクレーン料金を含め、利用回数に関係なく無料で使えるところなど、さまざまです。

たとえば、25ft（約7.6m）前後のボートの場合、上げ下ろし1往復のクレーン料金は、5,000円から8,000円程度が主流です。出航回数が多ければ、保管料にクレーン料金が含まれていたほうが割安になります。

陸上保管は、早朝の出航に制約がありますが、利用前日に、クレーンの下に設置された一時係留桟橋に下ろしてくれるマリーナもあります。一時係留桟橋のスペースに限りはありますが、日の出前に釣りに出掛けるときなどに利用すると、便利です。

海上係留と陸上保管との比較

	海上係留	陸上保管
出航までの準備	桟橋からすぐに出航できる	クレーンで下ろす手間がかかる（ハイシーズンは混み合うことも）
クレーン料金	修理でボートヤードに揚げる以外は、クレーン料金は不要	原則、クレーン料金が必要
船底の汚れ具合	フジツボなどの海中生物が付着しやすい	保管中は水に接していないため、きれいな状態を保てる

マリーナ料金の中身と金額の目安

マリーナ料金には、保管料のほかに、保証金や施設利用料、船台製作費などの項目が設けられています。どのような費用なのか、分かりやすくまとめました。

① 保管料

船を保管するための費用で、クルマの駐車場料金に相当します。同じマリーナでも、海上係留と陸上保管とでは料金が異なります（海上係留のほうがやや高い傾向にあります）。この料金の基準となるのが、船の長さです。マリーナによって、メートル表示とフィート表示がありますが、この長さは、カタログや船舶検査証書（船舶検査を受けた際に交付される証明書）に記載された長さではなく、その船の船首から船尾までの実測長で計算されるケースがほとんどです。公共マリーナの保管料の目安は、1ft（約30cm）あたり、15,000円から20,000円です。25ft（約7.6m）艇の場合、年間38万円から50万円程度になります。

保管料は、入会時に払い、その後、契約更新を年1回行います。一括払いが原則ですが、マリーナによっては、分割払いができるところもあります。

② 保証金

契約時に、保管料とともに支払う費用。保管料の支払いを担保する性格のお金で、民間マリーナのほか、第三セクターが運営するマリーナでも導入しているところがあります。賃貸マンションの敷金のようなもので、退会時に戻ってきます。保証金の金額は、保管料と同額もしくは数カ月分に設定するマリーナが多いようです。公共マリーナでは、保証金は取りません。

③ 入会金

民間マリーナの一部に、入会金を取っているところがあります。マリーナの規模やサービスによって金額は異なりますが、保管料と同額のところもあります。最近の傾向として、入会金を取らないマリーナが増えつつあります。賃貸マンションの礼金のような性格のお金で、退会時には戻ってきません。公共マリーナでは、入会金は取りません。

④ 施設利用料

民間や第三セクターが運営するマリーナには、電気代や水道代、駐車場料金などの名目で、施設利用料を徴収しているところがあります。明確な規定がないため、金額に開きがあります。公共マリーナでは、施設利用料は取りません。

⑤ 船台製作費

陸上保管の場合、船を船台に載せて保管しますが、その製作費がかかります。船台の持ち込みを認めていないマリーナが多く、マリーナの指定業者から船台を購入することになります。1隻分の製作費は、数十万円程度かかります。

マリーナ料金の比較

	保管料	保証金	入会金	施設利用料	船台製作費
民間マリーナ	○	△	△	△	○
公共マリーナ	○	×	×	×	×
三セクマリーナ	○	△	×	△	△
フィッシャリーナ	○	×	×	×	△
ボートパーク	○	×	×	×	×
河川マリーナ	○	×	×	×	×

○：必要　△：必要なところもある　×：不要

マリーナのいらない経済的な自宅保管

小型のディンギーであれば、カートップして、いろいろなフィールドに出掛けることができる

小型モーターボートを載せたボートトレーラー

すべてのプレジャーボートがマリーナなどの保管施設を利用しているわけではありません。サイズが小さければ、自宅保管ができます。その代表例が、ミニボートやディンギー、トレーラブルボートです。

① ミニボート

長さ3m未満で、エンジン出力が1.5kW未満(2馬力以下)のミニボートは、クルマのルーフキャリアに積んだり、ワンボックスカーの後部スペースに収納したりして、手軽に運搬できるため、多くのユーザーは、自宅保管しています。出航場所は、漁港などのスロープ(斜路)やビーチがほとんどです。安全のため、仲間と一緒に行動するのがいいでしょう。

② ディンギー

1人乗りのディンギーは、長さが4m前後と短く、マストを分割できるため、ミニボートと同様、クルマのルーフキャリアに積むことができます。出航場所は、マリーナのスロープを借りるか、ビーチになります。ビーチを利用する場合は、誰がいつ出航したか分からないため、万一のことを考え、仲間と一緒に行動したほうが安心です。

初心者なら、海岸近くを活動拠点にするヨットクラブに入るのも手です。ヨットハーバーのようには施設は充実していませんが、ディンギー専用の置き場のため、気の合う仲間と出会うかもしれません。多くのヨットクラブでは、セーリングの基本が学べるスクールを開いています。

③ トレーラブルボート

トレーラーに載せてクルマで牽引するトレーラブルボートは、機動力を生かして運搬でき、自宅などにトレーラーの置き場所があれば保管できます。道路交通法では、普通免許で牽引できるトレーラーの総重量は、750kg以下と決められています。このなかには、搭載するボート重量が含まれているため、たとえば、トレーラー重量が250kgと仮定すると、ボートは最大で500kgが限度になります。エンジンなどの装備品を含んだ総重量ですから、これを考慮すると、ボートの長さは、17ft(約5.2m)がリミットになるでしょう。

トレーラーは、クルマと同じようにナンバー登録が必要です。ナンバーを取得せずに公道を走ると、無車検、無保険となり、道路交通法違反で警察に捕まれば、免許停止になるかもしれません。

なお、17ft前後のボートを積載するトレーラー本体の価格は30万円から50万円。それに加え、クルマとトレーラーとを連結するヒッチメンバー(連結器)と、その取り付け料がかかります。そのほか、法定費用として、自動車税、自動車重量税、自賠責保険などが必要になります。

道路が狭く、クルマが混み合う都市部では、トレーラーの牽引には相当の運転技術が必要になりますが、道路が広く、信号の少ない地域であれば、トレーラブルボートは一つの選択肢になるかもしれません。出航場所は、マリーナや漁港のスロープが一般的です。スロープでボートを上げ下ろしする際は、熟練者から前もって、ハンドル操作のコツを教えてもらうのがいいでしょう。

8 マリンウエアの種類と特徴

ヨットやボートで着用するマリンウエアは、防寒機能に加え、天候が急変しても快適で安全に過ごすための必需品です。代表的なマリンウエアの種類と特徴をまとめました。

荒天時のファウルウエザージャケット

ヘリーハンセンのセーリングジャケット

高い襟の内部には頭部を覆うフードが内蔵されている

フロントファスナー部分は、浸水を防ぐため、上から生地がかぶさる構造になっている

夜間の視認性を高めるため、各所に反射板が取り付けられている

ポケットは、水が入らないよう、写真のように封筒の頭を折り返すような構造

袖口は二重構造になっており、ベルクロを調節することで水の浸入を防ぐ

裾の部分はドローコードで締めることができる

「晴れても雨仕度」。海の世界で、昔から受け継がれることわざです。晴れていても、いつなんどき天気が崩れるかもしれない、その準備を怠るな、そんな心構えを言い表した警句です。「夏でも冬仕度」という戒めもあります。特に季節の変わり目は、天候が不安定になりやすく、春から

冬に逆戻りしたり、秋の涼気を飛び越えて、冬型の気圧配置に急変したりすることも珍しくありません。

クルーザーヨットやモーターボートで、このような気まぐれな天候に対処するのが、ファウルウエザージャケット。荒天を意味するファウルウエザーは、欧米では一般的な用語ですが、日本ではあまりなじみがありません。ですから、セーラーの間では、一般にカッパと呼ばれています。

かつては、オイルスキンともいわれていました。合成繊維が登場する以前は、油脂を塗り込んだ綿織物の雨具が用いられ、これをオイルスキンと呼んでいました。その後、ゴム引きのPVC（ポリ塩化ビニル）の製品が出回っても、オイルスキンの愛称は長く使われました（いまも使われています）。

現在のカッパは、ナイロンなどの合成繊維が主流です。従来の素材に比べ、防水性に優れていますが、保温性を高めるために、ライナー（裏地）を施したタイプがあります。二重仕立てによる保温効果が期待される半面、蒸れが内部にこもりやすく、蒸発する際に体温が奪われ、ひんやりします。

そんな不快な思いを解消したのが、ゴアテックスなどのフィルム状の防水透湿素材を、表地の裏側に張り合わせた製品です。水の分子よりも小さい穴で、雨をさえぎり、水蒸気よりも大きな穴で、蒸れを外に逃がす特殊なフィルムは、荒天時の快適な雨具として愛用されています。値段はやや高めになりますが、天候の影響を受けやすい長期クルージングなどには重宝するでしょう。

マリン用のカッパは、ジャケットとパンツの上下セットで売られています。パンツは、保温性を考え、胸まで覆う深さのデザイン。動き回ってもずれ落ちないようにサスペンダーを肩に回すスタイルが一般的です。その形状から、ビブ（よだれ掛け）とも呼ばれています。

機能的には、使うシーズンや海域に応じて、外洋向けの本格モデルから、沿岸向けの軽量モデルまで、各種タイプがそろっています。商品を選ぶ際のポイントは、頭部を覆うフードの作り。大きめのつばが付いて、立体的な縫製が施され、フード全体を絞るドローコードがあると、雨の浸入を防いでくれます。さらに、袖口が二重仕立てになっていると、デッキでの作業中に、雨が袖を伝って内側にしみ込む心配がありません。

マリン用のカッパは、一般に生地が厚く、防寒機能を備えているものが多いため、夏の着用には重装備になるかもしれません。温暖な季節なら、登山用の雨具でしのぐことができます。防水透湿素材の製品も多く、着心地が軽く、値段も手ごろです。

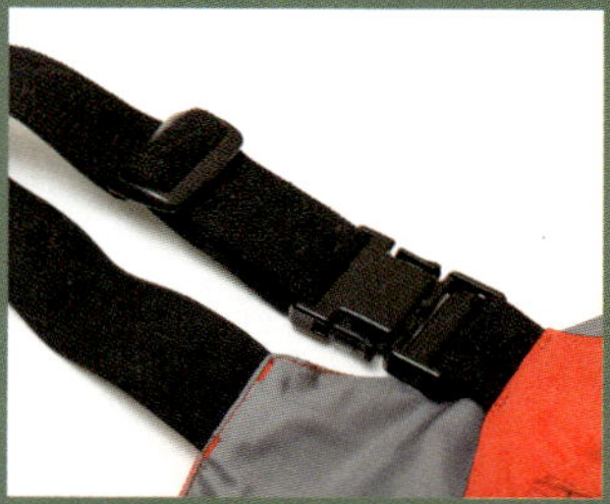
長さを調節できるサスペンダー部分は、圧迫感を低減するために幅広のゴムが使われている

ゴムで絞られたウエスト部分

膝やヒップの部分は、生地が二重になっている

裾の部分はベルクロで締められるようになっている

ヘリーハンセンのセーリングパンツ

カッパの下に着用する快適なインナー

肌寒い季節は、カッパだけではしのげないので、保温性の高いミドルレイヤー（中間着）や、機能的なアンダーウエアを着用します。

① ミドルレイヤー

かつては、カッパの下に着るミドルレイヤーは、ウールのセーターが一般的でした。古くは、脱脂しない羊毛を用いたオイルドセーターや、アイルランドのアラン島が発祥の地とされるフィッシャーマンセーターなど、船乗りにまつわる厚手のセーターが愛用されました。暖かい半面、濡れると水分を吸って重くなるのが欠点でした。

それに代わって登場したのが、ポリエステル繊維のフリース。軽く、保温性に優れたフリースは、パタゴニア（アメリカのアウトドア用品メーカー）が1985年に紡績メーカーと共同開発した「シンチラ」がその第1号といわれています。その後、類似の起毛素材が相次いで発売されましたが、商標登録のシンチラの名称は他社では使えないため、「羊毛状のもの」という意味を持つ、一般名詞のフリースの呼び名で市場に広まりました。濡れても乾きが速く、洗濯が簡単な半面、風を通しやすいので、中間着として着用すると効果的です。

② アンダーウエア

先端素材の研究開発の恩恵を受け、機能とデザインが大きく変貌したのが、アンダーウエアです。従来のコットン素材は、保温性はあるものの、濡れると乾きにくく、水分が蒸発する際に発生する気化熱により体温を奪います。それを解決したのが、吸汗速乾のポリエステルのアンダーウエア。ポリウレタンを配合することで、伸縮性を引き出し、身体にフィット。着心地が軽く、普段着としても人気があります。さらに、立体的な裁断を用い、一定の圧力をかけて筋肉を鍛える高機能なアンダーウエアも登場。男女別、デザイン別（長袖、半袖）など、いろいろな製品が出回っています。

また、水分（汗）をエネルギーに発熱し、保温効果を高める製品や、ウールと合成繊維をミックスしたハイブリッド素材も商品化されています。肌寒い季節に、ありがたい一枚になるでしょう。

ミドルレイヤーとして着用するフリースジャケット（ヘリーハンセンのベストレジャケット）。ポリエステル100%

常に水に濡れるディンギーセーラーには、濡れても冷たく感じにくい「ラッシュガード」（ザイクのスパンデックストップ）が人気

ポリプロピレン製のアンダーウエア（ヘリーハンセンのストライプクルー）。保温効果を持ちつつ、汗や水分を含まずにサラッとした着心地を保つ

各種タイプがそろったディンギー用ウエア

クルーザーヨットでは、おもにカッパを着用しますが、狭いデッキを動き回るディンギーでは、身体を動かしやすいウエアが選ばれています。

ロングジョンのウエットスーツ（ザイクのマイクロフリーススキフ）。ウエットスーツには素材の厚さやデザインなど、さまざまなタイプがある

完全な水密を保つドライスーツ（ヘリーハンセン）には、特殊なファスナーが用いられる

① ウエットスーツ

ダイビングに使われるウエットスーツをベースに、ディンギー用が販売されています。ネオプレン（ゴムの一種）を使い、厚さは2～3mmが一般的。肘や膝の部分にストレッチ素材を組み合わせ、動きやすい工夫が施されています。

保温性に加え、身体を保護するウエットスーツは、冬以外でも着用されています。

季節に応じ、いくつかのデザインがあります。長袖、ロングタイツのフルスーツをはじめ、ロングジョン（袖なし、ロングタイツ）、ショートジョン（半袖、ショートパンツ）、シーガル（半袖、ロングタイツ）など。いずれのウエットスーツも、デッキに座り、ハイクアウト（デッキの外側に上半身を乗り出す姿勢）を繰り返すと、ヒップ部分がすれるため、水はけのいいショートパンツを重ね着することもあります。

スモック（ハーケンのセミドライトップ）。スプレージャケット、パドリングジャケットとも呼ばれ、首、袖口、腰の各部分をベルクロで締めることができる

② ドライスーツ

濡れることを前提にしたウエットスーツに対し、ドライスーツは防水透湿素材を用いた、内側の衣服が濡れない冬の防寒着。首回り、袖口、足首には、ネオプレンを用い、水の浸入を防いでいます。着用時に開閉するファスナーは、頑丈な防水タイプ。縫い目はテーピング加工を施し、水の浸入をシャットアウト。上下一体のワンピースが一般的ですが、より動きやすいセパレートのツーピースもあります。動きやすさでは、ウエットスーツに軍配が上がりますが、保温性では、ドライスーツが勝ります。

③ スモック

スモックは、防水ナイロンなどで作られたショートジャケット。しぶきを避けることから、スプレージャケットとも呼ばれています。首回りと袖口には、ネオプレンなどで防水性を高め、ウエスト部分には、ベルクロで調整できるストレッチ素材が使われています。頭からかぶるプルオーバーのデザインのため、ロングジョン（袖なし）のウエットスーツと組み合わせると活動的。ディンギーのほか、クルーザーヨットにも使われるオールマイティーな一着です。

足元を安全に固めるボートシューズ

濡れたデッキでも滑りにくいボートシューズは、クラシックな革製のものから、機能的な合成繊維のものまで、各種タイプがそろっています。デッキシューズともいいます。

① モカシンタイプ

北米インディアンが愛用した、一枚革で作られた靴をモカシンといいます。これにゴムのソールを組み合わせたボートシューズのオリジナルは、ポール・スペリーというアメリカの船乗りが、雪道を滑らないで走り回る愛犬をヒントに考案しました。犬の足裏の細かいしわが滑り止めになると思い至ったスペリーは、ナイフで刻みを入れたゴムのソールをこしらえ、靴に取り付けた結果、濡れたデッキでも滑らないことを実証。1935年、コネチカット州の地で、「スペリー・トップサイダー」というブランドを生み出しました。ボートシューズの元祖として、今も健在です。同じようなデザインのボートシューズは、他メーカーでも販売されています。

② スニーカータイプ

タウンユースに愛用されるスニーカーをモデルに、滑りにくいソールを組み合わせたタイプ。ナイロンのメッシュなどを使い、軽く、履き心地のよい仕上がりです。モカシンタイプに比べ、甲の部分をシューレースで締め付けるため、不安定なデッキでもホールド感に優れています。

③ ウオーターシューズ

従来のボートシューズは、濡れにくさをうたい文句に開発されてきましたが、濡れることを前提に、水はけの良さを売り物にするデザインに目が向けられるようになりました。内側にしみ込んだ水を排出しやすい穴をソールに施したり、アッパー部分に乾きやすいメッシュを取り入れたりするなど、ユニークなウオーターシューズが登場しています。ヨットやボートをはじめ、夏のウオータースポーツに使われるアイデア商品です。

④ ブーツ

カッパを着用する際に履くブーツも、滑りにくいソールを組み合わせています。ゴム素材が一般的ですが、防水透湿素材で全体を包み込み、アッパーの一部に革を取り入れた高級モデルも登場しています。また、くるぶし丈のディンギー用ブーツもあります。

スペリー・トップサイダーのモカシンタイプのデッキシューズ

防水透湿素材のゴアテックスを採用した、高級マリンブーツ（デュバリーのストレッチシャムロック）

クルーザーレース愛好家に人気のスニーカータイプ（ハーケンのハイドロフラックス）

ディンギーセーラーに好まれる、くるぶし丈のウエットブーツ（ザイクのアンクルソフトブーツ150）

安全を身にまとうライフジャケット

万一の事故に備えて着用する救命胴衣。12歳未満の子供は、着用が法律で義務づけられています。おとなも着用が推奨されています。ライフジャケットは、船に乗り込む前に必ず着用してください。

① 固形式

発泡樹脂の浮力体を内蔵した、オーソドックなタイプ。かつては、浮力体にコルクが使われていました。肩の部分に光を反射させるテープや、救助を求める際に使う呼び笛が付いています。

クルーザーヨットやモーターボートでは、法定備品の一つにライフジャケットが含まれ、国土交通省の型式承認（各種検査に合格した認定品）を受けたライフジャケットを定員分、搭載する決まりになっています。一方、法定備品の定めがなく、自主的にライフジャケットを着用するディンギーでは、認定品以外（認定品と同等の浮力を保持）を着用してもかまいません。いずれの製品も、おとな用と子供用が用意されています。

② 膨張式

折りたたまれた気室が、落水などの際に膨らみ、浮力体になるタイプ。炭酸ガスを充填したカートリッジ（小型ボンベ）が取り付けられ、カートリッジに接続した起動装置が水に触れると、針がカートリッジを突き破って膨張する自動式と、ひもを引くと、瞬時に膨張する手動式とがあります。使用後は、新しいカートリッジに交換します。

デザイン的には、首から掛けるショルダー型のほか、腰に回すウエストベルト型やポーチ型など、いくつかの種類があります。固形式に比べ、コンパクトで軽快な着心地のため、愛用者が増えています。

購入する際は、小型船舶用であることを確認してください。購入後は、シーズン前に、膨張するかの確認をおすすめします。長く使わないでいると、ナイロン素材の気室が劣化したり、何かに引っ掛けて穴を開けてしまったりなどのトラブルがあります。気室に組み込まれた注入バルブ（チューブ）から空気を送り込み、漏れていないか、定期的なチェックが必要です。

③ ハイブリッド式

固形式と膨張式の特徴を組み合わせたタイプ。従来の固形式に比べ、コンパクトで着心地が軽く、機能的なデザイン。膨張すると浮力が増し、安全な浮遊姿勢を保ちます。

ディンギーで使われる固形式ライフジャケット（バルティックのディンギープロ）。型式承認品と区別するために、フローティングジャケットと呼ぶこともある

膨張式のショルダー型ライフジャケット（ワイズギアのヨット用ライフラフトジャケット）。ヨットと乗員をつなぐテザー（命綱）を取り付けるためのリングが付属している

法定備品として型式承認を受けた固形式ライフジャケット

落水時、膨張式ライフジャケットが膨らんだところ。内側の気室は、外からの視認性を高めるため、黄色やオレンジ色になっている

9 海に由来するタウンウエア

タウンユースとして、ふだんから愛用されるウエアには、海に由来するものがけっこうあります。ダッフルコート、ブレザー、ピーコート、フィッシャーマンセーター、バスクシャツなどには、海にまつわる興味深いエピソードが残されています。

イギリス海軍に採用され、世界に広まった「ダッフルコート」

ダッフルコートは、もともと北欧の漁師が愛用した仕事着で、厚手のメルトン（毛織物の一種）で仕立てられ、頭部を覆うフードを一体化させたデザインの防寒コート。手袋をしたまま留められる、トグルと呼ばれる留め具を使っているのが特徴です。木を削り込んだトグルに、麻を撚《よ》ったループ状の紐《ひも》との組み合わせのほか、動物の角で作られたトグルに、革製の紐で留めるタイプがあります。3組もしくは4組のトグルを縫い付けるとともに、風向きにより、前身頃の合わせ（左前、右前）を入れ替えられるのがオリジナルデザイン。海上での風雨を避ける、漁師の知恵が隠されています。

ゆったりしたデザイン、膝丈の長さ、肩部分に当てられたヨーク（補強のための切り替え部分の布）、襟元からの風の侵入を遮るネックストラップ、大きめの深いサイドポケットなど、機能性と実用性に優れたダッフルコートが、第二次大戦時に、イギリス海軍に採用されたのもうなずけます。

戦後、海軍の放出品が出回り、アイビーファッション（1960年代にアメリカ東部の大学生の間で流行したファッション）の必須アイテムに加わりました。時代に流されないスタンダードなコートとして、いまも愛用されています。士官クラスが着用したとされるキャメルが、ベーシックな色合いですが、ネイビーブルーやチャコールグレーも人気があります。メーカーとしては、グローバーオール、グレンフェル（いずれもイギリス）、オールドイングランド（フランス）などの老舗が、当時のデザインを受け継ぐ製品を作り続けています。

ダッフルの語源は、ベルギー北部のアントワープ近郊の町、デュフェルが由来。デュフェル特産のメルトンは、ヨーロッパ中に出荷されたそうです。

ダッフルコートといえば、映画『ナバロンの要塞《ようさい》』（1961年公開）でのワンシーンが思い浮かびます。イギリスの海洋冒険小説家、アリステア・マクリーンの原作で、第二次大戦の戦時下、ドイツ軍に制圧されたギリシャのケロス島に取り残されたイギリス兵の救出作戦を阻むのが、途中に立ちはだかるナバロン島の、難攻不落のドイツ軍の要塞。人を寄せ付けない絶壁をよじ登り、大砲を爆破するという筋立てが息をつかせません。

この過酷なミッションを受けた、マロリー大尉を演じるグレゴリー・ペックと、ミラー伍長を演じるデビッド・ニーブンが着ていたのが、使い込まれた粗い生地のダッフルコート。今風のしゃれたデザインではなく、いかにも北欧の漁師が着ていたと思わせる素朴な仕立て。まさに、海の男の防寒着といった感じです。

軍用の船上防寒着として普及したダッフルコート

カジュアルにもフォーマルにも着られる「ブレザー」

学生の制服だけでなく、おとなが着てもさまになるブレザーは、海に由来する代表的なジャケット。デザイン的に、シングルブレストとダブルブレストがあります。いずれも金ボタンをあしらい、どこかフォーマルな雰囲気が漂っています。

その起源をさかのぼると、シングルブレストは、イギリスのケンブリッジ大学とオックスフォード大学による初めてのレガッタがテムズ川で開かれた1829年、ケンブリッジ大学のボート選手が、同校のカレッジカラーである、真紅のジャケットをユニホームとして着用したのが由来。燃えるような赤(blaze)を目にした観客が、「blazer!」と喝采したと伝えられています。そんな経緯から、スポーティーでカジュアルなイメージが強いのでしょう。

一方、ダブルブレストは、イギリス海軍の戦艦〈ブレザー〉号が1837年に、ビクトリア女王の観閲を受けた際、乗組員全員がネイビーブルーのブレザーで出迎えたというエピソードが残されています。これに倣い、ほかの艦船にも取り入れられ、イギリス海軍の制服に採用されるようになりました。海外では、リーファージャケットというほうが通りやすいようです。士官候補生の意味を持つリーファーは、帆船の帆をたたむ(リーフ)任務にちなみ、名付けられたそうです。正装のイメージを喚起させる語感です。

最近は「紺ブレ」と呼ばれ、どちらかというと、カジュアルな服装にみられるブレザーですが、実は由緒正しいコンサーバティブなジャケット。例えば、日本を含め、欧米のヨットクラブでユニホームとして着用される、胸ポケットにクラブのエンブレムをあしらったブレザーは、タイをきちんと締めれば、ドレスコードのあるパーティーにも通用する、立派な装いとして認められています。

そのブレザーをスマートに着込んでいたのが、映画『大統領の陰謀』(1976年公開)で、ワシントンポスト紙の記者ボブ・ウッドワードを演じたロバート・レッドフォード。ニクソン大統領を辞任に追い込んだウォーターゲート事件の真相を暴くストーリーですが、ストライプのシャツに、レジメンタルタイというオーソドックスな着こなしが印象的でした。袖をたくし上げたシャツ姿が多かったのですが、お手本どおりの組み合わせに、エスタブリッシュメントな役柄がにじみ出ていました。

そういえば、相棒の記者、カール・バーンスタインを演じたダスティン・ホフマンのブレザー姿もあったような、なかったような。

1945～46年にイギリス海軍の空母で撮影された写真

アメリカ海軍の下士官に愛用された「CPOシャツ」

薄手のメルトンで作られたCPOシャツは、アメリカ海軍の下士官（chief petty officer）が、第二次大戦時に、艦内で着用した仕事着がその起源。階級でいえば、CPOは、曹長（下士官の初任クラス）に当たります（参考までに書き加えると、下士官になると、金ボタンの制服が支給されます）。

さて、CPOシャツですが、無地のネイビーブルー、シンプルなレギュラーカラーが基本。シャツといっても、メルトンで作られているので、ジャケットに近い着心地で、肩部分の裏側や袖口に裏地が施され、保温性と丈夫さが売り物です。

デザイン的な特徴は、左右の胸に、ボタンで留めるフラップ付きのポケット（パッチ&フラップ）を施し、錨のデザインをあしらったボタンを付けているのが特徴（なかには、サイドポケットの付いたタイプもあります）。タウンユースとしては、コートを着るほど寒くはないけど、シャツだけでは肌寒い、そんな季節に重宝する、シャツオンシャツといえるでしょう。

メーカーとしては、アメリカ海軍兵学校に制服を納めた実績もあるフェデリティー（アメリカ）が有名。定番のネイビーブルーやチャコールグレーのほか、チェック柄もあります。

CPOシャツを印象的に扱った映画といえば、『スケアクロウ』（1973年公開）。刑期を終えて出所したジーン・ハックマン扮《ふん》するマックスと、アル・パチーノ扮するライオンの、対照的な性格の二人の男の友情を描いた作品です。船乗り生活から足を洗い、デトロイトに置き去りにした妻子に会うため、南カリフォルニアの人里離れた荒野を貫く道路でヒッチハイクする冒頭シーン。心優しいライオンが着ていたのが、ネイビーブルーのCPOシャツでした。

よれよれのコートの下に、薄汚れたシャツを何枚着ているのか分からないような風采のマックスに対し、CPOシャツを端正に着こなしていたライオン。こんなところにも、二人の性格の違いを表現していたんですね。それにしても、笑いと哀れさをうまく織り込んだ、アメリカンニューシネマの名作でした。

ボタンには錨マークが施されている

イギリス海軍の防寒用ショートコート「ピーコート」

これもまた、イギリス海軍で生まれた、メルトンを用いた防寒コートです。ダッフルコートよりも短い腰丈。フードは付いていませんが、大型の襟を立てると、風をしのぐ機能があります。ダブルブレストが基本形で、ダッフルコートと同様、風向きに合わせて、左右どちらでも上前を変えられるのが特徴。縦に切り込んだマフポケットは、物を入れるというより、寒いデッキに立つときのハンドウオーマーの役割を担っていたようです（マフポケットだと、腕を突っ張るので、背筋がぴんと伸び、きれいな姿勢を保てます）。

ピー（Pea）は、「錨の爪」という説と、「表面が毛羽立った毛織物を意味するオランダ語のラシャ（pij）に由来する」説があるようです。

ピーコートが登場する映画として、『シンデレラ・リバティー　かぎりなき愛』（1973年公開）があります。ジェームズ・カーン演じる主人公のジョン・バックスは、アメリカ海軍の甲板長。立ち寄った港の酒場で知り合った子持ちの女性との絆を描いたストーリー。傘も差さず、夜の街を雨に濡れながら、ピーコートに首をすくめるシーンが出てきます。

タイトルの「シンデレラ・リバティー」とは、上陸許可の真夜中の12時までに任務に戻らなければならない、海軍の俗語。12時を過ぎると、魔法が解けて、哀れな娘に戻ってしまう、シンデレラに許された舞踏会での時間を言い表したスラングです。

photo by US Navy

1884年のアメリカ海軍による北極圏調査。ピーコートを着用している乗組員が多く見られる

日本のアパレルメーカーが考案した「ヨットパーカ」

いまではあまり聞かれなくなったヨットパーカ。そのデザインは、スエット生地にフードを縫い付け、腹部を覆うようなカンガルーポケットが特徴。頭からかぶるプルオーバータイプと、フロントファスナーの付いたタイプとがあります。

このヨットパーカ、実は和製英語。国内のメンズアパレルメーカーが、ヨットから連想する海のイメージを形にするため、フードを取り入れたのでしょう、数十年前に。フードの付いた上着を総称して、パーカと呼んでいるので、ヨットパーカは、時代の空気が生んだ、当時としてはよく考え出された商品名でした。

最初のブームは、アイビーファッションを1970年代に定着させたVANジャケット隆盛の時代。もう一つのブームは、ボートやサンタをモチーフにしたアパレルメーカーが、東京の青山を拠点に、マリンファッションを復活させた1980年代。その後、あまり見かけなくなりました。

ところがどっこい、ヨットパーカは、いまも出回っているようです。絶滅したと思っていたら、マリンパーカやジップパーカなどに名前を改め、カジュアルウエアとして健在のようです。デザインも時代とともに、かなり洗練されました。フードを一体化した基本パターンは踏襲されていますが、生地は、防水性を高めた綿素材や化学繊維。ポケットを増やし、マウンテンパーカ（アメリカで生まれたアウトドア用パーカ）に近いデザインも登場しています。考えてみれば、名前こそ変わったものの、ヨットパーカは、日本が生んだ、息の長いマリンアパレルといえなくもありません（でも、ヨットでは見たことないですね）。

無事の帰還と大漁の願いを込めた「フィッシャーマンセーター」

セーターも、海にまつわるエピソードの宝庫です。

手頃な価格と着やすさで人気のフリースの登場により、脇に追いやられた感のあるセーターですが、包み込むような暖かさを求めるのであれば、天然素材のセーターに軍配が上がるでしょう。

1970年代のファッションアイテムの一つとして流行したフィッシャーマンセーターは、アイルランドやスコットランドなどに住む漁師の仕事着。荒海での作業に必要な保温性と防水性を兼ね備えた、独特のケーブル編みが特徴です。その代表格が、アランセーターです。

アランセーター発祥の地は、アイルランド西岸のゴールウェー湾に面したアラン諸島。土着のケルト文化を漂わせる独特の編み込みには、漁に出る夫や息子の無事と大漁を願う女たちの祈りが込められています。未脱脂のアイリッシュウールに編み込まれた模様は、家々によって紡ぎ出され、母から娘に代々受け継がれる手仕事。例えば、「縄」は、大漁を、「はしご」は、永遠の幸福を、「木」は、長寿と丈夫な子孫の繁栄を願う祈りとされました。

不幸にも海で命を落とし、浜に打ち上げられた漁師の身に着けているセーターの編み柄で、身元が判明したというエピソードを持つアランセーターですが、そのルーツを探ると、ガーンジーセーターにたどり着きます。

イギリス海峡に浮かぶチャンネル諸島のガーンジー島で生まれたガーンジーセーターは、アランセーターに見られるようなラグラン袖ではなく、直線的な仕立て。腕の動きを妨げないように、脇の下に菱形のマチを入れているのが特徴です。地味な鉄紺色の素朴な縦縞《たてじま》の編み込みは、胸元まで。その下は、柔らかなメリヤス編み。セーターの裾をズボンに入れるのがその理由です。撚りの強い毛糸を用い、目の詰まった編み方により、体温で温められた空気を閉じ込める、頼りになる仕事着として愛用されました。これがイギリス本土に渡り、アイルランドのアラン諸島に伝わったようです。

写真家のユーサフ・カーシュが1957年に撮影した、アーネスト・ヘミングウェイのポートレートに、セーターを着込んだ有名な1枚があります。これもアランセーターといわれています。

1957年に撮影された、作家アーネスト・ヘミングウェイのポートレート

横縞には確かな理由がある「バスクシャツ」

マリンファッションのこれまた定番の一つ、横縞のボーダーシャツ。厚手の綿素材に、左右に切れ込みを入れた首元が特徴のボートネック、絞り込まない直線的なカッティングの袖口、カットソーの元祖ともいえるデザインです。ボーダーシャツもまた和製英語ながら（縦縞も横縞も、英語ではストライプと表記します）、春から夏にかけて愛用される長袖シャツです。

ボーダーシャツの起源は、フランス国境に接したバスク地方（スペインの自治州）の漁師が愛用したバスクシャツにさかのぼります。ビスケー湾の美しい海を連想させるブルー系の横縞のほか、赤系などのバリエーションがあります。視界の悪い海上で、互いを見分けられるように、目立つ横縞を取り入れたようです（袖丈がやや短いのは、漁の最中に、袖口を濡れにくくするための工夫とか）。

メーカーとしては、セントジェームス、オーチバル、ルミノア（いずれもフランス）などが有名です。

バスクシャツのしゃれた雰囲気をアクセントにしたのが、フランス映画『なまいきシャルロット』（1985年公開）。平凡な毎日を憂鬱な気分で過ごす13歳のシャルロットが迎えた、バカンス前の夏のパリ。水泳の飛び込みに失敗し、足を傷めたシャルロットは、ひょんなことから、同世代の天才少女ピアニスト、クララ・ボーマンに出会い、あこがれと羨望《せんぼう》を抱く、多感な思春期の心の揺れを描いた作品です。

主人公のシャルロット・ゲンズブール（女優で歌手のジェーン・バーキンと、作曲家や映画監督などの肩書を持つセルジュ・ゲンズブールの愛《まな》娘）が身に着けていたのが、白地にブルーの横縞のバスクシャツ。やっぱり、若い女性が似合いますね。男でサマになるのは、ピカソくらいでしょ、残念ながら。

船乗りの仲間に加わった水兵の仕事着「セーラー服」

水兵が着用するセーラー服の原型は、イギリス海軍が1857年に採用したスタイルとされています。肩から背中に広がるセーラーカラーと呼ばれる四角い襟は、風の強いデッキで、命令などを聞き取りやすいように立てて使うため。襟元に結ばれたスカーフは、ハンカチ代わり。胸元が逆三角形に開いているのは、海に落ちた際に脱ぎやすいため（裾の広がったズボンも、同じ理由です。デッキ磨きの際に、裾をまくり上げやすいという説も）。

現在もイギリス海軍で採用されているセーラー服

イギリス海軍には当時、水兵の制服はありませんでした。そこで導入されたのが、セーラー服。その後、アメリカを含め、各国の水兵の制服に広まりました。海上自衛隊の海士（階級の一つ）も、セーラー服が普段の服装になっています。

そのセーラー服、いまでは学校の制服というイメージが強くなりました。日本の女学校の制服にセーラー服が採用されたのは1920年代。時代背景からすると、男子学生に陸軍式の詰め襟がすでに普及していたことから、女子学生は、海軍式（1872年にイギリス海軍から導入）のセーラー服になったようです。

海外では、セーラー服を男子の制服に指定する学校も少なくありません（もちろん下はズボン）。学校ではないけど、ウィーン少年合唱団もセーラー服ですね。ヨーロッパで当時、子供服として人気を博した時代を受け継いでいるのでしょう。

10 ボート免許の種類と特徴

エンジンを搭載したヨットやボートを操船するには、「ボート免許」が必要です。
正式名称は「小型船舶操縦士免許」といいますが、「マリンレジャーを楽しむためのパスポート」になります。
ボート免許は、船の大きさや種類、航行区域により、三つに分かれています。

ボート免許の種類と順守ルール

自動車を運転するには自動車免許が必要なように、エンジンを搭載したヨットやボート、水上オートバイを操船するには、ボート免許の取得が義務づけられています。一方、エンジンを搭載していても、1.5キロワット未満（2馬力以下）で、長さ3m未満のミニボートなら、ボート免許がなくても乗れます。もちろん、エンジンを搭載していないディンギー、手漕ぎボート、カヌーなども、ボート免許がなくても操船できます。

ボート免許はもともと、小型漁船や小型旅客船などの職業船に乗り組む人の資格を定める目的で制度化された国家資格で、「船舶職員法」という法律で規定されました。

その後、プレジャーボートの普及に伴い、1974年（昭和49年）に、総トン数20トン未満のヨットやボートにも適用されるようになり、船の大きさ（総トン数）や航行区域（海岸からの距離）により、一級から四級に区分されました。さらに、1999年（平成11年）に、五級が追加されました。

免許の種類（資格）を細かく分けたのはいいのですが、複雑すぎて、プレジャーボートの実態にそぐわない、そんな指摘もありました。そこで、2003年（平成15年）の大幅な制度改正の際に、「一級」、「二級」、「特殊」の三つに簡素化するとともに、法律名も「船舶職員及び小型船舶操縦者法」に改められ、漁船などの職業船とは別に、プレジャーボート利用者に対し、小型船舶操縦士免許が与えられるようになりました。これが現在のボート免許制度です。

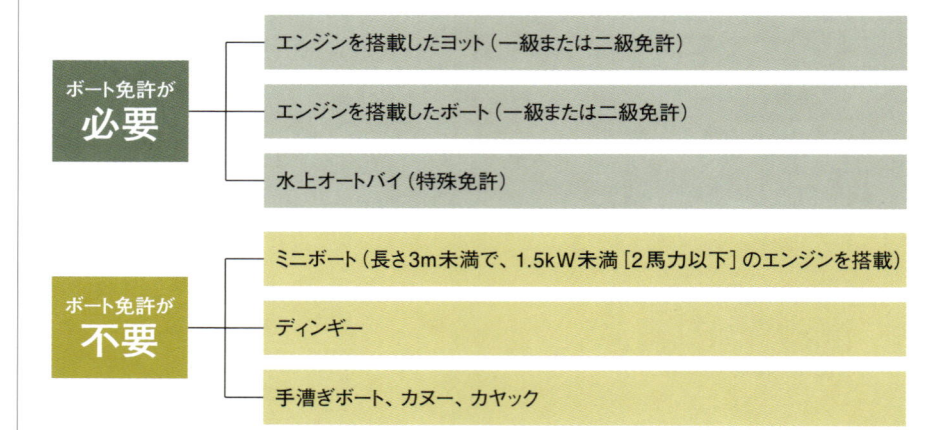

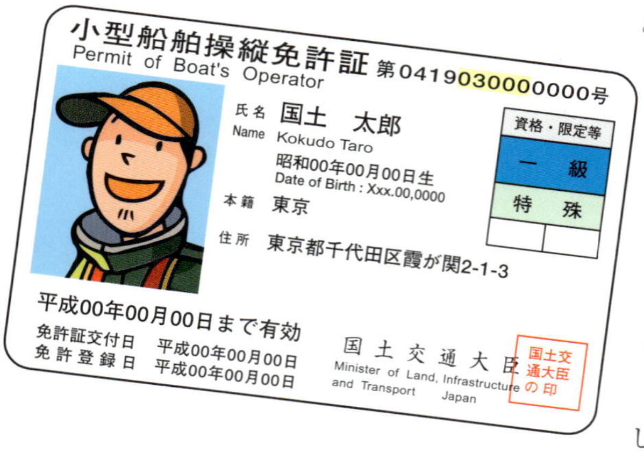

ボート免許が必要な船と不要な船

ボート免許が必要
- エンジンを搭載したヨット（一級または二級免許）
- エンジンを搭載したボート（一級または二級免許）
- 水上オートバイ（特殊免許）

ボート免許が不要
- ミニボート（長さ3m未満で、1.5kW未満［2馬力以下］のエンジンを搭載）
- ディンギー
- 手漕ぎボート、カヌー、カヤック

この制度改正時に、資格区分の再編とともに、安全航行を促すルールが定められました。

① 危険操縦の禁止

遊泳客の多い海域への進入や、他船の航行を妨げるジグザグ走行を禁止しました。

② 酒酔い操縦の禁止

酔っ払い状態の操縦を禁止しました。

③ 救命胴衣の着用義務化

小児（12歳未満）、水上オートバイなどを対象に、救命胴衣（ライフジャケット）の着用を義務づけるとともに、それ以外でも着用を推奨しました。

④ 輻輳《ふくそう》区域での有資格者操縦の義務化

クルマの免許と違い、ボート免許を持っていなくても、同乗する船長が免許を保有していれば、ハンドルを握って操船しても違反にはなりません。しかし、港内や航路など、船が頻繁に行き交う輻輳区域では、免許保有者による操縦の義務化とともに、水上オートバイは常時、有資格者操縦が義務化されました。

⑤ 違反者に対する再教育制度の実施

危険操縦など、ルールに違反した場合に、再教育制度を受ける規定が創設されました。

３種類のボート免許の特徴

前述のように、ボート免許には、「一級」、「二級」、「特殊」の3種類があります。それぞれの特徴を見てみましょう。

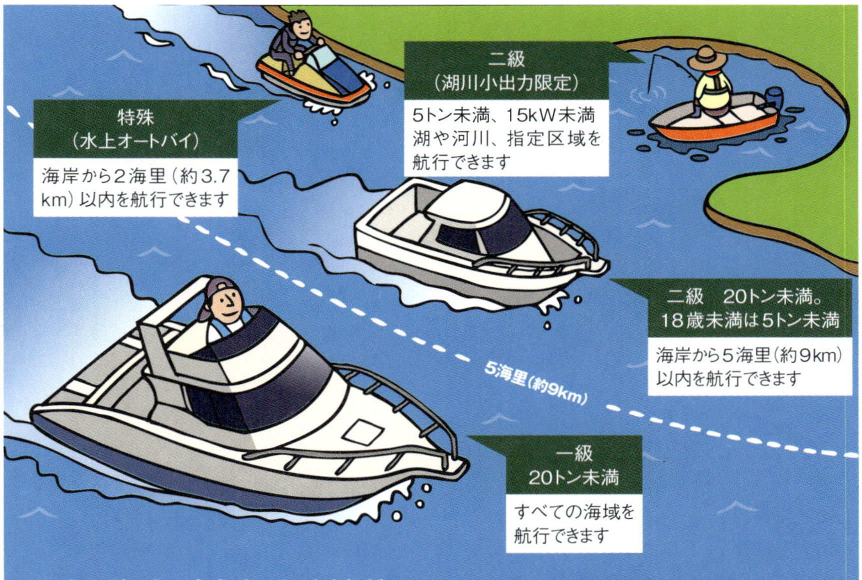
特殊
(水上オートバイ)
海岸から2海里(約3.7km)以内を航行できます
二級
(湖川小出力限定)
5トン未満、15kW未満
湖や河川、指定区域を航行できます
二級　20トン未満。
18歳未満は5トン未満
海岸から5海里(約9km)以内を航行できます
5海里(約9km)
一級
20トン未満
すべての海域を航行できます

ヨット、ボート、水上オートバイなど、船舶による航行区域の違い

① 一級免許

総トン数20トン未満の船(または、長さ24m未満のプレジャーボート)で、すべての海域を航行できる免許です。ただし、ヨット以外の船で海岸から100海里(約185km)を超える海域を航行する場合は、六級海技士(機関)以上の資格を持つ機関長の乗り組みが必要になります。

総トン数とは、船の重さではなく、船の容積を示す単位です。昔は、酒樽をいくつ積めるかが、船の大きさの目安とされました。酒樽をたたく際に発する、「タンタン」という音から、「トン」という言葉が生まれたそうです(ウソのような話ですが)。総トン数20トン未満の船を長さに換算すると、最大で15mほどになります。かなりの大型艇です。

なお、2003年の免許制度の改正に合わせ、国土交通省は、小型船舶安全規則を見直し、従来、小型船舶の対象外だった、総トン数20トン以上で、長さ24m未満のプレジャーボートを、小型船舶に組み入れました。これにより、総トン数20トン以上でも、長さ24m未満のプレジャーボートなら、一級または二級ボート免許で乗れるようになりました。

② 二級免許

総トン数20トン未満の船(または、長さ24m未満のプレジャーボート)で、平水区域(河川、湖沼や港内と、東京湾や伊勢湾、瀬戸内海など、法令で指定する静穏な海域)と、海岸から5海里(約9km)以内の海域を航行できる免許です。陸地が見える距離として5海里に設定されましたが、この範囲でも、セーリングや釣りが十分に楽しめます(5海里以内の沿岸を航行すれば、日本一周も可能です)。

一級ボート免許が「外洋免許」といわれるのに対し、二級ボート免許は「沿岸免許」とも呼ばれ、マリンレジャーを始める入門者に、おすすめの免許です。

また、同じ二級でも、18歳未満の場合は、5トン未満の船に限定される「若年者5トン限定」(18歳以上になれば限定が解除)や、湖や川などで、エンジン出力を15キロワット未満(20馬力以下)に限定した「湖川小出力限定」もあります。

なお、海里とは、海面上の距離を表す単位で、1海里は、1,852mに相当します。英語では、ノーティカルマイルと呼ばれ、陸上で使われるランドマイル(1,609m)と区別されています。「目的地まで、○海里(あるいは、○マイル)ある」という使い方をします。

③ 特殊免許

水上オートバイ(特殊小型船舶)に乗るための専用免許です。一級や二級のボート免許を持っていても、水上オートバイには乗れません。また、特殊免許では、ヨットやボートは操船できません。クルマにたとえると、一級や二級は、普通自動車免許、特殊は、二輪免許の関係にあります。

表1：免許の種類による航行区域、船の大きさ、取得年齢

免許の種類	技能限定	航行区域	船の大きさ	取得年齢
一級		すべての海域	総トン数20トン未満、または、24m未満のプレジャーボート	満18歳以上
二級		平水区域および海岸から5海里(約9km)以内	総トン数20トン未満、または、24m未満のプレジャーボート	満18歳以上
	若年者5トン限定		総トン数5トン未満	満16歳以上
	湖川小出力限定	湖や川、指定区域	総トン数5トン未満、15kW未満(20馬力以下)	
特殊		湖や川、海岸から2海里(約3.7km)以内	水上オートバイ	満16歳以上

ボート免許の取得方法

一級と二級免許の講習や試験で使用するモーターボート

学科試験の試験時間は、一級は2時間20分（64問）、二級は1時間10分（50問）

ボート免許を取るには、「受験コース」と「教習所コース」があり、どちらを選んでもかまいません。それぞれの特徴をまとめました。

一般的な受験コースの流れ（二級ボート免許の場合）

学科講習（1日）▶ 実技講習（1日）▶ 身体検査 学科試験（半日）▶ 実技試験（半日）▶ 免許交付

一般的な教習所コースの流れ（二級ボート免許の場合）

身体検査 学科教習当日でも可能 ▶ 学科教習 修了審査（2日）▶ 実技教習 修了審査（1日）▶ 免許交付

① 受験コース

民間のボート免許スクールに入り、学科講習と実技講習を受け、必要な知識や技能を習得し、国家試験（学科と実技）を受験する方法です。ボート販売店やマリーナなど、各地に設けられたスクールで、学科試験の勉強を行うとともに、試験船と同タイプの教習艇に乗り、操船方法などを学び、実技試験に臨みます。

また、学科講習と実技講習を1日で行う短期コースや、学科を自宅学習し、実技の国家試験を受ける独習コースを用意しているスクールもあります。ほとんどのスクールでは、国家試験の申請や、合格後の運輸局などへの免許申請の手続きを代行しています。

② 教習所コース

国家試験（学科と実技）免除で、ボート免許を取得する方法です。国土交通省に登録された小型船舶教習所に入り、国家試験と同じカリキュラムの教習を受け、必要な知識や技能をすべて身につけたか、修了審査が行われます。受験コースのように国家試験を受けない代わりに、時間をかけて習得できます。受験コースに比べ、費用は少し高めになりますが、確実に取得できるのが特徴です。

また、集中的に教習と修了審査を行う短期コースや、学科を自宅学習し、学科試験を受験したのち、教習所で実技を学び、修了審査を受ける独習コースを用意している教習所もあります。

表2：一般的な受験コースの費用の参考例（二級ボート免許の場合）

スクール受講料		63,000円
国家試験料	身体検査	3,200円 ＊1
	学科試験	3,000円
	実技試験	18,600円
申請代行料		6,300円
登録免許税		1,800円
合計		95,900円

＊1：受講申請前に病院で検査を受け、身体検査証明書を提出する場合は、手数料1,200円で済む

表3：一般的な教習所コースの費用の参考例（二級ボート免許の場合）

教習料	113,400円
教本代	3,400円
身体検査手数料	1,200円 ＊1
登録免許税	1,800円
海事代理士費用	3,750円 ＊2
免許証送料	500円
合計	124,050円

＊1：学科教習当日に身体検査を受ける場合は、身体検査料（2,000円前後）が別途必要
＊2：運輸局などへの免許申請手数料

試験の種類と合格基準

表4：学科試験の科目、出題数、試験時間

免許の種類	試験科目と出題数					試験時間
	操縦者の心得及び遵守事項	交通の方法	運航	上級運航 I	上級運航 II	
一級	12問	14問	24問	8問	6問	2時間20分
二級	12問	14問	24問	—	—	1時間10分
二級（湖川小出力限定）	10問	8問	12問	—	—	30分
特殊	12問	10問	18問	—	—	50分

実技試験の内容は、操船はもちろん、出航前の点検や係留作業など多岐にわたる

表5：二級ボート免許の実技試験の科目と内容

科目と配点 （ ）内は合格基準	内容
小型船舶の取り扱い 60点（36点）	・発航前の点検 ・機関運転 ・トラブルシューティング ・解らん、係留 ・結索 ・航海計器の取り扱い
基本操縦 120点（72点）	・安全確認 ・発進、直進、停止 ・後進 ・変針（旋回） ・蛇行（連続旋回）
応用操縦 120点（72点）	・人命救助 ・避航操船 ・離岸 ・着岸

先に説明したように、ボート免許の国家試験には、「身体検査」、「学科試験」、「実技試験」があります。受験コースでも教習所コースでも、内容は同じです。二級ボート免許を取得する場合の試験内容を、以下にまとめました。

① 身体検査

視力（両眼とも0.6以上、矯正可）、弁色力（夜間において、船の灯火の色を識別できること）、聴力（5mの距離で声を聞き取れること）、疾病および身体機能の障害（操縦に支障がないこと）など、身体検査基準を満たしているかを検査します。試験申請時に、医師が記入した、所定の「身体検査証明書」を提出した場合、検査当日は、簡単な問診で済みます。なお、身体検査に合格しないと、学科試験および実技試験には臨めません。

② 学科試験

学科試験では、「操縦者の心得及び遵守事項」、「交通の方法」、「運航」の3科目が行われます（一級は、「上級運航 I」と「上級運航 II」が加わります）。

二級ボート免許の試験は、3科目合計の50問を、1時間10分以内で解いていきます。試験は四肢択一方式で、「正しいのはどれか」、あるいは、「誤っているのはどれか」というような設問に対し、マークシートに書き込みます。1問の配点は10点で、合計500点になります。合格基準となる正解率は、各科目が50％（250点）以上、全科目合計が65％（325点）以上です。

③ 実技試験

実技試験では、試験船に乗り込み、操縦技術や、船を動かすために必要な技能を満たしているか、試験員によって確認されます。原則として、試験員1人に対し、受験者3人が同乗します。実技試験に使われる試験船は、長さ4m以上、9m未満のモーターボートです。

試験は、「小型船舶の取り扱い」、「基本操縦」、「応用操縦」の3科目で、1人当たりの試験時間は、おおむね30分。合格基準は、各科目の成績が60％以上、全科目の総合成績が70％（300点中210点）以上です。

学科試験に出題される内容

ボート免許試験のために使われる教本と問題集。学科試験では、過去の試験問題からの出題が多い

一級免許の学科試験では、海図を使って実際に作業する問題が出題される（二級にはない）

二級ボート免許の学科試験の概要は、先に説明したように、「操縦者の心得及び遵守事項」、「交通の方法」、「運航」の3科目です。どのような勉強をするのか、のぞいてみましょう。

① 操縦者の心得及び遵守事項

安全な航行をするため、船長としての心得を学ぶとともに、法律に定められた遵守事項（危険操縦の禁止など）を習得します。

■ **水上交通の特性**

陸上交通との違い、漁具などに対する注意、事故の発生状況など。

■ **小型船舶操縦者の心得**

船長の役割と責任、海のマナー、事故を起こしたときの対応など。

■ **小型船舶操縦者の遵守事項**

酒酔い操縦の禁止、免許制度、船舶検査および登録制度など。

②交通の方法

海上衝突予防法や港則法など、安全航行に必要な交通ルールを学びます。

■ **一般海域での交通の方法**

他船を追い越す際や横切る際の交通ルール、見張りの大切さ、安全な速力など。

■ **港内での交通の方法**

港内での航法、水路の保全など。

■ **特定海域での交通の方法**

海上交通安全法について。

■ **湖川及び特定水域での交通の方法**

都道府県の関連条例の規定について。

③ 運航

船体や装備品、エンジンに関する知識から、船の操縦、航路標識の種類、海図や天気図の見方、事故対策などを学びます。

■ **操縦一般**

操縦の基本、出入港、係留、船体安定、曳航時の操縦など。

■ **航海の基礎**

航海計器、航路標識の種類、灯台、海図、潮汐表など。

■ **船体、設備及び装備品**

名称、使用方法、ロープの取り扱い、発航前の各種点検など。

■ **機関の取り扱い**

主要系統の構成と役割、基本操作、注意事項、定期検査項目など。

■ **気象及び海象**

天気の基礎知識、情報入手方法、潮汐・潮流の基礎知識など。

■ **荒天時の操縦**

荒天時の操縦の注意点など。

■ **事故対策**

事故防止、事故発生時の処置、人命救助など。

例題　それでは、参考として、学科試験の例題を紹介しましょう。正解は、このページの欄外にあります。

小型船舶の船長が、漁船について知っておかなければならない事項として適当なものは、次のうちどれか。

(1) 1隻で操業している場合も、集団で操業している場合も、漁具は必ず船尾から引いている。
(2) 操縦性能がよいので、漁網を引いている場合でも他船を簡単に避けることができる。
(3) 操業中は漁に集中しているため、見張りを十分にしていない場合がある。
(4) 漁具が出ているかどうかは、できるだけ近づいてしばらく並んで航行しないと分からない。

例題の答え：(3)

実技試験科目と試験内容

試験船に乗り込む実技試験では、「小型船舶の取り扱い」、「基本操縦」、「応用操縦」の3科目の知識と技能が試されます。それぞれの科目で、どのような内容の試験が行われるか、まとめました。

実技試験のコース図（一例）

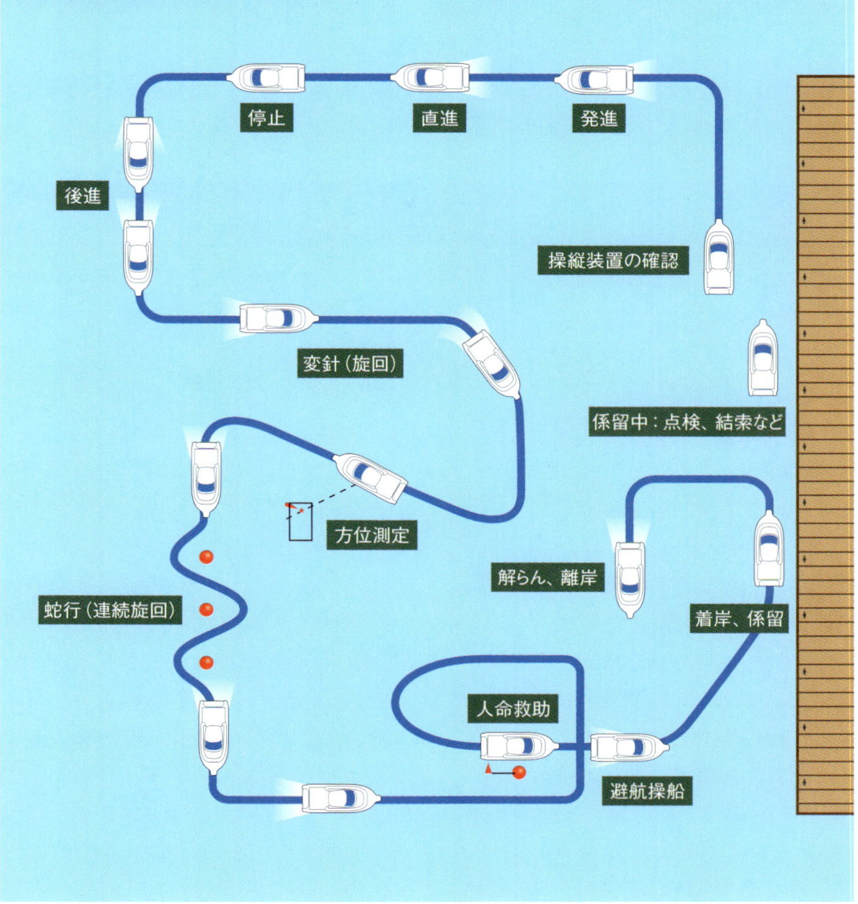

①小型船舶の取り扱い

出航前の必要な手順やトラブルの対処方法などを身につけているか、チェックされます。

■ 発航前の点検

出航する前に、船体、操縦席、エンジン、法律で定められた法定備品の点検を行いますが、その点検項目と点検内容が確認されます。

■ 機関運転

点検の終了後、試験員の指示に従い、キースイッチをひねり、エンジンを始動させ、その後、暖機運転、エンジン停止の手順が確認されます。

■ トラブルシューティング

「異常な振動がある」など、トラブルが発生した際の対処について、試験員の質問に対し、適切な方法であるか確認されます。

■ 解らん、係留

栈橋からボートに乗り込む際の手順として、係留ロープをはずし、乗船するまでの動作が確認されます。また、帰港時の着岸を想定し、フェンダー（防舷材）や係留ロープを取り出し、ボートを係留するための手順が確認されます。結索（ロープの結び方）や、航海計器（ハンドコンパス）の使い方も確認されます。

② 基本操縦

周囲の安全確認後、操縦席に座り、試験員の指示に従い、試験船の操縦を始めます。チェック項目は、次のとおりです。動作の前に、声を出して、確認するのがポイントです。

■ 発進、直進、停止、後進

ハンドルを右手、リモコン（スロットル）レバーを左手に持ちます。リモコンレバーを前方に倒すと、ボートは前進し、手前に倒すと、ボートは後進します。試験員の指示する数値までエンジンの回転数を上げ、目標物（煙突など）への直進や、リモコンレバーを戻しながらの停止、リモコンレバーを手前に倒しながらの後進を行います。

■ 変針（旋回）

直進中に、試験員の指示に従い、安全確認後、速力を落としながら、ハンドルを切り、旋回します。

■ 蛇行（連続旋回）

水面に打たれた三つのブイの間を、適切な速力で走り抜ける連続旋回を行います。

③ 応用操縦

基本操縦に引き続き、安全航行に必要な応用操縦の技能が確認されます。

■ 人命救助

水面のブイを要救助者に見立て、周囲に注意しながら、ブイに接近し、ボートを停止させ、ブイを拾い上げます。

■ 避航操船

他船と正面から行き合う場合（行会い船）や、横切る場合などを想定し、ルールに従った、適切な対処が確認されます。

■ 離岸

栈橋に係留した試験船による、出港時の離岸（栈橋から離れること）の際の技能が確認されます。

■ 着岸

離岸とは逆の着岸の技能が確認されます。栈橋の手前でエンジンを停止させ、行き足（惰性）を利用しながら、試験艇を栈橋に横付けします。

＊

以上が、ボート免許の概要です。免許取得者は現在300万人以上。特別な資格ではありません。ヨットやボートを楽しむための基本的な知識や技能が習得できます。あなたもチャレンジを。

11 ヨットの特性と帆走の基本操作

ディンギーやクルーザーヨットは、セール（帆）に風を受けて走ります。風はいろいろな方向から吹くため、進路に合わせたセールと舵の調節が必要になります。

風を受けて走るヨットの特性

セールを推進力にするディンギーやクルーザーヨット。その推進力を生み出すエネルギーは、四方から吹く風です。

① ヨットはどうして風で走るのか

その秘密は、セールの形状にあります。セールは1枚の生地で作られているように見えますが、よく見ると、ふくらみをもたせた複数の生地を縫い合わせています。

このふくらみは、風を受けると、ゆるいカーブを描きます。断面は飛行機の翼のような形状になり、このカーブに風が流れると、表面と裏面とに空気の圧力差が生まれます。このとき、空気の流れが速い低圧部の裏面に揚力（吸引力）が生まれ、これがヨットの推進力になります。

一方、風下に押し流す力も同時に発生するため、このままでは、うまく進めません。この横流れを抑えるのが、ディンギーでいえば、船底に取り付けられたセンターボードです。海中に突き出たセンターボードは、横流れを打ち消す抵抗となり、前に進む力を効率的に引き出します。

② セールはエンジン、舵はハンドル

クルマにたとえると、セールは、エンジンにあたります。いくら風が強くても、セールを調節するシート（ロープ）を引き寄せなければ、セールははためくだけで、推進力は生まれません。シートを引き込み、セールに風がはらんだとき、推進力を生み出します。

セールを操るコツは、風上に向かうときは、手元に引き寄せ、風下に向かうときは、繰り出します。セールの開き角度は、風向と進行方向（船首の向き）との二等分線上を目安に調節するといいでしょう。

一方、舵を調節するティラー（舵柄）は、進む方向をコントロールするハンドル機能を担っています。2枚帆のスループ艇の場合、メインセールのシートとティラーは、スキッパー（艇長）が担当し、ジブ（マストの前に装着した小さなセール）は、クルー（乗組員）が受け持ちます。

通常の風では、スキッパーとクルーは、風上側のデッキに腰掛けます。ポートタック（左舷から風を受ける状態）で走る場合は、右手でティラーを、スターボードタック（右舷から風を受ける状態）の場合は、左手でティラーを握ります。ティラーを押すと、風上（腰掛けている舷の方向）へ船首が回り、引くと、風下（反対の舷の方向）へ回ります。真っすぐ走るときは、船体の中心線上にティラーを構えるのが基本です。

乗り始めのころは、陸上の建物などの目標にティラーを動かし、風の向きに合わせてセールを調節すると、操船感覚がつかみやすいでしょう。セールとティラーを上手に操ることで、風に応じた、思い通りの帆走が楽しめます。

図1：セールに流れる風の速度の違いが生み出す揚力

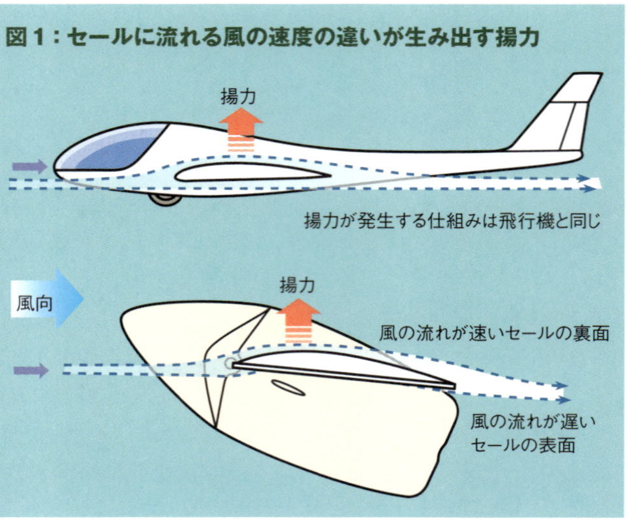
揚力
揚力が発生する仕組みは飛行機と同じ
風向
揚力
風の流れが速いセールの裏面
風の流れが遅い
セールの表面

図2：セールが生み出す力の作用

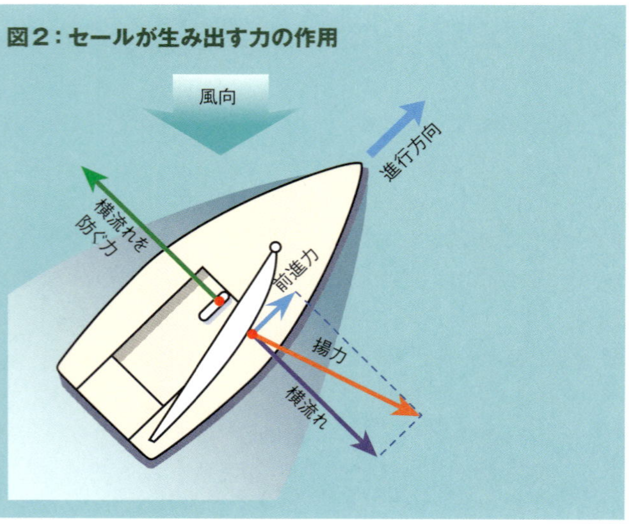
風向
進行方向
横流れを
防ぐ力
前進力
揚力
横流れ

帆走の基本操作

風向に合わせた走り方の基本操作を、帆走パターンごとにまとめました。風の強弱により、体重移動を行い、船体のバランスを取りながら走らせます。

① クローズホールド

風上に向かって、斜め前方からの風を受ける走り方。クローズホールド（close-hauled）は、「セールを詰めて走ること」を意味しますが、文字通り、セールを調節するシートを引き寄せ、風上に対する角度を稼ぐ走り方です。その角度は45度前後が目安になります。

風向に対する船首の角度が45度といっても、海上では測りようがありませんが、視覚で確認できます。例えば、風上に切り上がりすぎると、セールのラフ（前縁）に裏風が入り、左右にはためきます。セールに流れる風が乱れ、推進力が落ち始めるサインです。このような場合は、ティラーを少し引き、シートを一度ゆるめ、風下に向けます。次に、ラフに裏風が入る手前まで引き寄せます。この状態が理想的なクローズホールドとなり、風向と進行方向との二等分線上にあたる、45度前後の角度になります。なお、セールに風がはらまない帆走不能なエリアを、デッドゾーンといいます。

クローズホールドでの帆走は、横方向の抵抗が大きくなります。ディンギーの場合、センターボードを下げ、横流れを抑えます。センターボードの抵抗が大きくなると、その作用として、船体が風下側にヒール（傾くこと）しやすくなります。ヒール角度が大きくなると、舵の利きが悪くなるため、乗り手の上体を風上側に乗り出し、体重でヒールを抑える、ハイクアウトと呼ばれる体勢を取ります。風に向かう、ヨットらしい走り方です。

② ウインドアビーム

真横からの風を受けて進む走り方で、アビームとも言います。クローズホールドに比べ、セールの開き角度が大きくなります。横方向の抵抗が小さくなり、艇速が伸びる走り方です。なお、クローズホールド以外の帆走は、フリーと総称されます。

③ ランニング

後方からの風を受けて、風下に進む走り方。セールを横に張り出すため、左右にローリング（横揺れ）しやすいので、船体をフラットに保持するのがポイントです。風を受ける面積を増やすため、ジブを反対の舷に張り出したり、スピネーカーと呼ばれる追い風用のセールを使ったりすることもあります。

④ クローズリーチ、クオータリー

クローズホールドとウインドアビームとの中間のクローズリーチは、斜め前方から風を受け、ウインドアビームとランニングとの中間のクオータリーは、斜め後方からの風を受けて走ります（クオータリーはブロードリーチともいいます）。ともに横方向の抵抗が小さく、快適な走りが楽しめます。

図3：帆走パターンと、風向に対するセールの開き角度

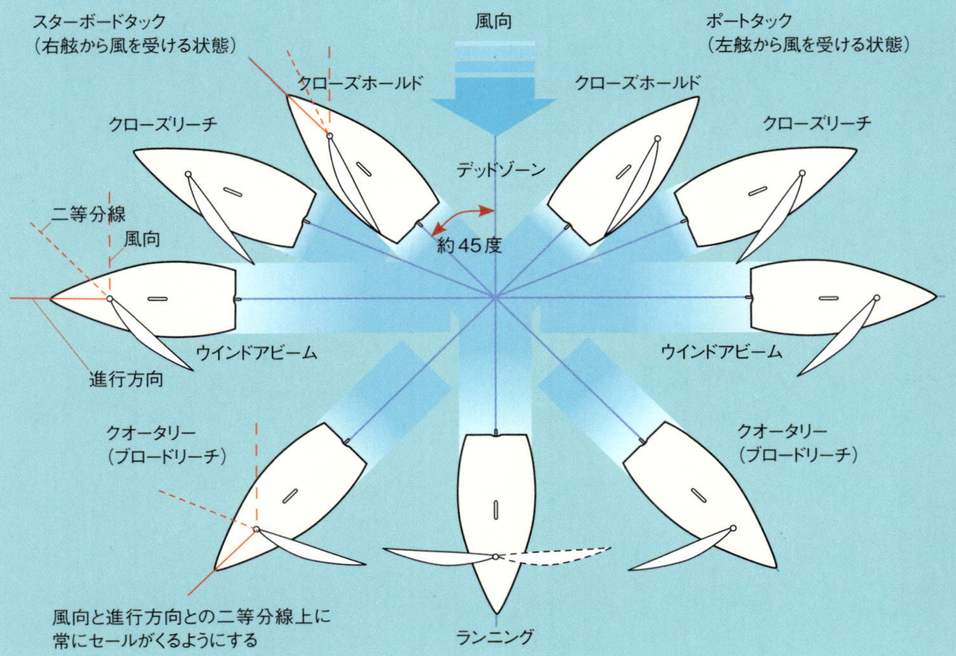

斜め前方からの風を受けるクローズホールド

真横から風を受けるウインドアビーム

後方から風を受けるランニング

方向転換の基本操作

帆走中に方向転換する方法としては、セールのタック（ポートタック＝左舷から風を受ける状態、スターボードタック＝右舷から風を受ける状態）を入れ替えずに行うやり方と、タックを入れ替えて行うやり方とがあります。

① セールのタックを入れ替えない方向転換

ティラーを動かすと、風向に対するセールの開き角度も変わってくるため、方向を変える際は、常に連動した操作が必要になります。

■ ラフィング

風上に向かって、コースを変える動作のこと。例えば、後方からの風を受けるランニングから、横風を受けるアビームに方向転換する場合などです。ティラーを風下側に押しながら、セールを引き寄せると、船首は風上に向かいます。

■ ベアリング

ラフィングとは反対に、風下に向かって、コースを変える動作のこと。例えば、アビームから次第に風下に落とし、ランニングに方向転換する場合などです。ティラーを風上側に引き寄せながら、セールを繰り出すと、船首は風下に向かいます。

図4：ラフィングとベアリングの操作手順

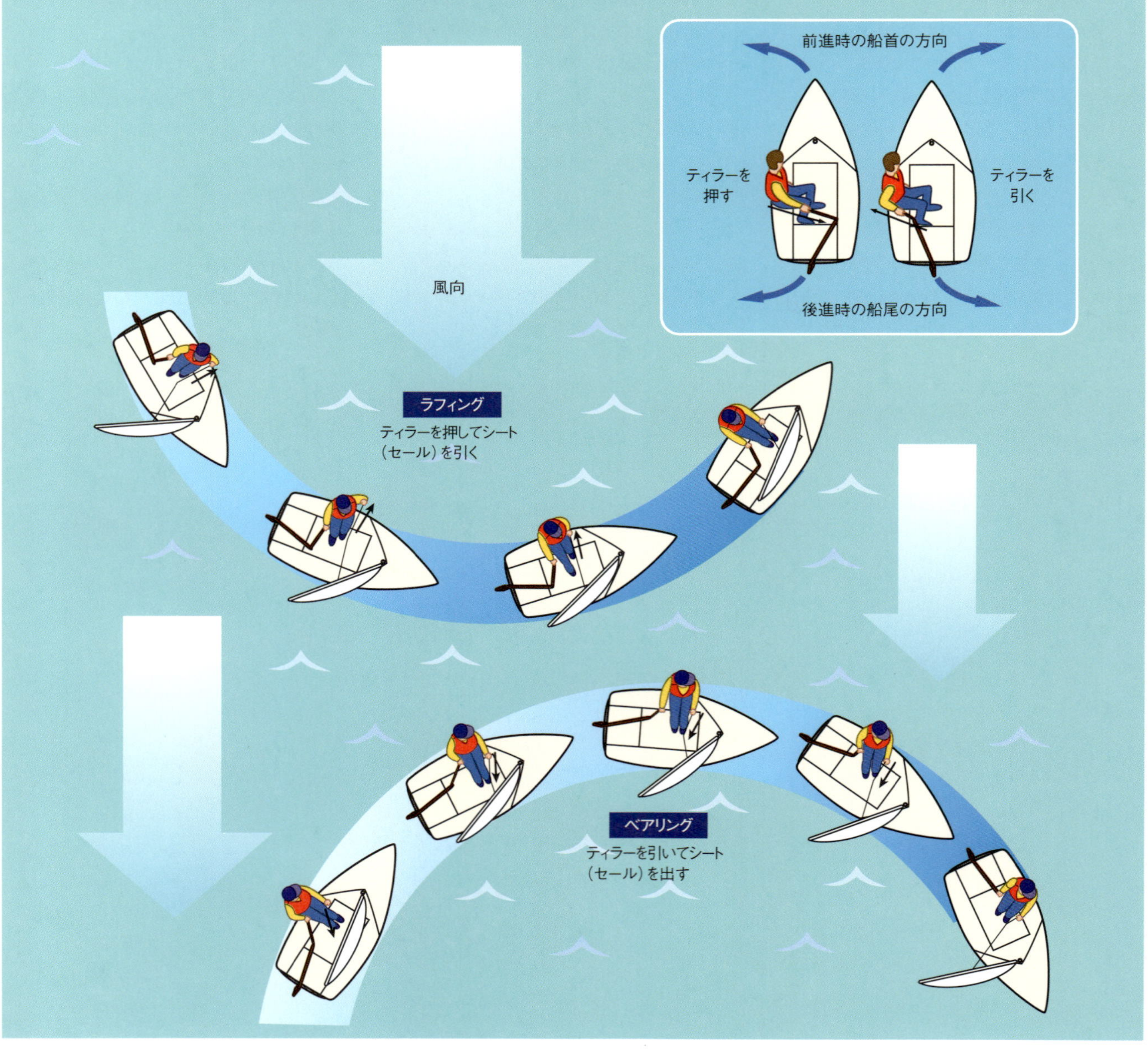

② セールのタックを入れ替える方向転換

ラフィングやベアリングでは、方向転換する範囲は限られます。大きく方向転換する場合は、セールのタックを入れ替える、タッキングとジャイビングの操作を行います。

■ タッキング

風上に向かって、クローズホールドの状態から、反対の舷に方向転換する動作のこと。先ほどのラフィングの動きの延長として、ティラーを風下側に押し続けると、シバー（セールに裏風が入る現象）し始め、次第に風軸（風の吹く中心）と重なります。デッドゾーンに入り、艇速は落ちますが、惰性によって船体は回転し、風を受けるセールの面が入れ替わり、反対の舷に移ります。この一連の動作を、タッキングといいます。

タッキングの手順は、クローズホールドの状態で、ティラーを風下側に押すとともに、セールを引き寄せ、セールが入れ替わったら、乗り手も反対の舷に移動します。

ティラーを戻すとともに、セールを引き寄せ、新しいクローズホールドの体勢に移ります。このジグザグ走行のタッキングを繰り返すと、風上に少しずつ近づけます。

■ ジャイビング

風下に向かって、後方からの風を受ける帆走状態から、反対の舷に方向転換する動作のこと。いまのタックの帆走では目標に近づけない場合や、風の向きが変化した際に、ジャイビングの操作を行います。

ジャイビングの手順は、後方から風を受ける帆走状態で、ティラーを風上側に引き寄せると、裏風の入ったセールは、船体の中心に移動します。風が真後ろから吹く位置になったら、セールを一気に引き寄せ、反対の舷に返すとともに、乗り手も反対の舷に移動し、ティラーを戻します。その際、ブーム（メインセールの下縁を支える帆桁）が船体を大きく横切るため、頭をぶつけないよう、低い姿勢を取ります。セールが入れ替わったとき、船体は不安定になりますが、左右のバランスを崩さないよう、新しい帆走の体勢に移ります。

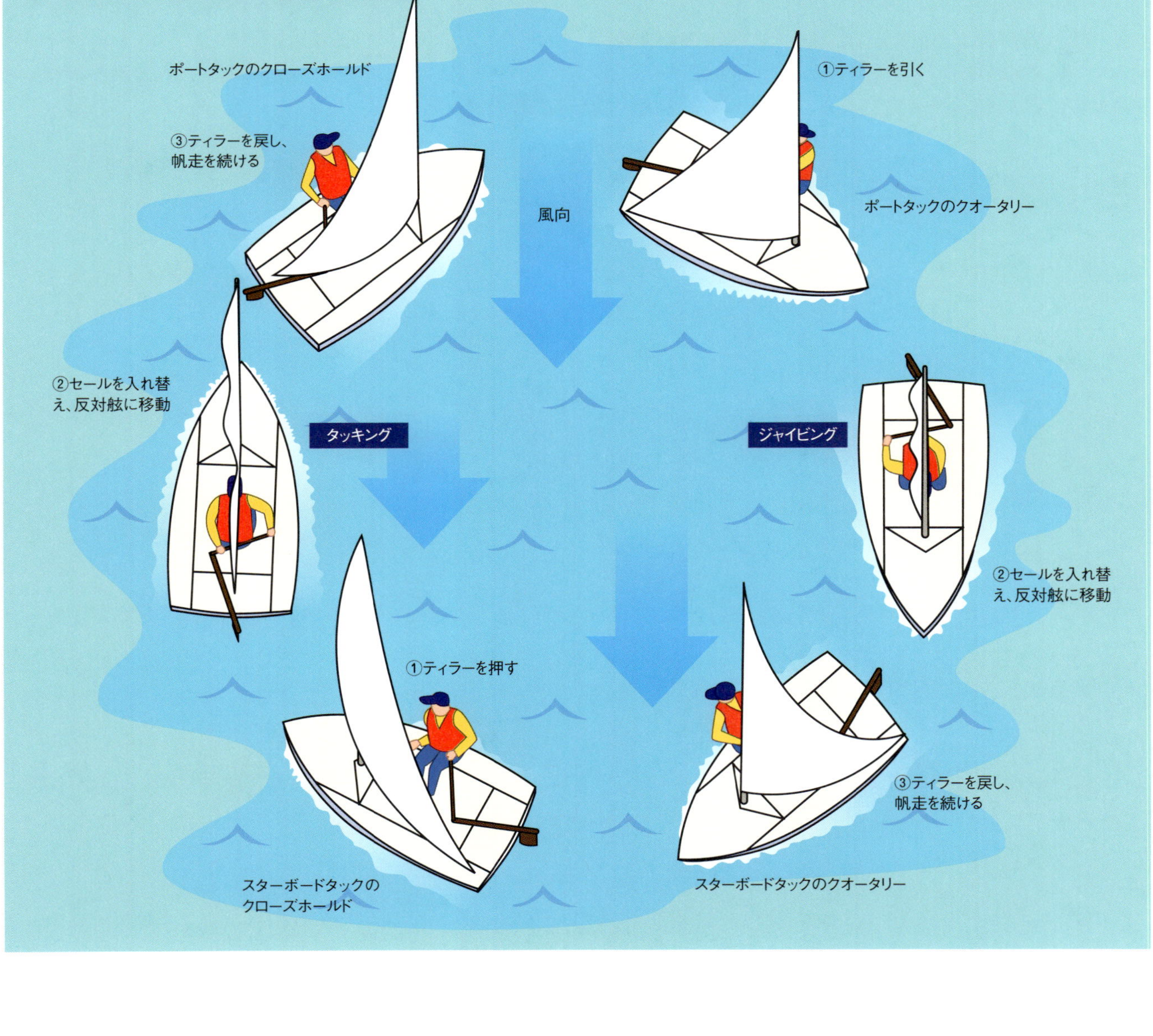
ポートタックのクローズホールド
③ティラーを戻し、帆走を続ける
②セールを入れ替え、反対舷に移動
タッキング
①ティラーを押す
スターボードタックのクローズホールド
風向
①ティラーを引く
ポートタックのクオータリー
ジャイビング
②セールを入れ替え、反対舷に移動
③ティラーを戻し、帆走を続ける
スターボードタックのクオータリー

図5：タッキングとジャイビングの操作手順

離着岸の基本操作

帆走する際に必要な離着岸は、安全で確実な操作が求められます。砂浜から離着岸するディンギーと、桟橋から離着岸するクルーザーヨットを例に、それぞれの基本操作をまとめました。

① 砂浜での離着岸

ディンギー（2枚帆のスループ艇）を例に、風向に応じた離着岸の手順をご紹介します。離着岸の際は、横風を除き、船首を風上に向けるのが基本です。出航前にセールを上げ、腰近くの深さに運び、乗り込みます。水深を確認しながら、ラダー（舵板）とセンターボードを下げます。

■ 離岸の手順

・横風

風を横から受ける場合は、船首を沖に向け、シートを繰り出し、セールをシバーさせます（風が逃げるため、推進力はありません）。乗り込んだら、ティラーを船体中央に保持し、セールのシートを引き込み、ウインドアビームの走りで離岸します。

・向かい風

海からの向かい風の場合は、乗り込んだら、セールに風が入る角度にティラーを動かし、クローズホールドの走りで離岸します。

・追い風（下の左のイラスト）

陸からの追い風の場合は、船首は陸を向いているため、メインセールの正面に風を入れる状態で、後進させます。次に、ティラーを切って船体の向きを変え、セールに風を入れて離岸します。

■ 着岸の手順

・横風

離岸と同様、アビームの風のため、岸に真っすぐ進み、近づいたら、シートを繰り出し、セールをシバーさせ、惰性で着岸します。水深を確認しながら、ラダーとセンターボードを上げます。

・向かい風（下の右のイラスト）

陸からの向かい風の場合は、クローズホールドの走りで、船首を岸に向けながらラフィングし、セールをシバーさせ、惰性で着岸します。途中で止まってしまったら、セールに風を当てて、速力をつけます。

・追い風

海からの追い風の場合は、ランニングから、少しずつ風上にラフィングし、船首を風上に向けます。セールをシバーさせ、セールに裏風を当てて後進しながら、着岸します。

図6：陸から風が吹いている場合の離着岸（例）

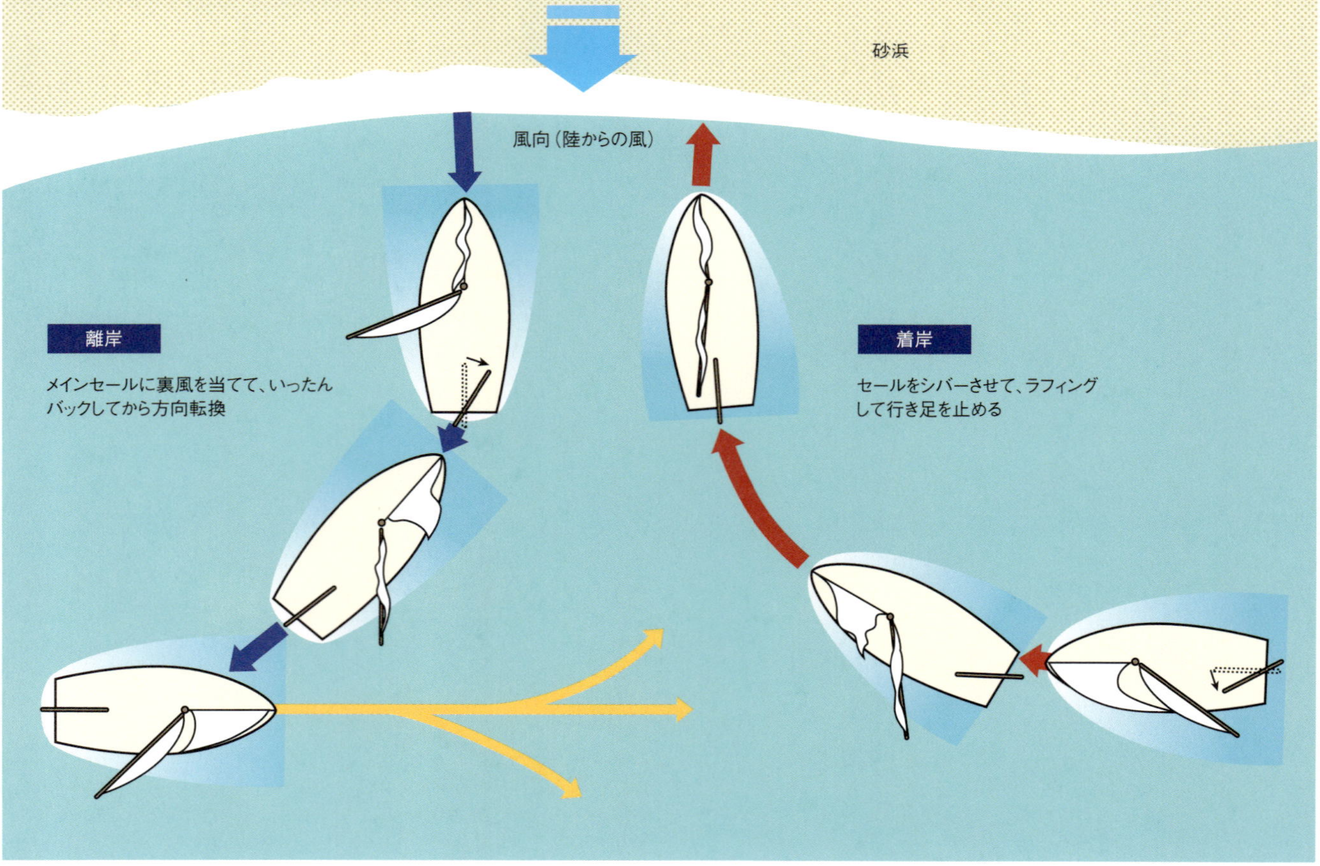
砂浜
風向（陸からの風）
離岸
メインセールに裏風を当てて、いったん
バックしてから方向転換
着岸
セールをシバーさせて、ラフィング
して行き足を止める

② 桟橋での離着岸

エンジンを搭載したクルーザーヨットを例に、離着岸の手順をご紹介します。風向や潮流により、手順に多少の違いはありますが、ここでは、海から桟橋に向かって風が吹いている場合の離岸と、陸から桟橋に向かって風が吹いている場合の着岸を想定します。離着岸とも、セールを降ろし、エンジンとティラーの操作で、船体の動きを調節します。

桟橋への距離感覚は、何度も練習を重ね、身につけましょう。

■ 離岸の手順

風の力で船体が桟橋に押される場合の離岸は、船首にフェンダー（防舷材）を多めに並べ、船首のもやいロープを船上から解除できるようにループ状に結びます。船尾のもやいロープを離し、エンジンを微速前進のまま、ティラーを風上側（海側）に切ると、船首を支点に、船尾は桟橋から離れます。桟橋に対し、船体の向きが45度前後の角度になったら、船首のもやいロープを回収し、エンジンを後進に入れ替え、離岸します。

■ 着岸の手順

向かい風の場合の着岸は、風の勢いに負けないような速力を保ち、桟橋に向かって直進します。桟橋に近づいたら、45度前後の角度にティラーを切り、斜めにアプローチします。桟橋と船首の間隔が1m前後になったら、エンジンを後進に入れ替え、ティラーを風上側（桟橋側）に切りながら、微速後進を続けると、船尾は桟橋に寄せられ、平行に着岸します。

桟橋まで遠すぎる場合は、再度アプローチします。

海から風が吹いている場合の離岸（例）

船首にフェンダー（防舷材）を取り付け、船首のもやいロープをループ状に取る

船尾側のもやいロープを解き、ティラーを海側に切ると、船尾が桟橋から離れる

ギアを後進に入れ、桟橋から離れたところで、もやいロープを回収する

陸から風が吹いている場合の着岸（例）

船側にフェンダーを取り付け、桟橋に対して約45度の角度でアプローチ

ティラーを桟橋側に切りながらギアを後進に切り替えると、船尾が桟橋に寄る

船の中央付近から桟橋に下りて、船尾、船首の順に、もやいロープを留める

12 マリンスクール&レンタル入門

初心者がヨットを始めるには、専任のインストラクターをそろえているマリンスクールに入るのが上達の近道です。ディンギーやクルーザーヨットのほか、ボートのスクールが各地で開かれ、初心者コースを受講すれば、短期間で操船のコツを覚えることができます。また、ボート免許を取りたてなら、自分の船を購入する前に、レンタルで気軽にマリン体験する方法もあります。

スクールなどの料金は、2014年1月現在の税込み価格です。

ディンギースクール

インストラクターとともに海上に出て、操船体験するディンギースクール。
エンジンを搭載しないディンギーは、ボート免許の資格はいりませんが、基本はしっかり身につけたいもの。
それを教えてくれるのが、ディンギースクールです。神奈川県の相模湾に面した三つのディンギースクールをご紹介しましょう。

マリンボックス100　http://www.marinebox.co.jp/

湘南の海辺の風景が広がる逗子市は、葉山や江の島などとともに神奈川県を代表するヨットの聖地。この地で30年にわたり、ディンギーの活動拠点として営業しているマリンボックス100は、逗子海岸を望む国道134号線沿いにクラブハウスを構え、保管施設や会員向けのレンタルヨットに加え、ディンギースクールを開いています。

スクールは、初心者向けのベーシックコース（3日間、39,000円）、一人での操船を目指すマスターコース（3日間、57,000円）、自分のディンギーを使い、インストラクターから操船方法を学ぶオーナーズコース（1日、16,000円）などのほか、気軽にヨットの醍醐味が味わえる体験1日コース（14,000円）も用意されています。

「乗船時間を長く取り、ディンギーに慣れてもらうのがモットー。受講者の9割は初心者。若いころに乗ってみたかったけど、乗る機会がなく、ようやく時間が取れるようになった年配の方や、逗子周辺に移り住み、マリンスポーツを始めてみたいという方など、さまざま」。ヨット担当の渡邉 真さんは、初心者を温かく迎え入れ、セーリングの楽しさを体験してもらっています。

「一人で乗れるようになるには、ベーシックとマスターの6日間で大丈夫。連続して通うのは大変なので、週末を中心に、無理のない日程をすすめています」

聞けば、スクール受講者の6割が40代から60代。神奈川県内や東京都内の在住者が多く、千葉県内からも通っているようです。

ベーシックコースに入った中塚靖之さんも、その一人。マリンボックス100を紹介するテレビ番組がたまたま目にとまり、受講者のインタビューを聞き、「シニアもやっているんだ」と思ったそうです。20代のころ、会社の同僚と一緒に鎌倉の材木座海岸などでディンギーに乗っていた中塚さんですが、結婚し、子供が生まれ、海から遠ざかった生活が続きました。テレビ番組をきっかけに、血が騒いだのでしょう。基本からやり直そうと、ベーシックコースを申し込み、横須賀市内の自宅から通っています。

「バウ（船首）が水を受けるときの音を聞くと、安らぎますね。若い時分に乗っていたのは、カタマラン（双胴艇）のディンギーだったので、舵の動かし方が違う」。そんな返答ぶりに、担当のインストラクターは、「経験があるので、覚えが早い」と太鼓判を押します。

情報通信会社を勤め上げ、35年ぶりのディンギーとの思いがけない再会は、中塚さんに元気のもとをプレゼントしたようです。

左：セールと舵の操作を学ぶ陸上練習。その後、インストラクターと一緒に海上練習を体験
下：ベーシックコースを申し込んだ、横須賀市内在住の中塚靖之さん

ベーシックコースに使われるスクール艇。インストラクターを含め、4人まで乗船できる

逗子海岸を望む国道134号線沿いに立つ、マリンボックス100のクラブハウス

葉山セーリングカレッジ

http://www.sailco.com/

逗子市に隣接する葉山町。海岸沿いには、マリーナやヨットクラブが立ち並び、日常風景にヨットが溶け込んでいます。そんな恵まれた環境を拠点にする葉山セーリングカレッジでは、技量に応じてステップアップできるディンギースクールとして、初心者向けのスタートセーリングコース（3日間、39,000円）、一人乗りを目指すベーシックコース（1回、15,000円）、レース参加を目標にするスタートレーシングコース（1回、15,000円）を用意しています。

スクールというと、なにか敷居が高いと感じる方には、体験セーリング（1人8,400円。2人以上なら1人6,300円）がおすすめ。インストラクター同乗の「お試し乗船」だから、安心して楽しめます。ウエアのレンタルもあるので、参加しやすいでしょう。マリーナのようにスロープ（斜路）や桟橋からの出航ではなく、ビーチから乗り出すスタイルは、海を身近なものに感じさせてくれます。

また、スクールを修了した受講者などを対象にしたヨットクラブも併設。会員になれば、クラブ艇を借りて乗ったり、あるいは、自分のディンギーを保管したりしながら、思い思いのヨットライフを楽しむことができます。初心者も参加できるクラブレースを開催し、会員の交流を深めています。

海岸に近いクラブハウス2階のウッドデッキのテラスで、アフターセーリングを満喫できるのも魅力です。

葉山の海を快走する、1枚帆のスクール艇。女性の受講者も多い

腰まで海に浸かって、ラダー（舵板）を取り付け、出航準備完了

葉山セーリングカレッジのクラブハウス。サロンとテラスは2階にある

小田急ヨットクラブ

http://www.odakyu-yc.com/

学生や社会人のヨット活動が盛んな藤沢市の江の島を拠点に、ディンギースクールに取り組む小田急ヨットクラブ。保管施設とともに運営しているスクールは、初心者を対象にしたスタンダードコース（3日間、42,000円）、中級者向けのステップアップコース（3日間、42,000円）、自分の船の持ち込みや出張に応じる、個人レッスンのプライベートコース（1日、21,000円）を用意しています。

スクールで使われるディンギーは2種類。そのうち、おとなが6人まで乗れるアクタス（長さ約5m）は、安定性の高いリフティングキール（船底に取り付ける可動式のおもり）を備えているため、初めてでも安心して乗船できます。

受講者の居住地は、藤沢市内が1割、神奈川県内が3割、東京都内が5割、その他が1割。「初心者の受講者が多く、50代が全体の半数以上」と、同クラブの副支配人を務める花井司郎さん。女性インストラクターもいるので、なごやかな雰囲気の中で、講習が受けられます。

スクールのほか、インストラクターと一緒に好きなときにクラブ艇に乗れるアドバンス会員、自分の船を所有するオーナー会員があります。ステップアップの環境を整え、自分のスタイルで楽しんでもらう考え方です。

上：準備を整え、隣接の江の島ヨットハーバーの桟橋から出航する
左：スクール艇に使われる、2枚帆のアクタス。安定性は抜群

小田急ヨットクラブのクラブハウス。シャワーなども完備

その他のおもなディンギースクール

名称	コース	ホームページ
若洲海浜公園ヨット訓練所（東京都江東区）	初心者、中級者、レーシング、シニアのほか、ジュニア（小学4年〜中学3年）教室もある	http://www.tptc.co.jp/park/yac/
NPOセイラビリティー江の島（神奈川県藤沢市）	初心者向けのアクセスディンギーを使用。体験会もある。会場は、江の島ヨットハーバー	http://sailability-enoshima.jp/
BSCウオータースポーツセンター（滋賀県大津市）	琵琶湖を拠点に、初心者コースと、長期レッスンのプライベートコースがある	http://www.bsc-int.co.jp/
大阪北港ヨットハーバー（大阪府大阪市）	3回程度の受講で操船の基本を学ぶ初心者コース。一人乗り、二人乗りのスクール艇がある	http://www.osakahokko-yh.com/

クルーザーヨットスクール

湾内をセーリングするディンギーに対し、陸地から離れた外洋を走るクルーザーヨットは、
操船技術だけでなく、航海に必要な知識と技能が求められます。
海外の定評あるトレーニング団体のカリキュラムを導入したクルーザーヨットスクールが開かれています。

横浜ベイサイドマリーナISPAクルーザースクール　http://www.ybmarina.com/ispa/

カナダに本部を置く、ヨットやボートの国際的なトレーニング団体、ISPA（インターナショナル・セール&パワー・アソシエーション）。その認定校の一つ、横浜ベイサイドマリーナISPAクルーザースクール（神奈川県横浜市）は、大型ヨットの操船に必要な理論と技術を実践的に教えています。

スクールのコースは、クルーとしての技能を習得するコンピテントクルー、操船技術とともに船長としての判断能力を身につけるデイスキッパー（ともに6日間、157,500円）、国内で航海術を4日間学んだのち、カナダに渡り、1週間のクルージングを通して、航海に必要な技術を習得するコスタルナビゲーションとコスタルスキッパー（ともに336,000円、渡航費などを除く）などがあります。資格認定の証書は、世界のチャーターヨットを借りる際のライセンスになります。

また、横浜ベイサイドマリーナ沖で、手軽にヨットに乗れる体験セーリング（2時間半、5,250円）も用意されています。

「コンピテントクルーの受講者の8割が初心者。2割は、自己流で覚えた人や、上達を目指す人。自分の船を持ちたいという受講者が多いけど、30ftクラスのヨットを二人で操船できる程度の技術を身につけてからでも遅くはないと説明しています」。チーフインストラクターの岡田豪三さんは、安全なセーリングに必要な技術の大切さを伝えています。

「受講者の4割は40代。この数年、平均年齢が若返っています。リタイア世代が2割近くいる一方、子供が小学校や中学校に入り、子育てが一段落した世代が増えつつある」と言います。

受講した動機は、「ヨットを操船してみたかった」が4割。受講者の大半は、神奈川県内や東京都内の在住者ですが、遠くは、北海道などからも訪れています。コンピテントクルー修了者の4分の1がカナダに遠征し、ヨットで寝食をともにする長期航海を体験し、コスタルコースの資格を取得しています。

加えて、スキルアップのためのトレーニングとして、東京湾や相模湾のほか、瀬戸内海や富山湾などへ泊まりがけのクルージングを実施。2012年は、能登半島（石川県）東側に広がる七尾湾の能登島とその周辺を巡る4泊5日のクルージングを、10月上旬に行いました。

なお、スクールを受講する際は、ボート免許は必要ありません。

スクール艇に使われるクルーザーヨット（30ft）に乗り込む受講者

クルーザーヨットを桟橋に留める、もやいロープの結び方の練習風景

能登半島の東側、風光明媚な能登島一周を体験した富山湾クルージング

40年以上のヨット歴を持つ、チーフインストラクターの岡田豪三さん

青木ヨットスクール

http://www.aokiyacht.com/

スクール艇のクルーザーヨットに乗り込み、操船を体験する。写真は、和歌山県から神奈川県までの長距離を、実際に航海しながら行われたアドバンストコース

長さ6.4mの小型外洋ヨット〈信天翁《あほうどり》二世〉号で、単独世界一周航海を成し遂げた青木 洋さんが校長を務める青木ヨットスクール（大阪府泉南郡田尻町）は、ASA（アメリカセーリング協会）の認定校として、2000年4月にスタートしたクルーザーヨット専門の教室です。

知識や技能のレベルに応じて資格認定するASAのカリキュラムを取り入れたスクールは、体験セーリングなどのビギナーコース（半日、6,300円）、基本を学ぶベーシッククルーコース（1日、15,750円〜）、航海術を学ぶナビコース（2日間、42,000円〜）、長距離航海の技術を習得するアドバンストコース（3泊4日、126,000円〜）など、各種コースを用意しています。一定の資格を取得した受講者を対象に、瀬戸内海周辺の泊まりがけのクルージングを企画するなど、より実践的なトレーニング航海も行っています。

修了者には、コースに応じたASAの資格が与えられ、世界のチャーターヨットの操船が認められるなどの特典があるのも魅力です。

「ビギナーは、ヨットに対し、海に落ちて溺れてしまうなどの不安を抱いています。だから、インストラクターは、そのような不安に共感しないといけない。自分も最初は同じだったと伝え、安心させるのが大切」。これが、青木さんの受講者に対する心構え。「ヨットは安全だと言いくるめても、そうでないことを知っているので、危険であることを教えながら、安全を確保する技術を覚えてもらう」のがスクールの方針です。

活動拠点は、関西空港の対岸にある田尻漁港マリーナに本部を構えていますが、このほか、東京校（東京夢の島マリーナ）、横浜校（横浜ベイサイドマリーナ）、横須賀校（シティマリーナヴェラシス）、愛知校（ラグナマリーナ）、牛窓校（牛窓ヨットハーバー）でも、資格を持つインストラクターによるスクールが開催されています。

スクール受講者の9割近くは、50代と60代。関西圏では、大阪府内と兵庫県内の在住者が8割、関東圏では、東京都内と神奈川県内の在住者が同じく8割を占めます。「家族や友人と乗るときに、安全面について正しい知識を身につけたかった」、「スクールで覚えると、きっとヨットがほしくなりますね」などの声がアンケートに寄せられています。

青木ヨットスクールの校長を務める青木 洋さん

出航前のセールの準備。ライフジャケットは必ず着用する

海上に出て、インストラクターからアドバイスを受ける受講者

その他のおもなクルーザーヨットスクール

名称	コース	ホームページ
横浜市民ヨットハーバー（神奈川県横浜市）	5〜10月の6カ月の長期の社会人ヨット教室。ロープワークから操船技術まで学べる	http://ycyh.jp/
津ヨットハーバー（三重県津市）	2日間のビギナーコースや、1泊2日のクルージングコースがある	http://www.tsu-yachtharbor.jp/
KISヨットスクール新西宮（兵庫県西宮市）	マリンショップ「一点鐘」が行うスクール。体験クラスをはじめ、初級、中級、上級クラスがある	http://www.ittensho.com/
博多湾ヨットスクール（福岡県福岡市）	基本を学ぶ一般コースのほか、体験コース、ファミリーコース、遠距離クルーズコースがある	http://www.marinetech.jp/

ボートスクール

ヨットと同じく、ボートのスクールも行われています。
代表的なのが、ボートメーカーのヤマハ発動機が2009年3月に始めた「シースタイルマリン塾」。
ボート免許取得者を対象に、実践的な操船技術を教えています。

シースタイルマリン塾　http://www.ybmarina.com/ispa/

インストラクターの指導で、桟橋に着岸する際の手順を体験

GPSなど航海計器の取り扱いも教えてくれる

ヤマハ発動機のレンタルボート「ヤマハマリンクラブ・シースタイル」の会員でなくても、ボート免許を持っていれば、誰でも受講できる「マリン塾」。免許を取ったばかりで、もう少し技能を身につけたい、免許を以前に取ったものの、乗る機会が少なく、あらためて講習を受け直したいという免許取得者を対象にしたレッスンです。

このようなニーズに応えるために用意されたコースは、ボートを安全に楽しむ操船技術の基本を学ぶ「操船マスターI」、ゲストを招いてのクルージングに必要な航海計画の立て方などを学ぶ「操船マスターII」、桟橋の発着のコツを学ぶ「離着岸マスター」、30ftの大型艇の操船を学ぶ「大型艇操船マスター」、フライブリッジのボート（キャビン上部に操舵席のあるタイプ）の操船を学ぶ「FB操船マスター」があります。

各コースとも、関東、中部、関西、中国のマリーナで開講されています。講習時間は、午前10時から午後4時。受講料は、コースにより異なりますが、平日の場合、1回当たり20,000円から30,000円が目安です。

「人気コースは、操船マスターI。波に応じた船外機のトリム（調整）や、アンカリング（錨を打ち、ボートを停泊させる技術）など、ボート免許の実技講習では得にくい、実践的な役立つ技術を、ベテランのインストラクターの手ほどきで、しっかり習得できます」。マリン塾の担当者（ヤマハ発動機ボート事業部東日本ソフト課）は、初心者向けの安全で楽しいボート遊びをサポートしています。

受講者の顔ぶれは、「アンケートでは、40代後半から50代が全体の8割。一級ボート免許を持つ会社員が多い」と言います。「首都圏の受講者は、習い事が好きで、習うのに慣れています。2万円前後の受講料に抵抗はないようです」。なかには、大型艇操船マスターを24回も申し込んだ人もいるそうです。

「内容が有意義だった」、「なんとなく分かっていたことが、理論的に理解できるようになった」など、アンケートには、好意的な声が寄せられています。「1回の定員を3人から4人に絞っているので、集中的に学べます」。

操船に自信がついて、ボートの楽しさが倍増、そんな気持ちにさせるスクールです。

着岸の練習。桟橋までの距離感覚を身につける

もやいロープを使った、安全な離着岸の手順を学ぶ

レンタルヨット&ボート

レンタカーのように気軽に船を借りて、クルージングや釣りなどを楽しむ
レンタルのヨットやボートの利用者が増えています。
自分の船を購入する前に、いろいろなタイプの船に乗れば、お気に入りの一隻が見つかるかもしれません。

出光マリンズ三河御津マリーナのレンタルヨット　http://www.idemitsu-marina.co.jp/

愛知県の三河湾を拠点にする出光マリンズ三河御津《みかわみと》マリーナ（愛知県豊川市）は、レンタルのヨットやボートによる会員制「出光マリンライフプログラム」を、2012年7月に立ち上げました。これは、レンタルに加え、マリーナで行われるクルージングやフィッシング大会などのイベント参加を通して、操船技術の向上をはじめ、航海計器の使い方など、マリンレジャーをトータルに楽しむためのプログラム。ボート免許取得後、自らマリンレジャーを体験し、その楽しさを実感してもらうのが目的です。

ヨットの場合、32ftのクルージングタイプが用意され、レンタル料金は、3時間18,900円、6時間36,750円。初めての利用の前に、ヨットの特性や基本的な操船方法などを身につける初回操船講習（6時間、8,400円）を受けるため、初心者も安心して乗ることができます。希望により、船長に同乗してもらい、セーリングのノウハウを教えてもらえるオプション（有料）も用意されています。

入会金は31,500円、年会費は50,400円（2年分）。レンタル艇の予約は、利用希望日の30日前から3日前まで受け付け、予約状況を確認しながら、インターネットで申し込めます。

会員自身が舵を握り、セーリングの楽しさを体験

レンタル艇に使われる32ftのクルーザーヨット

ヤマハマリンクラブ・シースタイルのレンタルボート　http://www.yamaha-motor.jp/marine/sea-style/

ヤマハ発動機が運営する「ヤマハマリンクラブ・シースタイル」は、2006年3月にスタートした会員制レンタルボート。入会金21,000円と月会費3,150円で、全国約140カ所の加盟マリーナに用意されたボートをレンタルできるシステムです。免許を取っても、ボートに乗る機会の少ない初心者向けのサービスとして、人気を集めています。

レンタル艇は、20ftから26ft。クルージング向け、フィッシング向け、トーイング（ウェイクボードなどを引っ張る）ボート向けなど、用途に応じたタイプが選べます。貸し出しは、3時間と6時間が基本。レンタル料金は、ボートの長さ、月（ハイシーズンなど）、曜日（平日、土日など）により異なりますが、例えば、YF-21（定員6名）という21ftのボートをハイシーズン（6～9月）の土曜日に3時間借りた場合、11,000円です（加盟マリーナは同一料金）。

家族一緒のドライブ気分で借りられるレンタルボート

レンタル利用で多いのが、仲間とのフィッシング

シースタイル会員は約15,000人。地域ごとの会員の分布は、関東が4割、中部と関西が3割、北海道と東北が1割、残りの2割は、中国、四国、九州。「会員の平均年齢は42歳で、ボートオーナーに比べ、年齢が若い。関西で登録した会員が、関東で乗るケースもあります。転勤先で、ボートを借りているんでしょう」と担当者。電話やインターネットで予約できるので、どこでも気軽にレンタルできます。

さらに、沖縄など、旅行先で借りて楽しむ利用形態も少なくないようです。自分の船では行けない遠方の海を満喫できるのも、レンタルボートの魅力です。

その他のおもなレンタルヨット

名称	コース	ホームページ
小樽港マリーナ（北海道小樽市）	同マリーナのヨットスクール受講者を対象に、23、24、25ftのクルーザーヨットを貸し出している	http://mw-otaru.jp
八景島マリーナ（神奈川県横浜市）	4～11月の期間、特定のディンギーを貸し出すシーズンレンタルのほか、1日単位の貸し出しもある	http://www.hakkeijima-marina.com/
リブレ（滋賀県大津市）	同マリーナのヨット教室受講者などを対象に、琵琶湖でディンギーを貸し出している	http://www.rivre.co.jp/index.html
新西宮ヨットハーバー（兵庫県西宮市）	同ハーバーでは、ヨットスクール受講者などを対象に、23ftのクルーザーヨットを貸し出している	http://www.sinnisi-yh.co.jp/

13 船を楽しむための交通ルールの基本

海には道路がないので、どこでも自由に走れそうですが、それでは衝突を招きます。
衝突を避けるためのルールが作られ、きちんと守られています。
プレジャーボートを操船するうえで、知っておきたい海の交通ルールの基本をまとめました。

一般海域での交通ルール「海上衝突予防法」

船舶の衝突を予防し、交通の安全を図るためのルールが、海上衝突予防法です。国際規則に準じて定められ、船舶の大小を問わず、航行する際の基本ルールになります。プレジャーボートの場合、モーターボート、クルーザーヨットのほか、ディンギーにも適用されます。

このルールには、衝突を避けるための操船方法、船舶に掲げる灯火や形象物、音響信号などが定められています。それぞれの内容をわかりやすくまとめました。

① 衝突を避けるための操船

(1) 行会《ゆきあ》い船を避ける場合（図A）

「行会い船」とは、相互に行き交う関係の船舶を指します。航行中に、前方正面から船舶が向かってくる場合、そのままでは衝突のおそれがあります。このようなときは、互いが針路を右に転じ、右側通航で、衝突を避けるのが基本ルールです。

相手が大型船舶の場合は、早めに針路を変えたほうが安全です。大型船舶は小回りが苦手で、さらに、小型船舶を見過ごす可能性があります。したがって、船舶が輻輳《ふくそう》する海域では、見張りを怠らず、つねに周囲の動きに注意を払わなくてはなりません。

(2) 他船の進路を横切る場合（図B）

2隻の船舶が接近し、互いの進路を横切る位置関係にあるとき、「行会い船」と同様、そのまま進むと、衝突のおそれがあります。このような場合は、他船を右舷（船尾から船首方向に向かって右側）に見る船舶が衝突を避けるため、針路を変えたり、減速したり、停止したりするのが基本ルールです。

このような位置関係では、他船を右舷に見る船舶を「避航《ひこう》船」（避ける義務がある船舶）と呼び、針路をそのまま進む船舶を「保持船」といいます。一方、避航船が間近に接近し、衝突が避けられないと判断されるときは、保持船も、針路を変えるなどの行動が必要になります。なお、進路を横切る際は、他船との距離を見極め、早めに行動したほうが安全です。

(3) 他船を追い越す場合（図C）

同じ方向に進む2隻の船舶のうち、後方の船舶が、前方の船舶を追い越す場合は、十分な間隔をあけて、確実に追い越します。加えて、追い抜いた船舶が十分に遠ざかるまで、大回りに進まなくてはなりません。

追い越す際に接近しすぎると、引き波が他船に当たり、大きく揺れる可能性があります。また、追い越したあと、すぐに針路を戻すと、他船の進路を妨害することになります。

(4) 作業中の船舶への対応

浚渫《しゅんせつ》工事中の台船や、漁をしている漁

図A：「行会い船」を避ける場合

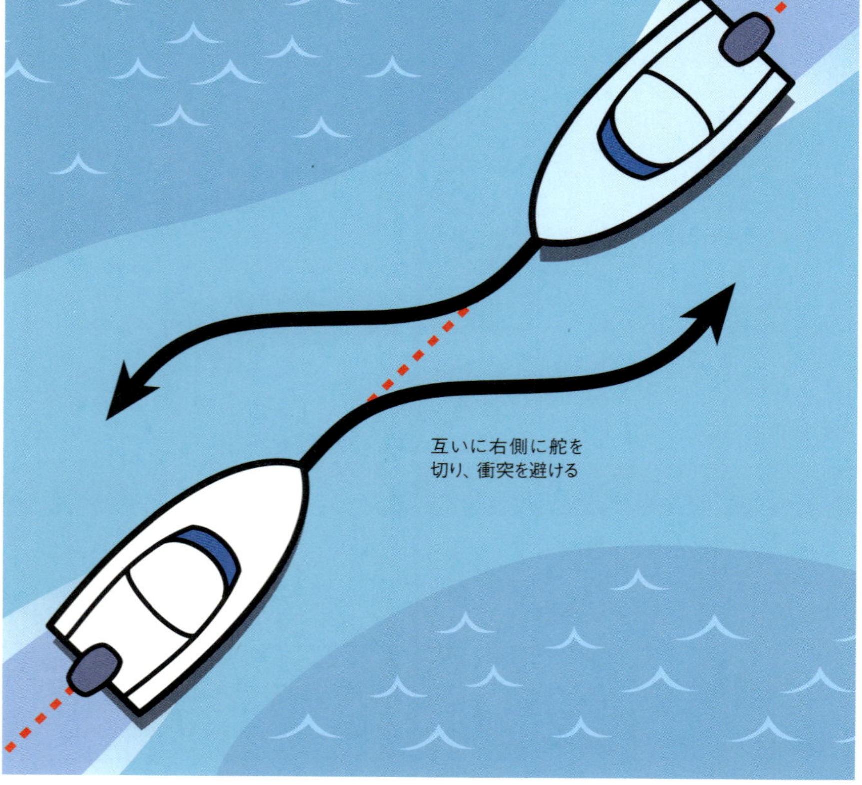

船などは、操船が制限されている状態にあるので、避けなくてはなりません。操船が容易な船舶は、操船が不自由な船舶を避けるのが海での基本です。動力船は、帆船に進路を譲るというルールも、この考え方によるものです。

② 船舶に掲げる灯火や形象物

衝突を避けるには、他船の種類や動きを早めに見極める必要があります。その判断を助けるのが、灯火や形象物です。

(1) 灯火の種類

夜間（日没から日の出まで）航行する際は、定められた灯火を用いなければなりません。一般的なプレジャーボートには、次のような灯火が装備されています。

・両色灯

船舶の中心線上に取り付ける灯火。左右の舷灯を一つにまとめたもので、左舷側は赤灯、右舷側は緑灯。夜間での船舶の進行方向を示す目印になります。船尾灯と一体の三色灯もあります。

・マスト灯

モーターボートの場合は、操舵席の上部に取り付け、ヨットの場合は、マスト先端部に取り付ける白灯。

・船尾灯

船尾に取り付ける白灯。

(2) 形象物の種類

日中、特定の行動をする際に、他船に注意を呼びかける目印。例えば、網を引いて漁をしている漁船は、つづみ形の形象物を、また、錨泊《びょうはく》（錨を下ろして停止している状態）の船舶は、球形の形象物を掲げることになっています。形象物の色は黒です。

(3) 音響信号の種類

針路を右に転じる際は、音響信号（汽笛）により、「短音１回」、左に転じる際は、「短音２回」を鳴らすなどの操船信号のほか、他船の動きがつかめない場合や、衝突を避けるための避航行動を取る際に、「短音５回以上」を鳴らす警告信号などがあります。

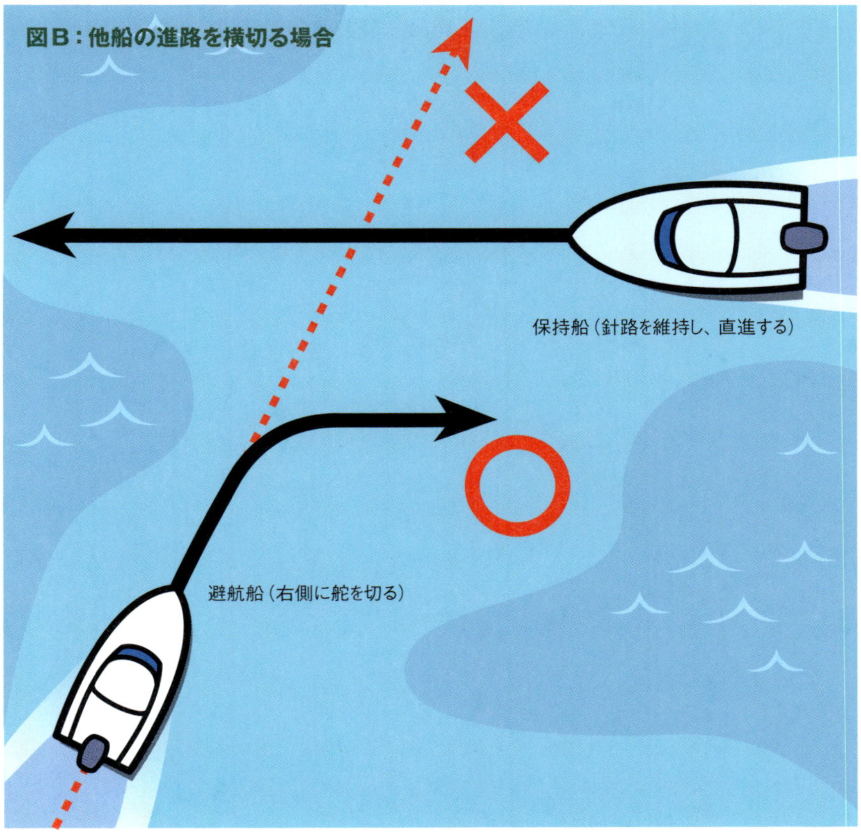
保持船（針路を維持し、直進する）
避航船（右側に舵を切る）
図B：他船の進路を横切る場合

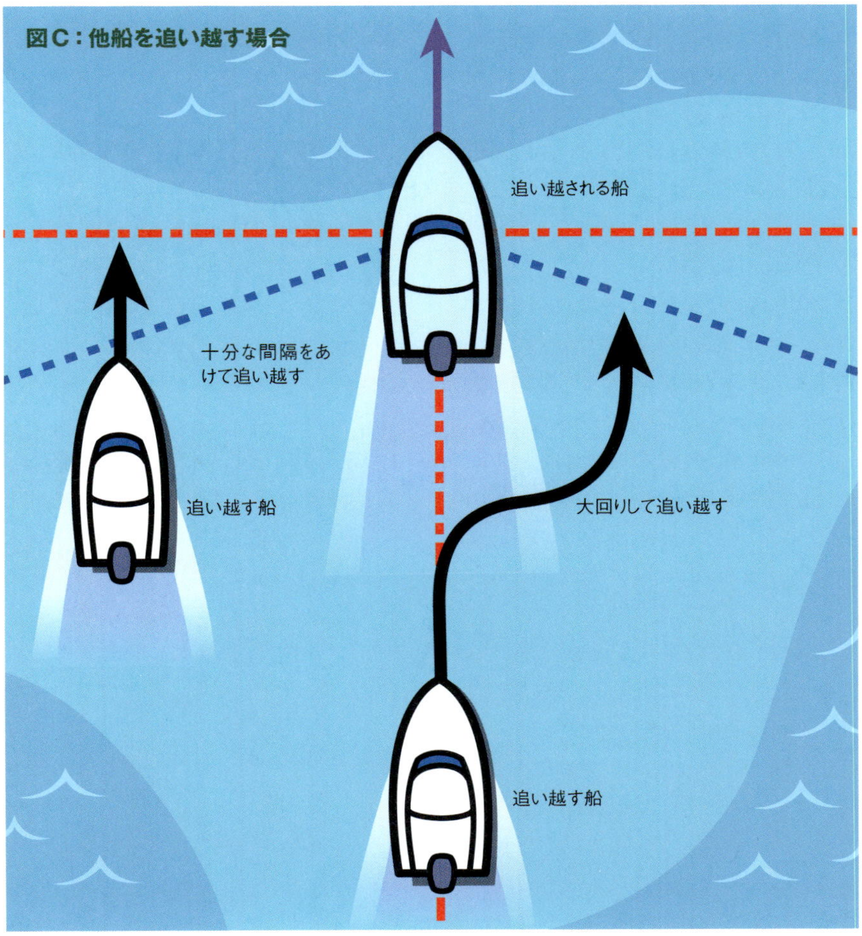
追い越される船
十分な間隔をあけて追い越す
追い越す船
大回りして追い越す
追い越す船
図C：他船を追い越す場合

港内でのルールを定めた「港則法」

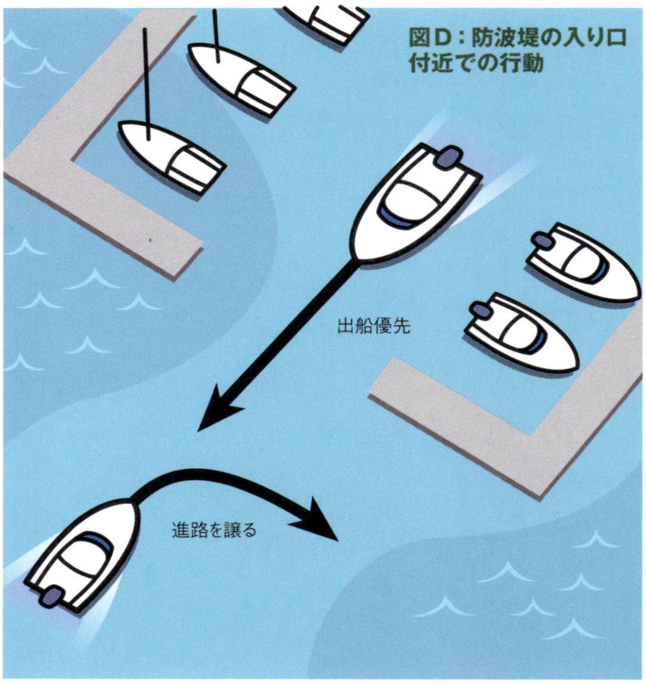

船舶の利用が多い港では、港内での安全を図るために、港則法が定められています。港則法が適用される港は、全国およそ500港。港則法に定める「港内」には、防波堤の内側だけでなく、外側の一定の範囲も含まれます。

① 航路での航法

大型船舶が利用する港では、航路が定められています。いわば、安全に出入港するための専用レーンです。航路を航行する際は、次のようなルールを守ります。

(1) 他船の航行を妨げる行動はしない。

(2) 航路を並列で航行しない。

(3) 他船と行き会う場合は、海上衝突予防法と同様、右側通航を守る。

(4) 他船の追い越しは禁止。

② 防波堤の入り口付近での行動（図D）

防波堤の入り口付近は、船舶が集中するうえ、海面が狭いため、見通しはよくありません。速度を落とし、周囲に注意を払いましょう。出入港の際は、「出船優先」がルールです。

③ 防波堤などの回り方（図E）

防波堤や突堤などは、視界を妨げます。通過する際は、防波堤を右舷に見る位置にいるときは近寄り、左舷に見る位置にいるときは、大回りに通過します。「右小回り、左大回り」と覚えておきましょう。また、港内に停泊中の船舶のそばを航行する際も、同様の回り方をします。

④ 港内での遵守ルール

(1) 航路内は投錨《とうびょう》禁止です。

(2) 港内に入ったら、速度を落とし、引き波を立てないように進みます。

(3) 他船の航行の妨げとなる場所では、係留や停泊はできません。

このほか、個別の決まりとして、例えば、横浜港の場合、ベイブリッジ内側の海面は、船舶が多く行き交うため、帆走禁止エリアに指定されています。イベントなどを除き、ふだんは帆走できません。なお、セールを降ろし、エンジンで走るなら問題ありません。

⑤ 漁港の場合

港則法は、港湾のほか、規模の大きい漁港にも適用されます。適用対象外の漁港も、多くの漁船が利用するため、港則法に準じた行動が求められます。

港の入り口周辺は船が集まる場所なので、十分な注意が必要

特定海域での交通ルール「海上交通安全法」

船舶でとりわけ混み合う海域での危険防止や、交通の安全を図るために特別に定められたルールが、海上交通安全法です。ちょっと紛らわしいですが、海上交通安全法に定められた適用海域では、海上衝突予防法に優先して、規定されたルールが適用されます。一方、海上交通安全法の適用海域でない場合は、海上衝突予防法が適用されます。

① 適用される海域

海上交通安全法が適用される海域は、東京湾、伊勢湾、瀬戸内海です。これら三つの海域では、11の航路が定められ、ルールが適用されます。いずれも船舶の交通量が多く、潮流の速い航路です。

海上交通安全法に定められた11の航路（地図参照）

(1) 東京湾

・浦賀水道航路　・中ノ瀬航路

(2) 伊勢湾

・伊良湖《いらご》水道航路

(3) 瀬戸内海

・明石海峡航路　・備讃瀬戸《びさんせと》東航路

・宇高《うこう》東航路　・宇高西航路

・備讃瀬戸北航路　・備讃瀬戸南航路

・水島航路　・来島《くるしま》海峡航路

② 航路での一般的な航法

次に示す船舶は、航路を航行しているほかの船舶を避けなければなりません。

(1) 航路外から航路内へ入ろうとしている船舶。

(2) 航路内から航路外へ出ようとしている船舶。

(3) 航路を横断しようとしている船舶。

③ 航路の航行義務

長さ50m以上の船舶は、航路を航行しなくてはなりません。一方、プレジャーボートを含む、長さ50m未満の船舶は、航路航行の義務がないため、航路の外側を航行し、大型船舶の航行を妨げないようにします。

④ 航路の横断方法

航路を横断する際は、左右をよく確認し、航路に対し、できるだけ直角に近い角度で、速やかに横断しなくてはなりません。直角に横断することで、最短距離で横切れます。

⑤ 航路での出入り、横断の制限

航路のうち、備讃瀬戸東航路と来島海峡航路の一部区間では、航路への出入りや、横断が禁止されています。

⑥ 航路内での速力の制限

浦賀水道航路、中ノ瀬航路、伊良湖水道航路、水島航路のそれぞれ全区間、および、備讃瀬戸東航路、備讃瀬戸北航路、備讃瀬戸南航路のそれぞれ定められた区間では、12ノット（時速約22km）を超える速力で航行できません。

⑦ 錨泊の禁止

交通量が多い航路では、錨泊は禁止されています。

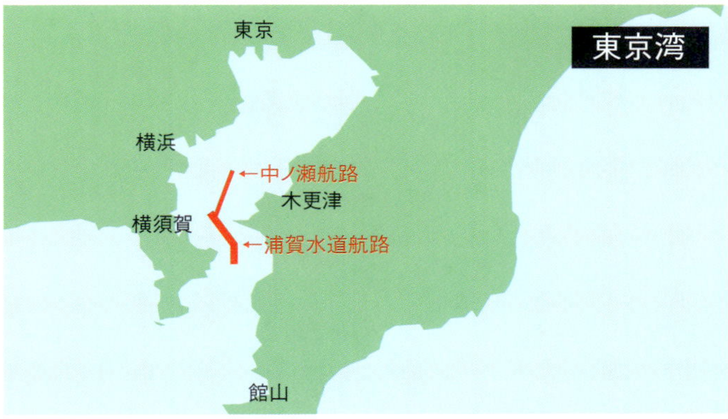

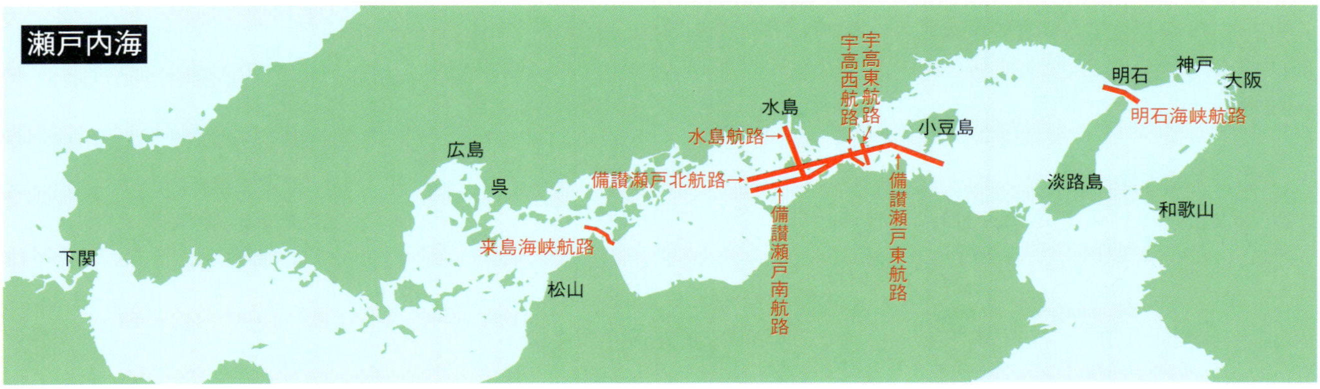

安全と環境保全を図る「河川の通航ルール」

東京都の江東区と墨田区を流れる北十間川

左：荒川沿いに設置された「引き波禁止」の標識
右：荒川と支流が交差する場所には「行き会い禁止」と「回転禁止」の標識

河川や湖であっても、海上衝突予防法や港則法が適用される水域では、決められたルールを守らなくてはなりません。このようなルールのない河川などでは、河川法に基づいたルールや、地方自治体が条例で定めたルールがあります。河川での代表的な通航ルールをいくつか紹介しましょう。

① 荒川の通航ルール

埼玉県と東京都とを流れる、国が管理する荒川の下流（河口から秋ヶ瀬取水堰《あきがせしゅすいぜき》までの約35kmの流域）には、船舶の通航ルールがあります。水上バスなどの業務船のほか、ボートやカヌーなどのレジャー利用が多い荒川における利用者間のルールの遵守《じゅんしゅ》と、環境保全を目的にした取り組みの一環です。動力船の通航禁止区域、水上オートバイの走行禁止区域、引き波禁止区域、追い越し禁止区域などが設けられ、河川敷や川に架かる橋梁《きょうりょう》に、注意を促す通航標識が設置されています。

② 東京都水上取締条例

河川や運河などの水上における船舶、いかだの通航安全と危険防止を図るため、右側通航の原則、追い越す際は、前方の船舶の左側を通航すること、防波堤や突堤などの付近では、「右小回り、左大回り」の原則に従った通航などを定めています。

③ 江東区内部河川通航ガイド

東京都は、江東区内を流れる旧中川、北十間川《きたじっけんがわ》、小名木川《おなぎがわ》、竪川《たてかわ》など10河川を対象に、「江東区内部河川船舶利用区域」を指定するとともに、現地の状況に合わせて、次に示す六つの区域を設定し、それぞれの通航ルールを定めています。

（1）自然保全区域：護岸から一定の距離を通航禁止とする。

（2）減速区域：ほかの船舶や自然環境に支障を与えないように減速する。

（3）通航制限区域：水深が浅いため、船舶の通航を制限する。

（4）船幅制限区域：川幅が狭いため、船舶の幅を制限する。

（5）上空高注意区域：潮の干満による船舶の橋への接触防止を促す。

（6）施設管理区域：河川管理施設に支障を与えないように、船舶の通航を制限する。

河川舟運の活性化を図る取り組みです。

④ 滋賀県琵琶湖等水上安全条例

プレジャーボートの事故を防ぐため、酒酔い操船の禁止、救命胴衣の着用、水上オートバイの安全講習会の受講義務化などを定めています。湖は法律上、河川に含まれます。琵琶湖は、淀川水系の一級河川です。

風を考慮した「ヨットの航行ルール」

図F：
スターボードタックとポートタックの関係

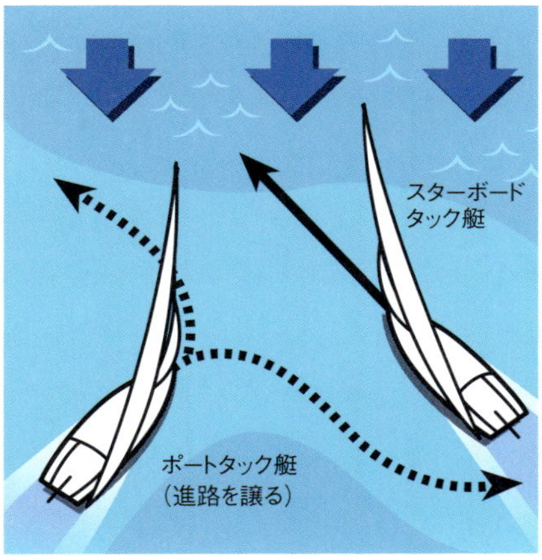

図G：
風上と風下の関係

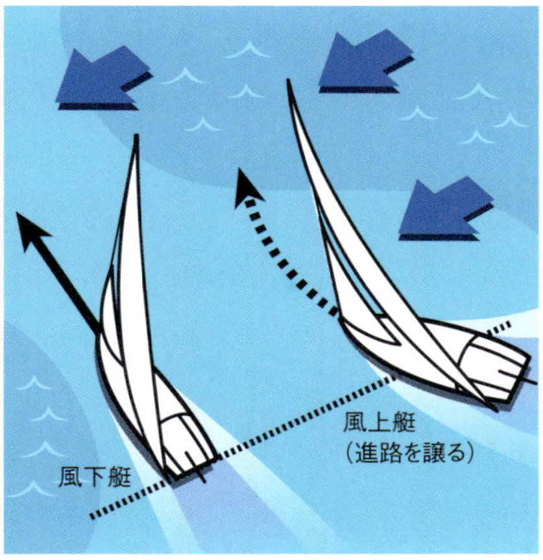

図H：
クリアアスターンとクリアアヘッドの関係

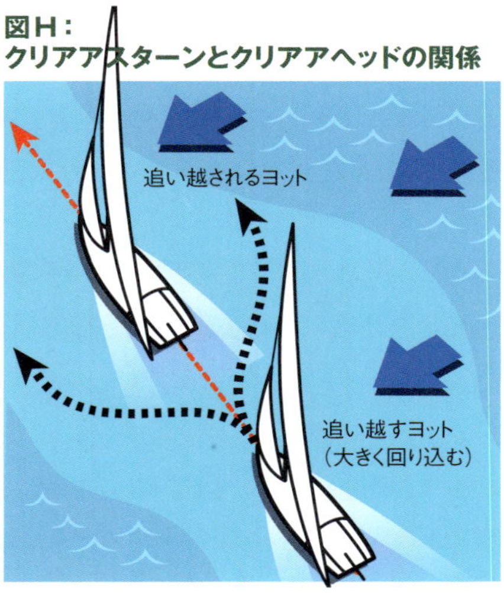

いままで取り上げたルールは、プレジャーボートを含む、船舶一般を対象にしたものですが、帆走中における風上と風下の関係など、ヨットならではのルールが決められています。三つの基本ルールを、わかりやすく紹介しましょう。

① 他船の進路を横切る場合（スターボードとポートの関係）（図F）

スターボードタック艇（左舷側にセールが出ている状態）と、ポートタック艇（右舷側にセールが出ている状態）との2隻のヨットが出合った場合、互いがそのまま直進すると衝突してしまいます。このような位置関係のときは、ポート艇は、スターボード艇に進路を譲るのが国際的なルールです。

スターボード艇に優先権が与えられるようになったのは、右舷船尾にステアリングボード（舵取り板）が取り付けられていた、バイキングの時代にまでさかのぼります。当時の帆船は、右舷に風を受けると、船体が左に傾き、ステアリングボードの動きが悪くなるため、ポート艇に比べ、衝突を回避しにくい構造でした。このような事情から、ポート艇は、スターボード艇に進路を譲るのが合理的と考えられるようになりました。ちなみに、スターボードは、ステアリングボードが変化した言葉です。

現在のヨットはもちろん、スターボードでもポートでも、舵は同じように機能します。構造による走りの違いが、スターボード優先のルールとして、いまに受け継がれているのです。

この考え方は、海上衝突予防法にも援用され、他船の進路を横切る際は、「他船を右舷（スターボード）に見る船舶は、他船の進路を避ける」という、スターボード優先のルールに生かされています。

② 他船の進路を横切る場合（風上と風下の関係）（図G）

前述の①の状況と異なり、タック（セールが出ている向き）が同じ2隻のヨットが接近している場合、どちらが進路を譲るかについてのルールも、ヨットならではの考え方に基づいています。このような場合は、風上艇が、風下艇を避けるのが決まりです。風上艇は、ポジション的に有利な位置を占めているため、風下艇の進路が優先されるのです。

③ 他船を追い越す場合（クリアアスターンとクリアアヘッドの関係）（図H）

同じタックの2隻のヨットの船体が重なっていない状態では、後方の追い抜くヨット（クリアアスターン）は、前方の追い抜かれるヨット（クリアアヘッド）を避けなくてはなりません。これは、海上衝突予防法に示された、「追い越す船は、追い越される船を、十分な間隔をあけて確実に追い越す」と同じ考え方です。

なお、2隻のヨットの船体が重なる状態では、前述の②に示した、風上と風下の関係になります。

以上の三つの基本ルールにおける優先権をまとめると、下記のような関係になります。

タックが異なる場合	スターボード（右舷）とポート（左舷）の関係	スターボード艇に優先権があります
タックが同一の場合	2隻の船体が重なっている状況（風上と風下の関係）	風下艇に優先権があります
	2隻の船体が重なっていない状況（クリアアスターンとクリアアヘッドの関係）	クリアアヘッド艇（追い越されるヨット）に優先権があります

14 海の地図で遊ぼう!

クルージングでの「道しるべ」となる海の地図には、用途に応じ、いくつかの種類があります。いずれも、安全な航海を支える大切な地図。その種類と基本的な使い方をまとめました。海図などは、2013年12月現在の税込み価格です。

海の基本地図として広く使われる「航海用海図」

登山の際に地図が必要なように、クルージングに出掛けるときは、海の地図が欠かせません。その基本となるのが、海上保安庁が刊行している「航海用海図」。紙で作られた海図と、画像表示の電子海図とがあります。前者は、1,085×765mmが一般的なサイズ。後者は、紙海図の情報をデジタル化したもので、専用の表示装置やソフトウエアが必要になります。

紙の海図を例に、どのような情報が記されているのか、まとめました。

① 緯度、経度の表示

海図の横方向に引かれた線を緯度線（赤道と平行の線）、縦方向に引かれた線を経度線（南極と北極を結ぶ子《し》午《ご》線《せん》）といいます。緯度は、地球上のある地点が赤道からどれくらい離れているかを表すもので、赤道を0度、南極と北極を90度で表します。赤道の北側の緯度を北緯、南側の緯度を南緯と呼びます。

一方、経度は、地球上のある地点がグリニッジ子午線（イギリスのグリニッジ天文台跡を南北に通る経線）からどれくらい離れているかを表すもので、グリニッジ子午線を0度とし、東西に180度まであります。グリニッジ天文台跡の東側の経度を東経、西側の経度を西経と呼びます。

② 方位の表示

目標物の方位を求めるために、複数のコンパス図（北＝0度、東＝90度、南＝180度、西＝270度）が海図に描かれています。よく見ると、二つの同心円の目盛りが描かれ、北が少しずれています。外側の目盛りは、真方位を示し、内側の目盛りは、磁針方位（コンパスの指す方位）を示しています。地球の磁北は、真北と一致していないため、磁気コンパスを使うプレジャーボートでは、内側の目盛りを使います。また、真方位と磁針方位との「ずれ」を偏差と呼び、日本近海では、5度から8度程度、磁北が西にずれています。

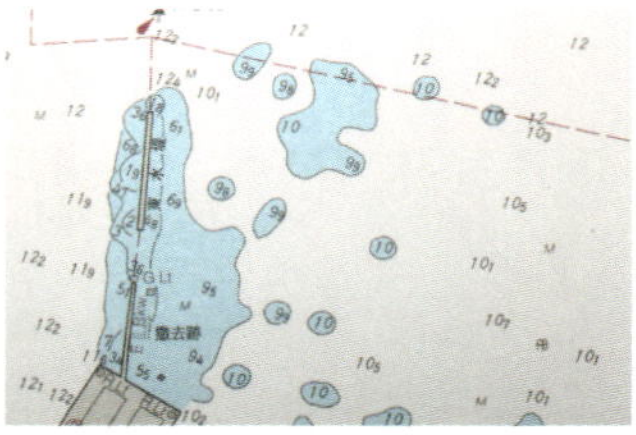

左：航海用海図の価格は1枚あたり、2,625円、3,360円
上：海図上に記された小さな数字は、水深(m)を示している

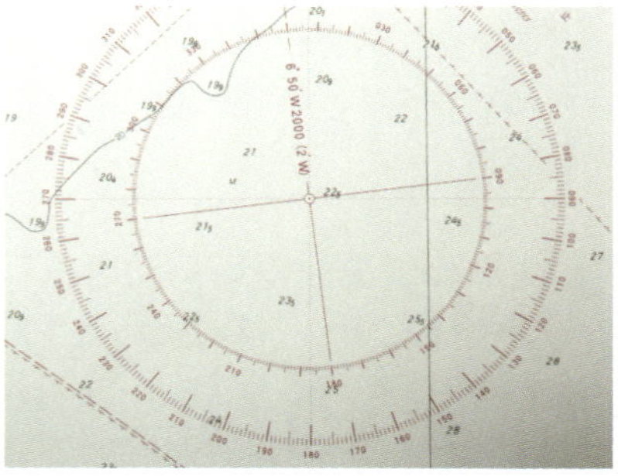

海図上の数カ所に描かれているコンパス図

③ 海域の表示

海図には、いろいろな情報が記載されています。

■ **水深**

海の部分に記された小さな数字は、水深を表します。水深は、最低水面（これ以上は下がらないとされる水面の高さ）からの深さです。海図で最も重要な情報です。

■ **等深線**

海底の起伏の状態を、連続した線で表したもの。通常、2m、5m、10m、20mで表示されています。

■ **底質**

海底の地質を表します。Mは泥、Rは岩、Sは砂を表します。

■ **航路標識**

灯台、灯標など、安全な航海を支える標識が描かれています。灯台は、灯色、灯質（光の種類）、周期（間隔）、灯高（平均水面からの高さ）、光達距離（海里）を表示しています。例えば、Fl 5s 30m 17Mは、単閃光（Fl＝フラッシュ）、周期5秒（5s）、灯高30m、光達距離17海里（17M）を意味します。

④ 陸域の表示

海だけでなく、陸上の情報も記載されています。

■ **建造物**

港湾施設、駅、学校、郵便局など、陸上の主要な建造物の名前が表示されています。

■ **地名**

入港時の目標となる岬や島、山などのほか、町の地名が記載されています。

マリーナなどが記載されている「ヨット・モータボート用参考図」

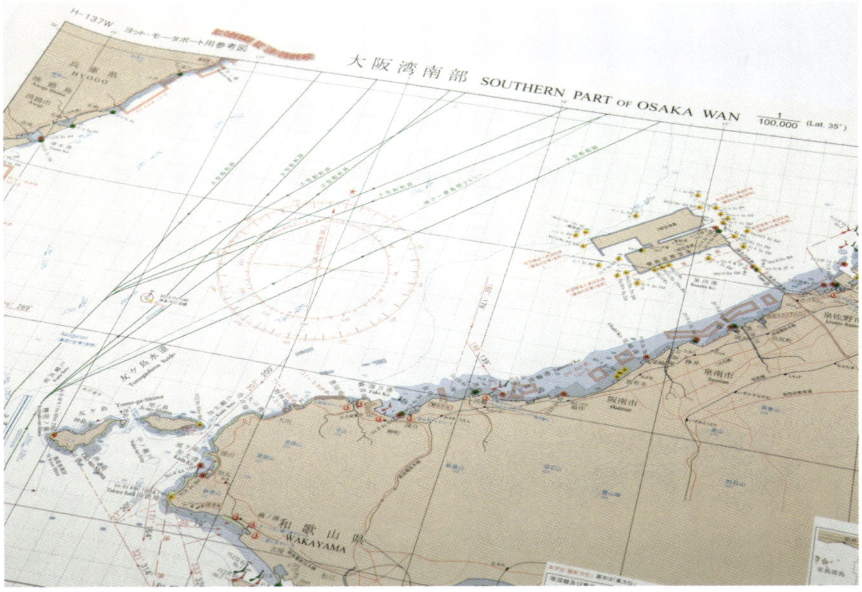

ヨット・モータボート用参考図（Yチャート）

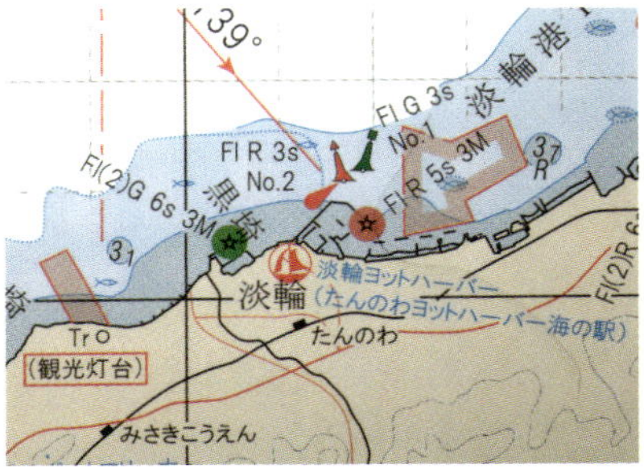

プレジャーボートを対象にした、詳しい情報が載っている

海図はもともと大型船舶向けに作られたものですが、これに準じて作成された「ヨット・モータボート用参考図」は、プレジャーボートに用いられ、「Yチャート」とも呼ばれています。この参考図は、2004年11月に改正された「小型船舶安全規則」を受けて、沿岸を航行する小型船舶（海岸から5海里以内を航行する沿岸小型船舶）が備える参考図として作られたもの。沿岸小型船舶は、海図一式または参考図を常備することが決められています。

プレジャーボートのキャビンで広げて見やすいように、サイズはB3判（364×515mm）と小ぶり。浅瀬が色分けされるとともに、マリーナ、漁港、定置網、河川、運河などが細かく記されています。

また、航行安全を喚起するため、危険な海域には、「乗り上げ事故多い」、「モヤの発生が多い」、「のり養殖時期」など、プレジャーボートの沿岸航行の際に役立つ情報が盛り込まれています。海図に比べると縮尺が大きく、沿岸部が見やすく編集されています。

参考図の対象海域は、北海道（小樽港周辺）、東北（仙台港から石巻港周辺）、関東（東京湾、相模湾、駿河湾）、中部（伊勢湾、三河湾）、日本海側（若狭湾、舞鶴港）、関西（大阪湾、播磨灘）、中国（瀬戸内海沿岸）、九州（博多湾、唐津湾、伊万里湾、長崎港、天草湾周辺）、沖縄（那覇、慶良間諸島）が用意されています。価格はそれぞれ1,470円。

入港時のガイドブック「プレジャーボート・小型船用港湾案内」

「プレジャーボート・小型船用港湾案内」も、海図に準じたプレジャーボート用の参考図ですが、ヨット・モータボート用参考図と比べると、沿岸部を拡大し、マリーナや港湾、漁港などへの入港時の手引きとして編集されています。B5判（182×257mm）の書籍形式にまとめら、「Sガイド」とも呼ばれています。海図と同様、緯度、経度、水深、等深線、地名、目標となる沿岸部の建造物などが記されています。狭い航路には、入港針路と変針点（針路を変える地点）を示す矢印が描かれています。

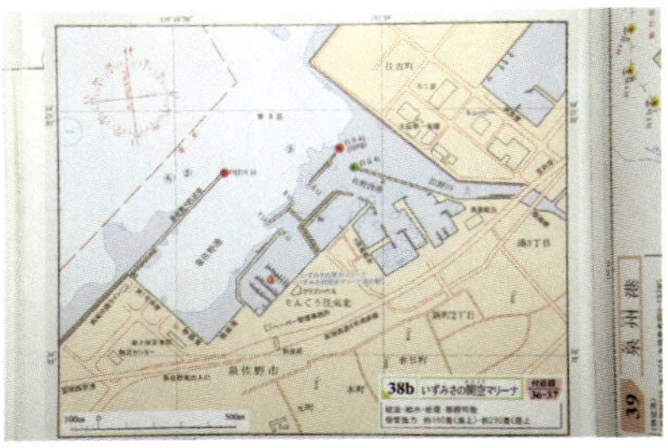
マリーナや漁港ごとに詳細な情報が記されている

図に加え、入港時の目標となる山、搭、障害物（定置網、暗礁など）、注意事項（立ち入り禁止区域、制限区域など）、水難救済所の電話番号などの文字情報も記載されているので、遠くへクルージングに出掛ける以外にも、日常的な航行に役立ちます。

加えて、主要な港から目的地までの概算距離、海上衝突予防法に基づく灯火、形象物の図解、航路標識の灯質、マリーナ一覧など、安全な航海に必要な情報が、冒頭に整理されています。

プレジャーボート・小型船用
港湾案内（Sガイド）

港湾案内の対象水域は、北海道、本州、南方諸島（伊豆七島、小笠原諸島など）、瀬戸内海、九州、南西諸島（沖縄諸島、先島群島など）が用意されています。価格はそれぞれ3,990円。

用途に応じて使い分けられる「航海用電子海図（ENC）」

航海用海図と同様の情報がデジタル化された、航海用電子海図（ENC）の表示画面（東京湾）

ここまで紹介したのは、紙を使った海図と参考図ですが、航海用海図の情報データをデジタル化したのが、「航海用電子海図」（ENC：Electronic Navigational Chart）。国際規格に基づいて作成された海図データは、用途により、いくつかのセルに分割されています。日本近海のセルは、広い海域をベースに、遠洋航海や航海計画を立てる際に使う「概観」、沖合の航海や航海計画を立てる際に使う「一般航海」、沿岸の水深や地形などを記している「沿岸航海」、港内の詳細情報を記載した「アプローチ」、泊地などの港湾施設の詳細情報を記した「入港」の5種類。紙の海図と同様、海上保安庁が刊行しています。

購入の際は、必要な海域を網羅しているセルを収めたCDを入手し、ENC表示装置と専用ソフトによって起動させます。必要なアップデートは、海上保安庁が定期的に発行する電子水路通報に基づいた更新ファイルを、日本水路協会のサイトからダウンロードできます。本来は商船など大型船舶のための海図であり、表示機器や表示ソフトも含めると費用は安くなく、小型プレジャーボートでの使用にはあまり向いていません。

ニューペックは、海域ごとにCDで販売されている

プレジャーボート向けの航海用電子参考図「ニューペック」

航海用電子海図がおもに大型船舶に使われているのに対し、「ニューペック」は、プレジャーボートなどの小型船舶向けに開発された、航海用電子参考図です。水深の色分けや、マリーナ、フィッシャリーナ、海の駅、定置網などの詳細情報をポップアップ表示するほか、プレジャーボート・小型船用港湾案内に掲載された港やマリーナにリンクすると、詳細な文字情報が出てきます。コンビニ、主要道路、目印となる高い建物などの陸上情報も充実しています。

これらの情報はCDに収められ、パソコンで閲覧できます。なかでも航海に役立つのが、パソコンにGPSを接続すると、自船の位置と航跡が表示され、それを保存する機能が付いていること。あらかじめコースを設定しておくと、実際のコースとのずれが比較できます。海底地形図や潮汐・潮流表のオプションも用意されています。

ニューペックの表示画面。パソコン上で航海計画を立てることができる

ニューペックの対象水域は、北海道および本州北岸、本州北西岸、本州東岸、東京湾および周辺、伊勢湾および周辺、瀬戸内海および四国周辺、九州周辺、南西諸島が用意されています。価格はそれぞれ18,900円（2水域目からは10,500円）。

なお、海図や参考図は、一般財団法人日本水路協会（http://www.jha.or.jp/）で販売されています。

海図の基本的な使い方

紙の海図を用い、その使い方の基本をまとめました。

① 位置を求める

寄港地や目的地などの位置を海図で求める際は、任意の地点の左（もしくは右）の緯度の目盛りと、下（もしくは上）の経度の目盛りを読み取ります。三角定規を当てると、緯度と経度が正確に読み取れます。北半球では、緯度は、「北緯30度05.2分」と表現され、「30° 05.2'N」のように記します。経度は、「東経134度46.0分」と表現され、「134° 46.0'E」のように記します。航海では、秒単位は使わず、小数第1位の分単位で表します。

② 距離を求める

二点間の距離を求める際は、ディバイダーを使い、二点間の長さを測り、海図の内枠の緯度の目盛りにディバイダーを当て、度数と分数を読み取ります（経度の目盛りは、緯度の高さにより距離が異なるため、航海では使いません）。

度数と距離（海里）の関係でいえば、緯度1分（1度の60分の1）の距離に相当する地表面上の平均距離は、1海里（1.852km）に当たります（地球の外周約40,000km÷360÷60≒1.852km）。例えば、距離が10分（1度の6分の1）なら、10海里になります。式で表すと、距離（海里）＝速力（kt：ノット）×時間になります。速力15ktのボートが20分航行したときの距離は、15kt×20分÷60＝5海里になります（分を時間に直すため、60で割ります）。

海図の内枠にある緯度、経度の目盛りによって、海図上の特定の場所の緯度、経度（三角定規を利用）、二点間の距離（ディバイダーを利用）を知ることができる

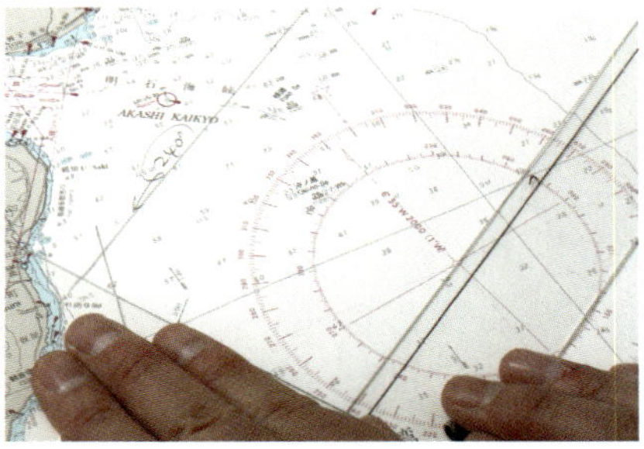

海図に描かれたコンパス図と一組の三角定規を使って、特定の二点間のコンパス方位を正確に知ることができる

なお、速力（kt）を求めるには、距離（海里）÷時間、時間を求めるには、距離（海里）÷速力（kt）になります。1ktは、1時間に1海里（1.852km）進む速さです。

③ 方位を求める

方位（針路）を求める際は、三角定規と、海図に記されたコンパス図を使います。例えば、A点からB点へ向かう方位を求めるには、三角定規の一辺で、A-Bを直線で結ぶように置き、その辺がコンパス図の中心点と交わるように定規を平行移動させます。定規の辺がコンパス図の内側の目盛り（磁針方位）と交わるところが、A点からB点への方位（磁針方位）になります。

ただし、先に述べたように、真方位と磁針方位に偏差（東西のずれ）があるため、海図に書き入れるには、偏差を加減しなければなりません。例えば、コンパス方位が30度で、偏差が「2度W」（西に2度のずれ）の場合は、30度－2度＝28度の修正値になります（東にずれている場合は、プラスします）。

偏差は、コンパス図に、「6°50'W　2010（1'W）」（2010年の観測値として、西に6度50分のずれ。年に1分ずつ西にずれる）のように記されています。

④ 船位（船の位置）を求める

■ **方位線**

島などの目標物の位置をコンパスで測れば、その目標物に方位線が引けます。二つ以上の目標物の方位を測ることにより、それぞれの方位線は交差します。その交点が、船の位置になります（クロスベアリングといいます）。

■ **重視線**

二つ以上の目標物が一直線上に見えるとき、海図上にその二点を結ぶ重視線（見通し線）を引くことができます。それに加え、ほかの一つ以上の目標物の方位を測定し、方位線を引けば、それぞれの線の交点が、船の場所になります。

いずれも、二つ以上の目標物の方位を同時に計測し、簡単に、しかも正確に船位を求めることができるため、陸上が見える沿岸航海で広く利用されています。

なお、二つの目標物を使って船位を求める際は、方位線が90度前後で交わるような目標物を選ぶと、計測誤差が小さくなります。目標物は、海図に記載されている島や陸上建造物のうち、距離の近いものを選ぶといいでしょう。

＊

以上の計測は、いまではGPSで簡単に求められますが、仕組みを知るうえで、海図上での作業を経験することをおすすめします。

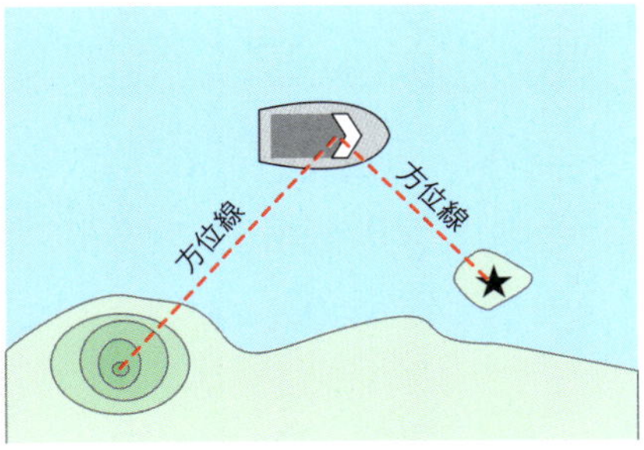

船から目標物の方位を計測し、海図上に方位線を引く。二つ以上の方位線を使って自船の位置を割り出す（クロスベアリングといいます）

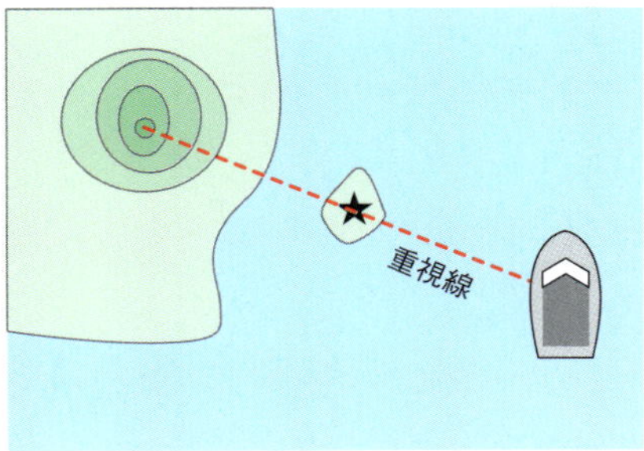

山頂と島の灯台など、二つ以上の目標物が一直線上に見えるときは、海図上に二点を結ぶ重視線（見通し線）を引くことができる

潮流を考慮した、針路と速力の求め方

実際の航行では、風や潮流の影響を受け、設定した進路からずれてしまいます。特に、風が強く、速力が遅いときほど、ずれ幅が大きくなります。

図1は、順潮（船の進行方向に流れる潮）と逆潮（船の進行方向とは逆に流れる潮）による実航針路（実航速力）の違いを示したものです。図中の黒い矢印の磁針路（コンパスの指す針路）は、矢印の向きが船首方向を、矢印の長さが速力を表しています。同様に青い矢印は、流向（潮が流れる方向）と流速（潮が流れる速度）を、赤い矢印は、実航針路（潮の影響を受けて実際に船が進む方向）と実航速力（実際の船の速力）を表しています。順潮と逆潮とでは、実航針路（実航速力）に大きな違いが出ることが分かります。

図1：ベクトルによる、順潮と逆潮とでの実航針路（実航速力）の違い

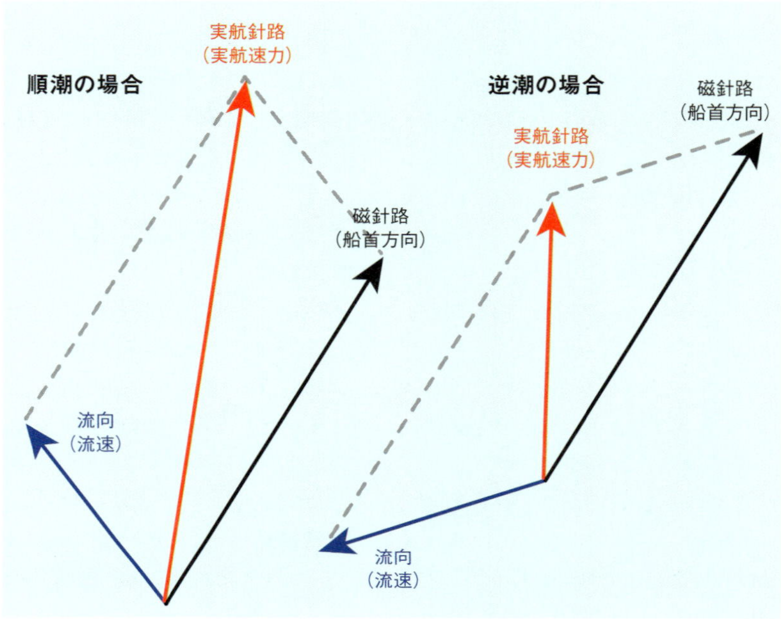

図2：潮流の流向と流速の求め方

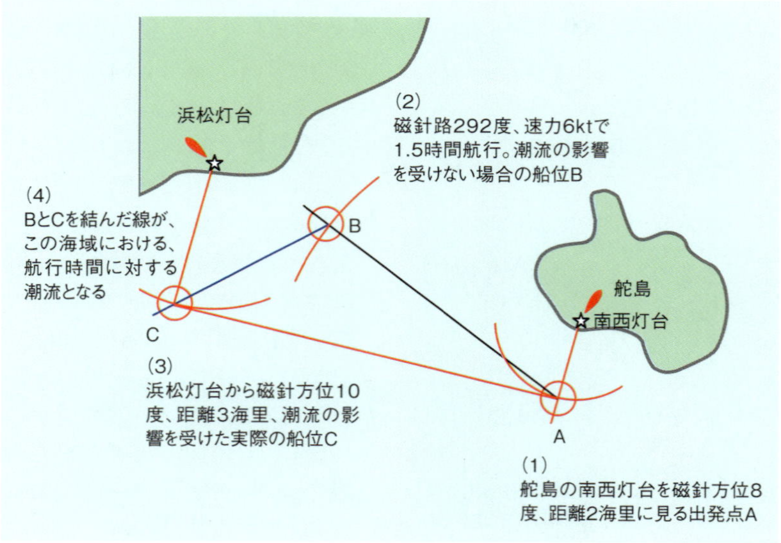

① 潮流の流向と流速の求め方（図2）

「出航時の針路、速力」と「一定時間航行後の船位」が分かれば、潮の流向と流速が割り出せます。海図を使った算出方法を、事例を交え、以下にまとめました。

■ 設定条件

舵島の南西灯台を磁針方位8度、距離2海里に見る出発点Aから、磁針路292度、速力6ktで航行しています。船はその後、同一の針路と速力で航行し、1時間30分後に船位を測定したところ、浜松灯台から磁針方位10度、距離3海里の地点にありました。このときの潮の流向と流速は、次のように求められます。

■ 求め方

(1) 出発点Aの位置を、海図に書き込みます。

(2) 出発点Aを基点に、設定した針路と速力で、1時間30分後のコースと船位をBとし、海図に書き込みます。船位Bは、潮流の影響を受けない位置になります。距離は、速力6kt×1.5時間で割り出せます。

(3) 出航して1時間30分後の船位Cを海図に書き込み、出発点AからCに直線を引きます。A-Cが、潮流の影響を受けた実際のコースになります。

(4) 船位Bと船位Cを結んだ線が、航行時間に対する潮流になります。

(5) コンパス図を用い、B-Cの潮の流向を計測します。この際、潮流は真方位のため、コンパス図の外側の目盛りを使います。

(6) B-Cの距離を測り、航行時間（1.5時間）で割ると、潮の流速になります。

② 実航針路と実航距離の求め方（図3）

次に、実航針路と実航距離を求めます。

図3：実航針路と実航距離の求め方

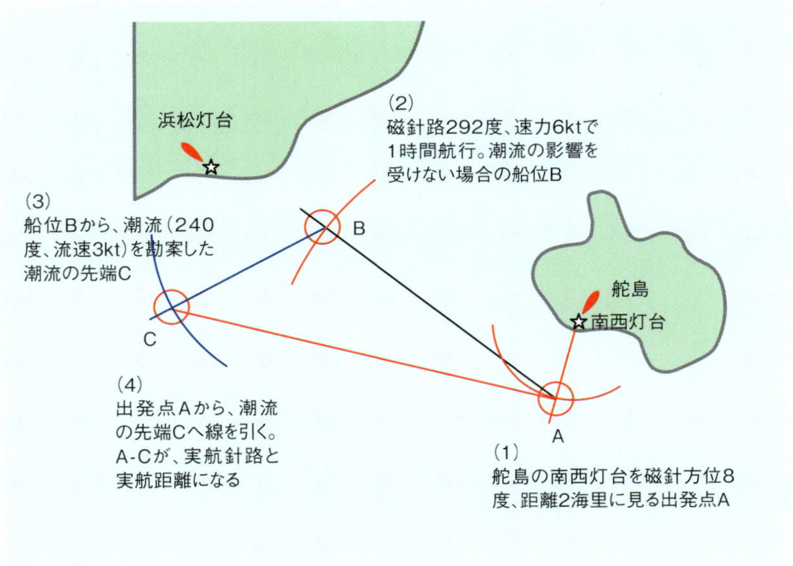

浜松灯台
(2)
磁針路292度、速力6ktで
1時間航行。潮流の影響を
受けない場合の船位B
(3)
船位Bから、潮流（240
度、流速3kt）を勘案した
潮流の先端C
B
舵島
南西灯台
C
(4)
出発点Aから、潮流
の先端Cへ線を引く。
A-Cが、実航針路と
実航距離になる
A
(1)
舵島の南西灯台を磁針方位8
度、距離2海里に見る出発点A

図4：潮流を加味した針路の求め方

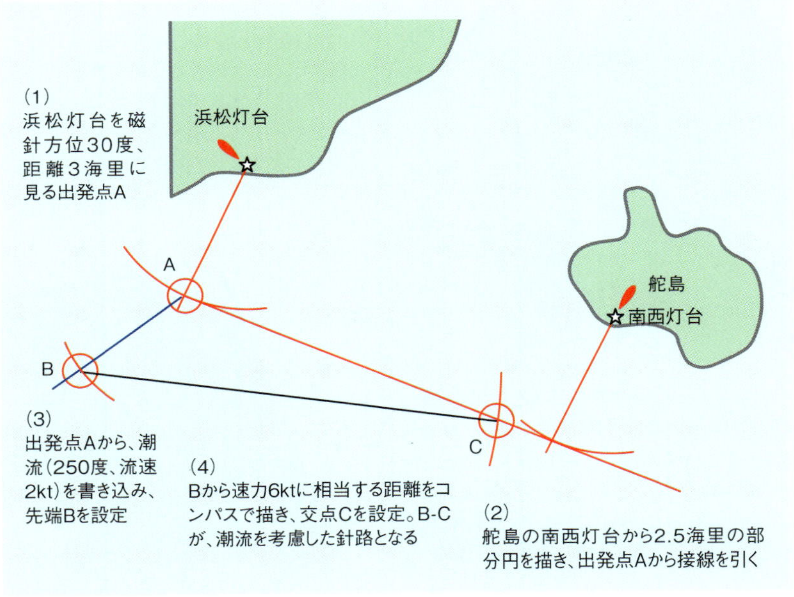

(1)
浜松灯台を磁
針方位30度、
距離3海里に
見る出発点A
浜松灯台
A
舵島
南西灯台
B
C
(3)
出発点Aから、潮
流（250度、流速
2kt）を書き込み、
先端Bを設定
(4)
Bから速力6ktに相当する距離をコ
ンパスで描き、交点Cを設定。B-C
が、潮流を考慮した針路となる
(2)
舵島の南西灯台から2.5海里の部
分円を描き、出発点Aから接線を引く

「出航時の針路、速力」と「潮の流向、流速」が分かれば、割り出せます。

■ **設定条件**

舵島の南西灯台を磁針方位8度、距離2海里に見る出発点Aから、磁針路292度、速力6ktで航行を開始しました。この海域には、流向240度（真方位）、流速3ktの潮流があると仮定します。このときの実航針路と実航速力は、次のように求められます。

■ **求め方**

(1) 出発点Aの位置を、海図に書き込みます。

(2) 出航点Aから、設定した針路（292度）と速力（6kt）で、1時間航行した場合のコースと船位Bを書き込みます。

(3) 船位Bから、潮流（流向240度、流速3kt）を勘案し、流速1時間に相当する潮流の先端Cを割り出します。

(4) 出発点Aから、潮流の先端Cへ直線を引きます。A-Cが、潮流の影響を受けた場合の実航針路と実航距離になります。

③ 潮流を加味した針路の求め方（図4）

最後に、潮流を加味した針路の求め方です。出航前に設定した進路は潮流によってずれてしまうため、潮流を考慮したうえで、針路を決めることができます。

■ **設定条件**

速力6ktで航行中、浜松灯台を磁針方位30度、距離3海里に見る出発点Aに達しました。この地点から、舵島の南西灯台を左舷2.5海里になるように航行する場合の磁針路は、次のように求められます。なお、この海域には、流向250度、流速2ktの潮があると仮定します。

■ **求め方**

(1) 出発点Aの位置を、海図に書き込みます。

(2) 舵島の南西灯台から2.5海里に部分円を描きます。出発点Aから、部分円への接線を引き、舵島までの目標針路を書き加えます。

(3) 出発点Aから、潮流（流向250度、流速2kt）を書き込み、流速1時間に相当する潮流の先端Bを設定します。

(4) 潮流の先端Bから、速力6ktに相当する距離をコンパスに取ります。先ほど引いた舵島への目標針路上を結び、交点Cとします。

(5) B-Cが、潮流を加味した針路（磁針方位）になります。

＊

このように、実際の航行では、潮流の影響を受けるため、航海の前に、「潮汐表」（海上保安庁発行）で、その数値を確認してください。潮流のページには、全国の標準地点（水道や瀬戸）の転流時刻（潮の流れる方向が変わる時刻）や最強流速時刻、最強流速が掲載されています。海図や参考図とあわせて、手元に置いておくと安心です。

15 読み比べて楽しむ、海洋冒険小説

古典から現代物までそろっている、海や船を扱った海洋冒険小説。手に取りやすいジャンルから、読み比べが楽しめる作品を集めました。船に興味を持つ、新たな発見に出合えますよ、きっと。本は、2013年7月現在の税込み価格です。

ジャンル1：捕鯨

神に立ち向かう人間の所業を描いた『白鯨』

ハーマン・メルヴィル
岩波文庫（上中下巻）各987円、
新潮文庫（上下巻）各788円

『白鯨』は、アメリカ東海岸を出航した捕鯨船〈ピークオッド〉号（新潮文庫では、〈ピークォド〉号と表記）を舞台にした長編小説。上巻の半ばまで、乗組員のイシュメールを語り手に、物語が進行します。1851年に発表され、何回か映画化されているので、細かい話の展開は割愛します。

南米ホーン岬の沖で、白鯨“モービィ・ディック”に片足をちぎられたエイハブ船長は、その復讐から、白鯨を執拗に追い求めます。片足の義足は、鯨の下顎骨（かがくこつ）を削って作られたもの。そんな執念が、エイハブ船長の常軌を逸した行動を加速させます。「わしはやつを追いまわすぞ、喜望峰をめぐり、ホーン岬をめぐり、ノルウェイの大渦巻きをめぐり、地獄の奈落をめぐり、追いまわし、追いつめるまで、わしはあきらめんぞ」（岩波文庫）

捕鯨をテーマにした小説というより、鯨に関する博覧強記ぶりをこれでもかと盛り込みながら、聖書を下敷きにした一大叙事詩といえます。若いときに水夫として捕鯨船に乗り込んだ経験があったからこそ、難解さを伴いながらも、読み応えのある作品に仕上がっているのでしょう。メルヴィルは実際のところ、捕鯨船の厳しい生活に嫌気がさし、仲間と一緒に脱走しますが。

岩波文庫と新潮文庫とでは、訳の趣がやや異なります。岩波文庫（八木敏雄訳）は、挿し絵の付いた、今風の文体。新潮文庫（田中西二郎訳）は、グレゴリー・ペックがエイハブ船長を演じた同名の映画を彷彿させる、古典的な仕上がり。内容は同じでも、読み比べてみたい一冊です。

岩波文庫の『白鯨』

古式捕鯨の勇壮と悲壮が織り成す『深重《じんじゅう》の海』

津本 陽（つもと・よう）
集英社文庫 840円

舞台は、紀州（和歌山県）の太地。黒潮が流れる熊野灘に現れた鯨を、湾に追い込み、銛や大剣を手に、急所を突く古式捕鯨の勇壮ぶりを描く『深重の海』。海に生きる男たちの苦悩を織り交ぜながら、命をかけた生業としての捕鯨を、克明に書き記した作品です。

鯨1頭を仕留めれば、「七浦が潤う」浜辺の寒村。その恩恵に浴するには、大きな代償を差し出す覚悟が伴います。同じ捕鯨でも、無神論者のエイハブ船長が個人的な復讐のために、“モービィ・ディック”に立ち向かう、人間の罪深さをテーマにしている『白鯨』に対し、『深重の海』は、一蓮托生の捕鯨組織「鯨方」の心意気を描きながら、慶長年間から受け継がれてきた古式捕鯨の幕引きに寄り添う視点が注がれています。

時は、明治11年の暮れ。打ち込まれた銛で弱った鯨の鼻を手形包丁で切り取り、刺水主として初陣を飾った、主人公の孫才次。船団は帰路、強い潮に翻弄され、「一万貫（約三十七・五トン）を越すと思われる巨鯨」を、水浸しの船から切り離すかどうかの不穏な応酬。捕らえた鯨は、たたりが恐れられた、子持ちの背美鯨（セミクジラ）でした。

「放（ほ）かさな、どうするんじゃい。汝（わり）あ人殺しする積りか」、「鯨放って去（い）んだら、汝（われ）らの飯櫃（げびつ）干あがるろ」、「こらえてくれ。鯨放（はな）ひて、陸（おか）向こらい」。鯨方を統制する近太夫の苦渋の判断で、鯨は咆哮の海に戻されます。

多くの犠牲者を出した、「大背美流れ」と呼ばれた遭難事故を縦軸に、二つ年下のゆきの、孫才次に対する恋情を横軸に、古式捕鯨の勇壮と悲壮を、ときに熱く、ときに冷徹に、徳川家康の生涯を描いた『乾坤の夢』などの歴史小説の練達が活写します。

かつて太地町を訪れた際、土地で見かけた「くじら供養碑」に、人々が築き上げた深い思いを覚えました。鯨を信仰の対象にした風習こそあれ、エイハブ船長のように、復讐の対象として捉えたことはないでしょう。ランプに使う鯨油を求めて、日本近海まで乗り出したアメリカ捕鯨とは一線を画する、「鯨の文化」が確かにあったのだ、と。

ジャンル2：海賊

海賊の倭寇（わこう）の末裔として、対馬近海を縄張りにする海賊稼業に就いた笛太郎は、瀬戸内海を拠点にする村上水軍に捕らえられ、思いがけない人生が始まります。行方不明の父親はかつて村上水軍の船大将だったことから、水軍の一族に預けられる笛太郎。そんな境遇のなか、雷三郎とともに、海のかなたを夢見る骨太の海賊物語が展開します。

播磨の室津から淡路島に集結する場面では、水軍の信仰の深さを知ることができます。

その点では笛太郎のほうが頑固かも知れない。出船のさいに梶取が必ずとなえるという祈りのことばを、水夫頭の八助から何度注意されても、口にしようとはしない。

「帆は心、梶はかけひき、櫓は足手、船もかわらも、吾身（わがみ）なりけり」

それを船霊さまの鎮座する帆柱の筒形の柱座の前に額（ぬか）ずき、合掌して唱えよと八助はいう。それが梶取の作法だと言い張る。

時代背景の描き方も、もちろん秀逸です。織田信長と政治的に対立する石山本願寺に触れるくだりに、次のような描写があります。

「本坊の石山御坊は寺域内の一番の高みに建ち、周囲には濠（ほり）をめぐらして船を浮べている。城砦を囲む柵や逆茂木は五重で、一つごとに幅五間の空濠を穿（うが）ち、そのうしろに又総濠がある。櫓（やぐら）も各所に配置され、狭間には弓、銃眼には鉄砲がそなえてあるというのだから、これはもう寺などと呼べたしろものではない」

水軍の生活をはじめ、操船術などを細かに描く、本格的な海の時代小説。直木賞を受賞したこの作品で、「海洋時代小説」の第一人者になった著者ですが、韓国の釜山（プサン）に生まれ、引き揚げ後、壱岐に本籍を置き、東京の大学に進む前に、佐世保市内の高校に通った生い立ちが、『海狼伝』を紡ぎ出したのでしょう。

続編の『海王伝』（文春文庫）も読み応え十分。琉球を経て、シャムにたどり着き、明国の海賊になった父と対決し、海の王になる笛太郎の成長を描きます。

海洋時代小説の嚆矢《こうし》として輝く

『海狼伝』

白石一郎（しらいし・いちろう）
文春文庫 700円

インド洋で
繰り広げられる

『海賊モア船長の遍歴』

多島斗志之（たじま・としゆき）
中公文庫 939円

東インド会社の航海士だったジェームズ・モア。海賊に内通しているという誤解を解くことができないまま、解雇されます。失意の中で出会った昔の仲間の口添えで、3本マストの海賊討伐船〈アドヴェンチャー・ギャレー〉号に乗り込み、1696年の春、イギリスを出航し、インド洋を跋扈する海賊退治に向かいます。

国王の委任状を持つ海賊討伐船の乗組員に固定給はなく、海賊船から押収した財貨の一部が報酬になる仕組み。手ぶらで戻った場合、彼らに投資された金は、船長が自腹を切り、出資者の貴族に返さなくてはなりません。だから、ムガール帝国などの商船から略奪した財貨を蓄える海賊を捕らえなくてはならないのです。

アメリカを経由し、アフリカ最南端の喜望峰を回り、アラビア海に。しかし、お目当ての海賊船には出合いません。キッド船長は業を煮やし、「海賊船さがしは本日かぎりやめにする」と宣言。「相手が海賊かどうかにかかわらず、目に入ったすべての船をわれわれの標的とする」と。こうして、海賊討伐船に見切りをつけ、海賊船に宗旨替えした、というのが前半の流れ。

アラビア海で最初の海賊行為の標的にしたのは、ムーア船団。しかし、護衛艦に遮られ、略奪は未遂に。さらにインド洋に進み、ポルトガルの軍艦との交戦の後、意見の対立から、モアを新たな船長に迎え、男爵、大樽、火薬猿のビリー、穴熊、大工頭などの異名を持つ乗組員たちとともに、モア船長の冒険が始まります。

文庫本には珍しい上下2段組みの体裁に、改行を多用した独特の文体。会話文をちりばめた、歯切れの良さが魅力です。続編として、『海賊モア船長の憂鬱』（角川文庫）があります。さまざまなテーマの作品を手掛け、今後の活躍が期待されていた著者が2009年12月に消息を絶ったのは、とても残念です。

ジャンル3：漂流

時代を超えた古典的な名作

『十五少年漂流記』

ジュール・ヴェルヌ

新潮文庫 420円、角川文庫 420円

夏休みに、生徒を乗せた航海が予定された、ニュージーランドのイギリス式寄宿学校。6週間の船旅を控えた出航前日（1860年2月15日）、船長や乗組員が外出した隙に、寄宿学校に通う、8歳から14歳までの14人の少年は、100トンほどの2本マストの帆船〈スルギ〉号（角川文庫では、〈スラウギ〉号と表記）に忍び込みましたが、もやいロープがほどけて、漂流してしまいます。嵐に遭遇し、マストは折れ、帆も破れた末に、見知らぬ地に流れ着き、冒険物語が始まります。ちなみに、15人目の少年は〈スルギ〉号の見習い水夫、モーコー（角川文庫では、モコと表記）です。

「一度行おうときめたことは、必ずやりぬくこと」、「機会（チャンス）を失ってはならない」、「疲れることを恐れるな」。学校での習慣を取り入れた、創意に富んだ暮らしぶりに感心させられます。

洞窟で発見した古い地図から、漂着した土地は、絶海の孤島であることを知ります。“大統領”に選ばれた、唯一のアメリカ人のゴードンは、「さあ、元気を出そう。僕たちが努力すれば、この島でも楽しく暮らしていけるよ。そのうちには、必ず、ニュージーランドへ帰れる日がやってくるさ」（新潮文庫）と、明るく振る舞い、みんなを元気づけます。

原題は、『Deux Ans de Vacances』（二年間の休暇）。児童向けの福音館文庫と偕成社文庫は、原題どおり、『二年間の休暇』を採用しています。

船好きのヴェルヌの漂流物として、『チャンセラー号の筏（いかだ）』（集英社文庫）もおすすめ。アメリカを出航し、イギリスに向かう3本マストの帆船〈チャンセラー〉号は、航海中に積み荷が燃えだし、火災に。消火の努力もむなしく、乗客と乗組員は、救命いかだに乗り込み、大西洋を漂流。待ち受ける、渇きと飢え。1816年にフランスのフリゲート艦〈メデュース〉号で起きた遭難事故をモデルに、乗客の「わたし」が日記形式でつづる作品です。

新潮文庫の『十五少年漂流記』

座礁を乗り越え、明るく暮らす

『無人島に生きる十六人』

須川邦彦（すがわ・くにひこ）

新潮文庫 420円

本書は、漂流を経験した船長からの聞き書きによるノンフィクション。明治31年12月、2本マストの帆船〈龍睡丸〉に乗り込み、漁業調査のため、太平洋に乗り出した16人は、ミッドウェー島付近の暗礁に乗り上げてしまい、サンゴ礁の小さな島に漂着します。

上陸した乗組員は、井戸を掘ったり、粗末な道具で魚を獲ったり、ウミガメ牧場を作ったり、沖を通る船に救助を求めるための見張りやぐらをこしらえたり、いつ救助されるかわからない状況の中で、明るく振る舞うのが印象的です。

なごやかな雰囲気がうらやましくなるほどの痛快さ。『十五少年漂流記』を地で行く、快活な漂流生活に、ほっとさせられるやら、驚くやら。表紙カバーのイラストに描かれた、ほんわかムードそのままです。

それもそのはず、船長は四つの生活信条を取り決め、みんながそれを守っているから。「島で手にはいるもので、くらして行く」、「できない相談をいわないこと」、「規律正しい生活をすること」、「愉快な生活を心がけること」。つらいときこそ、力を合わせて生き延びる、そんな明治の気骨ある船乗りたちの生活がほほ笑ましく繰り広げられます。

「一日の仕事がすんで、夕方になると、総員の運動がはじまる。すもう、綱引、ぼう押し、水泳、島のまわりを、何回もかけ足で回る。それから、海のお風呂にはいって、夕食という順序を、規則正しくくりかえした」

そんな楽しげな（?）漂流生活にも終わりが訪れます。遠洋漁業の帆船〈的矢丸〉に助けられ、全員無事に祖国の土を踏みますが、救助される前、沖に停泊した〈的矢丸〉に伝馬船で向かう船長の気概とユーモアのセンスが、この作品の真骨頂です。

「私は遭難いらい、五ヵ月ぶりでズボンをはき、上着をきて、船長帽をかぶった。水夫長も三人の漕ぎ手も、交代で漕ぐ手を休める間に、服をきた。これは、われら日本船員のみだしなみだ。だが、はだしはしかたがない、難破船員だから」

無人島生活もまんざら悪くないな。繰り返し読んでも、変わらぬ読後感です。

ジャンル4：海上保安庁

ロシアの生物兵器に
翻弄される

『太平洋の薔薇』

笹本稜平（ささもと・りょうへい）
光文社文庫（上下巻）各700円

海洋冒険サスペンスというと、海外の独壇場ですが、国内にも読み応えある作品があります。笹本稜平の『太平洋の薔薇』もその一つ。著者は、国際謀略を扱った『マングースの尻尾』、警察をテーマにした『越境捜査』、エベレストを舞台にした『天空への回廊』などの作品で知られていますが、『太平洋の薔薇』も、壮大なスケールが持ち味です。

スマトラ島から横浜港に向かう外航貨物船〈パシフィックローズ〉の船長として乗り組んだ柚木静一郎。40年の船員生活にピリオドを打つ最後の航海で、正体不明のテロリストに乗っ取られます。身代金目的ではありません。彼らの目的は何か?

海上保安庁に勤務する、柚木の娘の夏海は、国際商工会議所の下部組織、国際海事局の海賊情報センター（マレーシア）の出向先で、父の厄難を知ります。そんな状況下、救助に向かう巡視船〈かいもん〉の矢吹船長は、〈パシフィックローズ〉との距離を徐々に詰めていきます。「追い波で横揺れは少ないが、大きなうねりに乗り上げるたびにプロペラが空転する。うねりの波長を上手く捉えてピークの直前で出力を絞るのが機関長の腕のみせどころだ」

舞台は変わり、世界一周航海に旅立った豪華客船の船内。船医の藤井慎也は、不治の病に侵された乗客の老ドクターから、重大な機密を明らかにされます。一方、ロシア北部のイルクーツクでは、「国家一つを消滅させられるほど」の殺傷力を持つ生物兵器が何者かによって盗まれ、ロシア当局が捜査に乗り出し、それをアメリカのNSA（国家安全保障局）が傍受。緊迫感が一気に高まります。

巧妙に張り巡らされた伏線が少しずつ収斂していき、それぞれの背景が一つに重なり合い、恐るべき事実があらわに。海上保安庁の巡視船、アメリカ第七艦隊の駆逐艦、ロシア太平洋艦隊の原子力潜水艦が、荒ぶる北海道東方沖に集結し、迎える大団円。国境を超えた、海洋冒険サスペンスの醍醐味が満載の上下巻です。

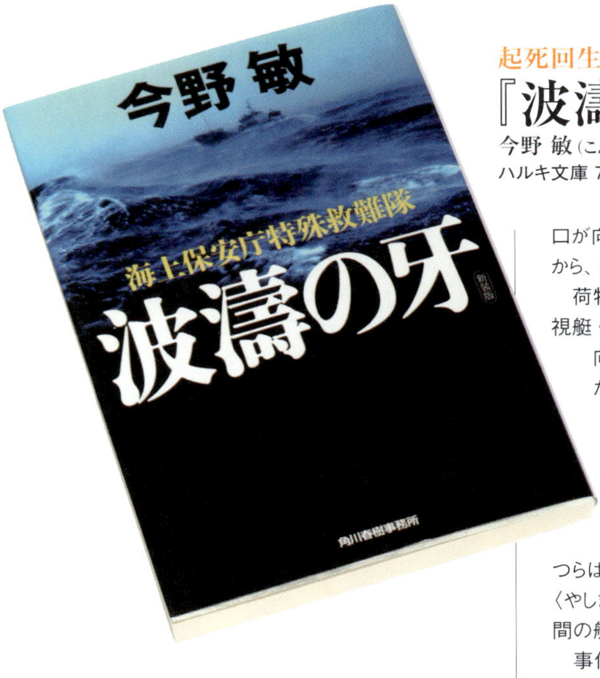

起死回生の救助劇

『波濤の牙 海上保安庁特殊救難隊』

今野 敏（こんの・びん）
ハルキ文庫 720円

台風が接近する神奈川県の茅ヶ崎沖で、海難事故が発生。現場に急行したのは、惣領 正ら、海上保安庁特殊救難隊の面々。北朝鮮の漁船から3人の男を救助しますが、惣領らに銃口が向けられます。彼らの要求は、沈みゆく船から、ある荷物を回収しろ、というもの。

荷物を回収したものの、シージャックされた巡視艇〈すがなみ〉の無線は破壊され、茨城沖に向けた針路を命じられます。通信の途絶えた特殊救難隊の基地は、巡視船〈やしま〉を投入。犠牲を払って発射されたレスキューブイを回収した〈やしま〉は、〈すがなみ〉の位置をとらえ、荒天の海での追走劇が始まります。「さりげなく蛇行して、時間を稼いでいるんだ。やつらは、助けが来ることを信じているんだ……」。〈やしま〉の堀田船長は、レーダーで捕捉した仲間の船影に目を凝らします。

事件の進行とともに、惣領の恋人で、テレビのリポーターを務める有賀紗恵子に、キャスター転身の話が。そんな紗恵子とのやりとりを織り交ぜながら、物語は核心に迫ります。

ST警視庁科学特捜班シリーズなど、幾多の警察小説を手掛ける著者の、初めて海をテーマにした本書は、まさに「海保小説」。スピード感ある展開に、手が止まりません。

作品に登場する特殊救難隊のモデルになった、海上保安庁の特殊警備隊（SST）は、関西国際空港海上警備隊と輸送船警乗隊を統合した組織。海上テロ対策のほか、海賊の警戒業務、不審船の取り締まりなどの任務を担う精鋭部隊です。

国際的な謀略を描いた『太平洋の薔薇』に対し、『波濤の牙』は、シージャックされた巡視艇での犯人との駆け引きと、救助に向かう仲間の果敢な行動に焦点を絞った活劇です。

ところで、海上保安庁の巡視船と巡視艇の違いは? 前者は、外洋にも耐え得る大型船、後者は、沿岸向けの小型船です。

惣領らはその後、どうなったのか、気になります。発表から時間はたつものの、海洋冒険小説ファンとしては、続編を望みたいですね。

ジャンル5：少年少女

ヨットでの愉快な夏休みを描く

『ツバメ号とアマゾン号』

アーサー・ランサム
岩波少年文庫（上下巻）各798円

ランサム全集12巻の初回を飾る『ツバメ号とアマゾン号』。舞台は、イギリス北部の湖水地方。ウォーカー家のジョン、スーザン、ティティ、ロジャの４人の幼い兄妹は、夏休みに、湖の無人島を目指し、〈ツバメ〉号に乗り込む、そんな場面から始まります。

「農場の下の艇庫には、とても小さいけれど、ヨットのツバメ号がしまってあった。重くて大きいボートもあった。けれども、帆で走ったことのある人なら、だれも船をこぎたがらない。もし、島もヨットもなく、湖がこんなに大きくなかったら、子どもたちも、艇庫のそばの入江をオールでこぎまわって、けっこう楽しいと思ったにちがいない。けれども、湖が小さな海ほども大きく、茶色の帆のついた、長さ約四メートルの船が艇庫にあって、木々の茂る小島が探検家を待っているのでは、帆を張って発見の航海に出かける以外、考える値打ちのあることなど、なにもなさそうだった」

岩波少年文庫として、2010年に全編改訳された本書ですが、ランサム自身、ヨットがとても好きだったと思わせる、すてきな文章です。

〈ツバメ〉号の乗組員は、船長（キャプテン）がジョン、航海士（メイト）がスーザン、AB船員（エイブルシーマン、熟練船員）がティティ、ボーイ（シップボーイ）がロジャ。

「ジョンが、メインシートをゆるめて上げ舵をとった。ブームが移動し、ツバメ号がくるりと向きを変えて追い風になると、ジョンはまっすぐ島へ向けて舵をとった」。子供向けの本とはいえ、船を操る描写は、心を揺さぶります。

ちびっこ探検隊は３日目、海賊旗を掲げたヨット〈アマゾン〉号に乗る姉妹と遭遇。味方なのか、はたまた敵なのか？ キャプテン・フリントと名付けた、ハウスボートに住む謎の男との対決など、児童書の枠を超えた冒険心に富んだ筋立ては、1930年の出版以来（本邦初訳は1958年）、ヨットに乗り始めるきっかけを読者にどれほど与えたことでしょう。ランサム自身が描いた挿し絵が、物語のイメージをふくらませます。小学５年生から６年生以上を対象にしていますが、おとなにも読んでもらいたい不朽の名作です。

父を探しに
北極海に旅立つ

『コンパス・マーフィー』

スティーヴン・ポッツ
求龍堂（単行本）1,470円

一等銛師（もりし）の父親が乗り込んだ捕鯨船が北極海で行方不明になり、父の身を案じた少年ジョシュアは、３本マストの捕鯨船〈オーロラ〉号に密航しますが、見つかってしまいます。しかし、北の方角を直感できる特殊な能力を持つジョシュアの適切な判断により、針路をはずれた〈オーロラ〉号は、間一髪で難所を切り抜けます。そのときの、船長とジョシュアとのやりとりは、読み手を船上の場面に引き込みます。

「それじゃ、ぼうず。どうやったのか教えてくれないか」

「北がどっち方向にあるかわかるだけです。どうしてそうなのか、ぼくにもわかりません」

「本当にか？」船長は甲板から戻ってきた一等航海士に、『ホッブスくん、この子に目隠しをしてくれないか』と指示をした。スカーフがジョシュアの両目を覆い、頭の後ろできつく結ばれた。船長はジョシュアの体を何度か回転させて急停止させた。そして、「北はどっちか指しなさい」と命じた。

ジョシュアは一瞬のためらいもなく、腕を伸ばして北を指した。（中略）「間違いありません、船長」という声が聞こえた。

同じような実験が何回か行われた。（中略）「驚いた。素晴らしい」と船長が言った。そして、あごを撫（な）でながら、「名はジョシュアだったな。しかし、今後はきみをコンパスと呼ぶことにしよう。コンパス・マーフィーだ」と宣言した。

北極海での漁を終えた〈オーロラ〉号は、厚い氷に阻まれ、越冬を余儀なくされます。イヌイットの少女シンヴァとの出会いと淡い気持ちを絡めながら、幾多の試練を乗り越え、少年が極寒の地で成長していく、イギリスが商業捕鯨をしていた19世紀半ばを舞台にした海洋冒険小説です。

特殊な能力を持つジョシュアの活躍、ジョシュアを温かく見守る乗組員など、海洋国家を誇ったイギリスの気骨を感じさせる作品です。この小説（原著）を、児童書専門の出版社が刊行（2001年）したのも、これまたイギリスの懐の深さに違いありません。

ジャンル6：イギリス海軍

提督になるまでの一代記

『海の男ホーンブロワー』シリーズ

セシル・スコット・フォレスター
ハヤカワ文庫

18世紀末から19世紀前半のイギリス海軍を舞台に、ホレイショ・ホーンブロワーが、士官候補生から提督に上り詰めるまでの長編シリーズ。『海軍士官候補生』を皮切りに、『スペイン要塞を撃滅せよ』、『砲艦ホットスパー』、『トルコ沖の砲煙』、未完の最終巻となる『ナポレオンの密書』（短編を含む別巻）まで、11作品がそろっています。

フランス革命から、ナポレオン帝政時代を経て、イギリスが七つの海を制覇するまでの時代を背景に、知略と勇気で、度重なる危機を切り抜ける海の男の物語。といっても、海軍に入ったのに、ホーンブロワーは船酔いしやすく、帆船のマストに登ると身震いするような高所恐怖症の一面を持ち合わせ、決してスーパーマンではないことが（ホーンブロワーは平民出身の士官候補生）、逆に親近感を与えてくれます。

1作目の
『海軍士官候補生』
（861円）

ホーンブロワーと双璧をなす

『海の勇士ボライソー』シリーズ

アレグザンダー・ケント
ハヤカワ文庫

24作目の『提督ボライソーの最期』
（1,029円）

イギリスのコーンウォール州ファルマスの海軍一家に生まれたリチャード・ボライソーの、海軍での活躍を描いたシリーズ作品。ホーンブロワーと同じく、士官候補生から、指揮官などを経て、提督になるまでの一代記です。

戦艦〈ゴルゴン〉号に乗り組み、西アフリカの海賊を討伐する、シリーズ1作目の『若き獅子の船出』、続く『革命の海』、『栄光への航海』、『提督ボライソーの初陣』、『復讐のインド洋』などの作品があります。なお、25作目以降の主人公は、甥（おい）のアダム・ボライソーに引き継がれます。

入手できる翻訳作品（2013年7月現在）は、『若き獅子の凱歌』、『提督ボライソーの最期』（以上、リチャード物）、『決然たる出撃』、『難攻不落、アルジェの要塞』、『無法のカリブ海』（以上、アダム物）の5作品に限られますが、各巻だけでも堪能できます。

過酷な護衛任務に苦闘する

『女王陛下のユリシーズ号』

アリステア・マクリーン
ハヤカワ文庫 987円

時代は、第二次世界大戦。輸送船団の護衛を任された、イギリス海軍の巡洋艦〈ユリシーズ〉号。悪天候の北極海を舞台に、重病を押して指揮を執るヴァレリー艦長以下、七百数十名の乗組員は、ドイツ軍の潜水艦Uボートと爆撃機による集中砲火を浴びます。生還が難しいとされる、老朽船〈ユリシーズ〉号の乗組員は、過酷な任務を強いられ、ストレスは極限に。守るべき輸送船は次々と撃破され、砲弾を使い切った〈ユリシーズ〉号も、ドイツ軍の標的に。イギリスの海洋冒険小説家、アリステア・マクリーンが1955年に発表したデビュー作です。

その他、イギリス海軍を扱った海洋冒険小説

同じハヤカワ文庫で、パトリック・オブライアンの『英国海軍の雄ジャック・オーブリー』シリーズと、ジュリアン・ストックウィンの『海の覇者トマス・キッド』シリーズが刊行されています。いずれも帆船に乗っていた時代のイギリス海軍を舞台にした作品。ホーンブロワー、ボライソーに続く、海洋冒険シリーズとして期待されています。帆船時代の海軍物は、イギリスでの海洋冒険小説の不滅のテーマです。

16 いま読んでみたい、世界の航海記

貴重な体験を後世に残す航海記は、航海の目的によってさまざまな本がそろっています。 そこで、入手可能な内外の作品を四つのジャンルに整理し、ダイジェストでまとめました。 先人が成し遂げた、得がたい航海の記録を読むのもまた楽しいもの。 活字の海へ、いざ出航! 本は、2013年9月現在の税込み価格です。

ジャンル1：前人未到の海に乗り出した航海記

香辛料を求めて西回り航路を開拓

『マゼラン 最初の世界一周航海』

ピガフェッタ／トランシルヴァーノ
岩波文庫 987円

2011年3月に刊行された本書は、マゼランに同行した乗組員アントニオ・ピガフェッタの手記『最初の世界周航』と、スペイン国王秘書を務めたマクシミリアーノ・トランシルヴァーノが3人の乗組員から聞き書きした『モルッカ諸島遠征調書』で構成されています。

香辛料の調達ルートの開拓に、国を挙げて競った大航海時代。 母国ポルトガルに支援を拒まれたフェルディナンド・マゼランは、領土拡張をもくろむスペインの援助を受け、コロンブスが新大陸を発見した27年後の1519年9月20日、同国サンルカルを出航。 5隻の船団は、大西洋を南下し、南米先端のマゼラン海峡を発見。 未知の海峡を突き進み、1隻が沈没、1隻がスペインに逃げ帰るなど、先行きの多難さを予見させる洗礼を受けます。

「その海峡は長さが一一〇レーガ（約六二〇キロ）、つまり四四〇ミーリオ（マイル）、幅はだいたい半レーガ（約二・八キロ）であった。この海峡はもうひとつの海、すなわち太平洋と名付けられた海に通じているのだ」

その後も1隻を失い、〈トリニダート〉号と〈ビクトリア〉号は、インドネシアのモルッカ諸島に到着。 イスラム商人が独占した（オスマン帝国は当時、東西に版図を拡大）、高価な香辛料を手に入れます。 フィリピンの先住民との紛争に巻き込まれ、無念の最期を遂げたマゼランの遺志を受け継ぐ、命がけの到達でした。

「世界中でここの五つの島の五つの山のほかには丁子《ちょうじ》を産出しない」、「この島にはまた肉《にく》荳蔻《ずく》の木が生えている。この木の幹はヨーロッパの胡桃《くるみ》に似ている」。 丁子は、クローブ、肉荳蔻は、ナツメグ。 いずれも肉の保存に欠かせない貴重なスパイス。 欲に目がくらんだのか、荷を積み込みすぎた〈トリニダート〉号は、出航直前に沈んでしまいます。

唯一残った〈ビクトリア〉号は、南アフリカの喜望峰を回り、1522年9月6日、スペインに帰還し、初の世界一周航海を成し遂げます。 265人の乗組員の多くは、壊血病や栄養失調などで命を落とし、祖国に戻れたのはわずか18人。 大きな代償と引き換えに、香辛料をヨーロッパに運び込む海上ルートを確立しました。

太平洋の島々を巡る3回の測量航海

『クック 太平洋探検』

ジェームズ・クック
岩波文庫（全6巻） 各840円

『クック太平洋探検』（第一回航海の上下巻）

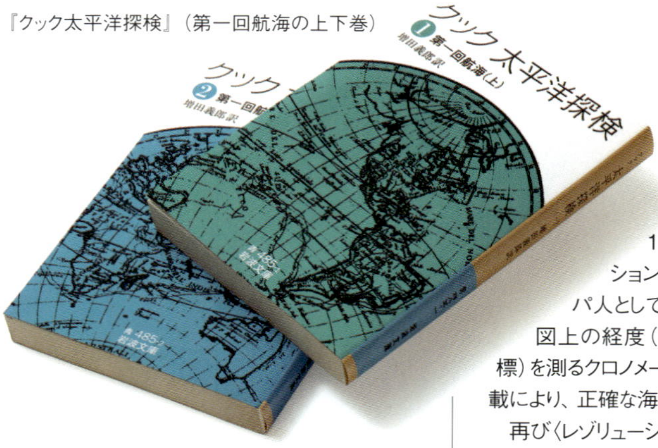

一介の水兵からイギリス海軍の艦長まで上り詰めたジェームズ・クック（キャプテン・クック）。 彼の優れた測量技術と航海術を高く評価した王立協会は、金星の太陽面通過の観測のため、海尉（士官）として、南太平洋へ派遣します。 この航海を含め、3回の航海記録をまとめたのが本書です。

1回目の航海に使われた、長さ32mの3本マストの〈エンデヴァ〉号は、1768年8月25日、イギリスのプリマスを出航し、南米ホーン岬を回り、観測地点のタヒチに到着。 その後、ヨーロッパ人として初めてニュージーランドに上陸（オランダの探検家アベル・タスマンが1642年に発見しますが、ポリネシア系の先住民マオリの反感を買い、上陸を断念）。 さらに、オーストラリア大陸に足を延ばします。

6月24日（1770年）の日記から。「船からすこし離れたところではなしに聞いたあの動物を見た。 薄ネズミ色で、（中略）長いしっぽをグレーハウンドのようにひきずっていたので野生の犬と考えてもおかしくはなかった。しかし歩き方ないしは走り方はちがっていて、ウサギやシカのようにはねるのであった」。 オーストラリアに上陸したクックが初めて目にした、カンガルーの描写です。

2回目（1772年から1775年）は、〈レゾリューション〉号の艦長として、ヨーロッパ人として初めて南極圏を踏査。 地図上の経度（東西方向の位置を示す座標）を測るクロノメーター（高精度な時計）の搭載により、正確な海図を作り上げます。

再び〈レゾリューション〉号に乗り込んだ3回目（1776年から1780年）。北極海を抜けて太平洋と大西洋を結ぶ北西航路の調査の途中、サンドイッチ諸島と自ら命名したハワイ諸島に上陸したクックは、先住民の放った矢に倒れます。

香辛料を求めたマゼラン、南方大陸の発見を目指したクック。 ともに道半ばで命を落とす、過酷な世界周航。 だからこそ、彼らの航海記は長く読み継がれているのでしょう。

ジャンル2：学術的でマニアックな航海記

進化論のヒントを得た若き植物学者の船出

『ビーグル号世界周航記 ダーウィンは何をみたか』

チャールズ・ダーウィン
講談社学術文庫 924円

『種の起源』を著し、進化論を提唱した、自然科学者のチャールズ・ダーウィン。その礎を築いたのは、イギリス海軍の測量船〈ビーグル〉号での航海でした。医者や学者を輩出した父方の血統を受け継ぐダーウィンは、エジンバラ大学医学部に入学しますが、医者になる気はなく、ケンブリッジ大学神学部に入り直したものの、卒業直後、父親の反対を押し切り、気鋭の植物学者として、世界一周航海に旅立ちます。22歳の若さです。

ダーウィンが乗り込んだ〈ビーグル〉号は、長さ27.5mの3本マストの帆船。1831年12月27日、イギリスを出航し、ブラジルのリオデジャネイロなどを経由し、ホーン岬を回り、南米を北上。さらに太平洋を西へ進み、ニュージーランドやオーストラリアを経て、アフリカの喜望峰を回り、1836年10月2日に帰還します。

5年に及ぶ〈ビーグル〉号の目的は、南米沿岸を中心とした測量調査。ダーウィンは寄港地で、動植物の観察や標本採集に精力を注ぎ、帰国3年後の1839年に本書を出版（なお、2013年6月に平凡社から出版された題名は、『新訳ビーグル号航海記』）。なかでも、エクアドル沖のガラパゴス諸島で遭遇した巨大なカメやトカゲに注目し、進化論につながるヒントを手に入れます。

カメについては、「私が観察した一匹の大きなカメは、一〇分に六〇メートルの割で歩いたから、いいかえれば毎時間三六〇メートル、すなわち途中で食べる時間を見こんで毎日六キロメートルということになる」。トカゲについては、「こんなに完全な潜水力と水泳力とをもっているのに、どうしても水中に入らせることができなかった。（中略）この爬虫《はちゅう》類が海岸ではまったく敵がいないのに、海ではときどき多数のフカの餌食にされてしまわねばならないという事実から説明できるであろう」。航海記というより、博物誌ですね。

〈ビーグル〉号での成果をさらに究め、50歳のとき、『種の起源』を完成させます。

付け加えると、ダーウィンの母親スザンナは、イギリスを代表する陶磁器メーカー「ウェッジウッド」の創始者ジョサイア・ウェッジウッドの長女。ダーウィン自身も、ウェッジウッド2世の末娘エマと結婚します。ダーウィン家の学究肌の血筋と、ウェッジウッド家の財力が、ダーウィンを世界一周航海に旅立たせ、後世に残る著作を生み出したのでしょう。

仮説を検証した太平洋漂流実験

『コン・ティキ号探検記』

トール・ヘイエルダール
河出文庫 892円

古代ペルーのいかだを復元し、仮説を自ら検証した航海記録『コン・ティキ号探検記』は、奇抜な着想と行動力をユーモラスな筆致で書き上げた、当時の世界的なベストセラー。

著者のトール・ヘイエルダールは、ノルウェーの人類学者で海洋学者。南太平洋のポリネシア人の起源を研究するなかで、南米のインカ文明との類似に着目し、ポリネシア人の祖先は南米から海を渡ったアメリカ・インディアン（アメリカ先住民）という仮説を裏付けるため、インカ帝国を征服したスペイン人が描いた設計図をもとに、丸太やバルサ（南米原産の常緑樹）など、当時の材料を用い、長さ13.5mの、四角い帆の付いたいかだを建造。コン・ティキ（インカ帝国の太陽神の名前）と命名します。

1947年4月28日、ペルーのカヤオを出航した〈コン・ティキ〉号は、乗組員6人とオウム1羽とともに、沿岸を流れるフンボルト海流（ペルー海流）を横切り、南赤道海流に乗り、西を目指します。ヘイエルダールの仮説どおり、102日後、ポリネシアに属するツアモツ諸島のラロイア環礁に乗り上げ、漂着します。航海距離は4,300マイル（約7,964km）。持ち込んだ航海計器は無線機だけ。航海というより、漂流実験に近いものでした。

「昔のポリネシア人は偉大な航海者だった。昼は太陽により、夜は星によって、船の方位を定めた。天体についての知識は驚くべきものだった。地球が丸いということを知っており、赤道や南北回帰線のような難解な概念にたいする呼び名を持っていた」

遺伝子分析のその後の研究により、ポリネシア人の祖先は、東南アジアから、メラネシアの島伝いに漂着したという説が支持され、ヘイエルダールの南米説は退けられますが、行動する学者として、多くの人に夢を与えたのは間違いありません。

〈コン・ティキ〉号の航海に懲りず、葦《あし》（イネ科の植物）でこしらえた〈ラー2世〉号での、北アフリカのモロッコから中南米のバルバドスまでの大西洋横断航海や、同じ葦船の〈ティグリス〉号での、ペルシャ湾からインド洋までの航海など、文明の起源と伝播《でんぱ》を、復元船で自ら検証した、不屈の学者でした。

ジャンル3：船旅の楽しさを伝える愉快な航海記

中公文庫の
『どくとるマンボウ航海記』

船医として乗り組んだ、ユーモラスな船旅

『どくとるマンボウ航海記』

北 杜夫
中公文庫 559円、新潮文庫 452円

本書は、1958年11月半ばから翌年4月まで、水産庁の漁業調査船〈照洋丸〉に船医として乗り込んだ、作家になる前の北 杜夫が描くユニークな船旅エッセー。著者は当時、31歳の精神科医。ユーモラスな書きぶりが人気を呼び、発売(1960年)と同時にベストセラーに。ナチス政権下の精神科医の苦悩を描いた『夜と霧の隅で』で同年、第43回芥川賞を受賞しますが、本格的な作家デビューのきっかけとなった作品が本書です。

インド洋からヨーロッパにかけての船旅。航海記と銘打っていますが、船乗りの視点ではもちろんなく、船医の仕事の合間に垣間見た、航海中の様子や寄港地での出来事を、おもしろおかしく語りかけます。ハラハラするような冒険は待ち受けていませんが、風刺と諧謔《かいぎゃく》をちりばめ、航海の日々を非マジメに描く好著です。

例えば、ポルトガルに向かう途中、アフリカ沖のカナリア諸島付近で捕えたマグロを船内で食する場面。「毎夜食卓にはぶ厚いトロの山。これでは飽きるというよりも、これからのち金をはらって安っぽいサシミを食うなんてことは絞首刑よりつらく思われてくる」とぜいたくな食生活を堪能しつつ、「ただひとつ残念なことに、船には本物のワサビがなかったことで、もしいくらかのワサビを入手できるのだったら、私は魂の二つや三つ平気で売りとばしてしまったろう。中世の末、インドの調味料がほしいばっかりに東洋航路がひらけていったのもまた宜《むべ》なるかなである」と。こんな調子で、ひょうきんな記録が書き留められます。

どくとるマンボウシリーズには、『航海記』のほか、『昆虫記』、『途中下車』、『青春記』などもあります。

なお、同氏初の児童向け小説『船乗りクプクプの冒険』(新潮文庫、集英社文庫)も抱腹絶倒。本文を2ページしか書いていないキタ・モリオ作の小説世界に入り込んでしまった、宿題嫌いの少年タロー。主人公のプクプクになって船に乗り、ナマケモノの島に上陸。執筆途中に姿をくらましたキタ・モリオを捜し出す、虚実入り乱れる荒唐無稽なストーリーです。

おとなも楽しめるファンタジーな船旅

『ドリトル先生航海記』

ヒュー・ロフティング
岩波少年文庫 798円、角川つばさ文庫 777円

岩波少年文庫の
『ドリトル先生航海記』

アメリカで活躍した、イギリス出身の絵本作家ヒュー・ロフティングの児童向けの小説『ドリトル先生航海記』。子供のころに読んだ人も多いと思いますが、数十年を経たおとなが読み直しても、当時のわくわく感に浸れます。

動物の言葉を解する医者のドリトル先生の助手、靴屋の息子トミー・スタビンズ(9歳)を語り手に、ブラジル近海のクモサル島(角川つばさ文庫では、クモザル島と表記)を目指し、気ままな船旅に。お供は、オウムのポリネシア、チンパンジーのチーチー、番犬のジップ。愉快な船旅を彩る仲間が集まります。

残念なことに、手配した船〈シギ丸〉は、3人で操るタイプ。出航当日、オックスフォード大学に留学中の、アフリカのジョリギンキ王国のカアブウブウ・バンポ王子が港に姿を現し、操船に必要な3人がようやくそろいます。旧知の間柄のバンポ王子の突然の登場など、破天荒な展開ですが、この程度で音を上げていては、児童書を虚心に楽しめません。

クモサル島を目指す、航海での一幕。

「ある日の午後、私たちは船のまわりに、干し草のようなものが、束になっておそろしくたくさん流れてくるのを、見つけました。それは、ホンダワラというものだ、と先生はおっしゃいました。(中略)まるで大西洋を航海しているのではなくて、ひろい草原を船が横ぎっているように見えました」

闘牛場など回り道を楽しみながら、クモサル島にたどり着きますが、内部が空洞で、海に浮かぶ奇妙な島。南極近くまで流された島を、クジラの力を借りて、赤道付近まで押し戻すなど、奇想天外な筋立ては、ちょっとしたSFファンタジーです。

『山椒魚《さんしょううお》』など短編小説の名手、井伏鱒二《いぶせますじ》が訳した岩波少年文庫が知られています(初版は1960年、古さを感じさせない名訳)が、著作権の保護期間終了後、児童向けの角川つばさ文庫で、新訳シリーズ(河合祥一郎訳)が刊行されました。料理や菓子、食材などの名称を原文に忠実に訳し、あとがきで解説を加えるなどの目新しさも。

岩波少年文庫と角川つばさ文庫のドリトル先生シリーズには、『航海記』のほか、『郵便局』、『サーカス』、『動物園』、『キャラバン』などもあります。

ジャンル4：ヨットに乗り込んだ日本人の航海記

海外に目を向けたヨット航海の草分け

『太平洋ひとりぼっち』

堀江謙一
舵社（単行本）1,500円

1962年5月12日、兵庫県西宮を出航し、アメリカのサンフランシスコまで94日間かけてヨットでの太平洋単独横断に成功した、23歳の「堀江青年」。パスポートを持たずに出航したため、「密出国」と犯罪者扱いされますが、サンフランシスコ市が名誉市民として受け入れたことから、日本側も好意的に取り上げざるを得なかった、そんなエピソードが残されています。そのときの航海記が、『太平洋ひとりぼっち』。文藝春秋から同年に出版され、第10回菊池寛賞を受賞。改装版が現在、舵社から出ています。

「とにかく、つかまっては一大事だ。（中略）所持金が日本円で二千円ある。万一、沿岸で逮捕されたら、これで家に電報を打ち、帰宅の旅費にあてるつもりだ」

乗り込んだ〈マーメイド〉号は、長さ5.8mの木製ヨット。飲料水68リッター、米3斗（30升）、缶詰276個などを積み込んでの太平洋横断10,000km。1962年といえば、国産の量産ヨット第1号が産声をあげるにはまだ10年近く待たなければならないそんな時代の、太平洋の彼方《かなた》を夢見た、黎明期の航海記です。

リタイア後の気ままなクルージング旅行

『港を回れば日本が見える ヨットきらきら丸航海記』

岡 敬三
舵社（単行本）
1,575円

本書は、40歳からヨットを始めた著者が、静岡県沼津市の重《おも》須《す》を拠点に、〈きらきら丸〉（長さ10.3m）に乗り、各地に立ち寄りながらの航海の記録。駆け足で巡る急ぎ旅ではなく、退職後の気ままな一人旅。瀬戸内海と九州（2003年）を皮切りに、本州と北海道（2004年）、沖縄（2006年から2007年）まで足を延ばした5年の船旅です。その記録は、東京新聞出版局から出版（2009年）されたのち、補注を加えた改訂版が舵社から刊行（2013年1月）されました。

山形県の酒田に立ち寄った際の地元の温かい歓待ぶりに、旅情を感じさせます。

「酒田保安部からも電話があり、留守中に船に書類を置いてきたというので何事かと思ったら、酒田の観光地図やガイド、山形県から青森県までの定置網配置図一式、主要灯台の気象情報サイトの案内などが書類ばさみに挟んで置かれていた」

寄港地で出会った人々との交流をはじめ、クルージング旅行のすばらしさを生き生きと描きます。長距離航海に旅立つセーラーの参考ガイドになるだけでなく、船旅に夢をはせる紀行文としても楽しめます。

高校生のころの夢を26歳で達成

『七つの海を越えて 史上最年少ヨット単独無寄港世界一周』

白石康次郎
文春文庫 579円

船で海を渡るという高校生のころの夢を実現すべく、単独世界一周ヨットレースで優勝した故・多《た》田《だ》雄幸《ゆうこう》氏に弟子入りした著者。本書は、1993年10月3日に静岡県伊豆半島の松崎を出航し、翌1994年3月28日に帰還するまでの、177日間の船上生活を描いた航海記。二度の挫折を乗り越え、師匠の名を織り込んだ〈スピリット・オブ・ユーコー〉（長さ15.3m）に乗り込み、史上最年少（当時26歳）でのヨット単独無寄港世界一周を達成した際の記録です。

「吼《ほ》える四十度線」と呼ばれる南氷洋での場面。

「マストは完全に海の中に入り、デッキも半分以上は海の中だ。（中略）自分も何度か体験するだろうとも覚悟は決めていたが、聞くのと実際に体験するのとでは大違いである。本物はやはりド迫力だ」

著者はその後、単独世界一周レース「5オーシャンズ」（2006年）に日本人として初参戦し、クラス2位でゴールしたほか、フランスのカタマランヨットにクルーとして乗り込み（2008年）、太平洋横断最速記録を塗り替えるなど、海洋冒険家として活躍しています。

17 海と船の面白雑学

長い歴史のなかで、われわれの生活に深く関わってきた海と船。その成り立ち、由来、伝承、呼び名など、興味深いエピソードがいまも息づいています。

打ち寄せ方で異なる波の種類

海面の上下運動を繰り返す波は、発生場所や打ち寄せ方により、それぞれ名前が付けられています。

① 波浪

風によって生まれる波浪は、「風浪《ふうろう》」と「うねり」に分けられます。風浪は、その海域に吹く風がもたらす波のこと。波が進む速度よりも風が強くなると、波は風に押され、徐々に高さを増していきます。風がさらに強くなると、白波が立ち始め、しまいに崩れ落ちます。

一方、うねりは、遠く離れた海で発生した波浪が、周辺の風に関係なく打ち寄せる波のこと。風浪のようにとがった波ではなく、丸みを帯びながら、長い周期でゆっくり打ち寄せるのが特徴です。海底の影響を受けやすく、波打ち際で急激に大きくなることもあります。その代表が、夏の終わりに訪れる「土用波」。フィリピン南方で発生した台風による波浪が、はるか海上からゆっくりと、日本近海に打ち寄せてくるのです。

② 津波

「津波」は海底地震などによる地滑りによって引き起こされる、波長の長い高波。沖合を航行する船舶には大きな被害は及ぼしませんが、海岸に達したとき、陸地まで遡上する強大なエネルギーは、甚大な被害をもたらします。港や船着き場を意味する「津」を当てるのは、港をのみ込むほどの高さで押し寄せるからです。

海面上の動きにとどまる波浪に対し、海全体がうごめく津波は、一般的に複数回押し寄せ、1回目よりも2回目に押し寄せる波のほうが高くなる傾向があります。海岸近くを航行している際に津波情報を確認したら、最寄りの港に逃げ込み、高台に避難するのが鉄則です。

③ 高潮

波ではないものの、波と混同されやすい用語に、「高潮《たかしお》」があります。高潮は、発達した低気圧や台風の接近により、気圧による吸い上げ現象に加え、風の吹き込みが原因で、海面が通常よりも高く盛り上がる現象をいいます。気圧と海面の水圧の均衡が取れている1気圧（1,013ヘクトパスカル）に対し、気圧が1ヘクトパスカル下がるごとに、海面はおよそ1cm上昇するといわれています。例えば、中心気圧が970ヘクトパスカルの台風の場合、43cm前後上昇する計算になります。

風の名前いろいろ

風は、気圧の高いところから低いところへ吹きます。地域や季節などにより、いろいろな名前が付けられています。海でよく使われる風の名前を拾い出しました。

① 地域別

■ やませ

東北の太平洋側に吹く、夏の冷たい北風。「山背」と書きます。農作物に被害を与えます。

■ いなさ

関東など東日本で海から吹く、南東もしくは南西の強風。

■ ならい

東日本の沿岸部で吹く、冬の強風。

■ まじ

瀬戸内海などで吹く、南もしくは南西の風。「真風」と書きます。

② 季節別

■ 春一番

立春から春分の間に、その年に初めて吹く南寄りの強風。気温が上昇します。

■ しらはえ（しろはえ）

梅雨明けのころに吹く、南の風。「白南風」と書きます。

■ 野分き

秋に吹く強風や台風。野の草を吹き分ける風という意味です。

③ 地形別

■ だし

山（谷）から吹き出し、沖に向かう風。船出に適した風になります。

■ 貿易風

緯度30度付近にある亜熱帯高気圧帯から赤道に向けて吹く、定常的な偏東風。北半球では北東寄り（北東貿易風）、南半球では南東寄り（南東貿易風）に吹きます。

天気にまつわることわざ

自然現象などから天気を予想する観《かん》天望気《てんぼうき》は、各地に言い伝えられる天気のことわざ。当たるも八卦《はっけ》、当たらぬも八卦ですが、ちゃんとした科学的根拠が隠されています。

① 西の山が見えると晴れ

日本各地に伝わることわざです。気象衛星の雲の流れを示す画像を見ると、天気は西から東へ移動することが分かります。地上付近の風向と違い、上空には偏西風（暖かい空気と冷たい空気との境を流れる、西寄りの風）が吹いているため、低気圧に伴う雲も西から近づきます。西の山が見えるのは、低気圧が近づいていない証拠で、天気が安定するサインです。

② 煙突の煙が真っすぐ上ると晴れ

風は地上に近いほど弱く、地上から高いほど強く吹きます。一般に、高気圧は弱い風を、低気圧は強い風を運ぶ傾向にあるため、煙突の煙が真っすぐ上っていれば、高気圧に覆われ、安定した天気と判断できます。ただし、これは春から夏に限ります。冬は北西の季節風が吹く日が多いため、このことわざは、当てはまりません。

③ 笠雲が山にかかると雨

低気圧や前線が近づくと、上空の水蒸気が多くなり、高い山に笠雲がかかります。しだいに雲が大きくなり、やがて雨が降りだします。また、レンズ雲が山頂付近にかかると、風が強くなる前兆といわれています。富士山などでよく見られる現象です。

④ 飛行機雲が消えないと雨

一直線に延びる飛行機雲は、冷たく湿っている上空に発生します。低気圧が近づくと、水蒸気が多くなり、飛行機雲が消えにくいといわれています。「飛行機雲が長く延びると天気が崩れる」や「飛行機雲が広がると雨」も、同じ理屈です。逆に、「飛行機雲がすぐに消えると晴れ」ということわざも。これは、高気圧に覆われていて、上空の水蒸気が少ないための現象です。

自分の国の海はどこまで？

海とひと口に言っても、海岸線からの距離により、その国の主権が及ぶ範囲が異なります。領海、接続水域、排他的経済水域、公海の違い、分かります?

① 領海

国連海洋法条約により、沿岸国の基線（干潮時に海岸線に近づいた低潮線）から12海里（22.2km）の範囲が、その国の主権が及ぶ領海とされています。この水域では、自国の平和や秩序、安全を脅かさないことを条件に、公海と同様、外国船の航行を担保する「無害通航権」が認められています。

② 接続水域

領海の外縁から12海里の範囲にある水域。沿岸国は、自国の法律に基づいた通関、出入国管理など、法令違反の防止や処罰を目的とした措置を取ることができます。外国船が接続水域に無断で踏み込んでも、領海に侵入していない状況であれば、その対応は、予防的な措置にとどまります。

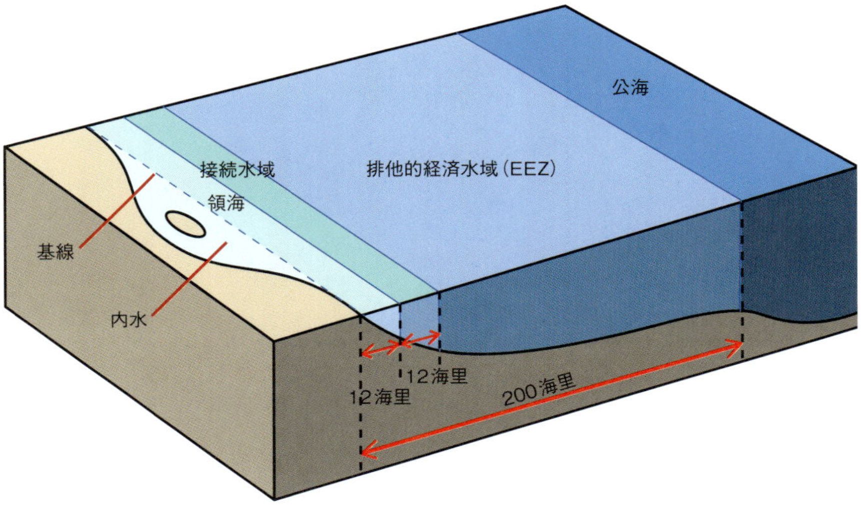

③ 排他的経済水域（EEZ）

国連海洋法条約に基づいた基線から200海里（370.4km）の範囲の水域。沿岸国は、この水域の内側にある水産資源や鉱物資源といった経済的資源を管理する権利や義務を有する一方、経済活動に伴う海洋汚染に対する責任を負います。排他的経済水域では、船舶の航行を規制したり、禁止したりすることはできません。沿岸国の権利と、船舶の航行自由の確保という二つの要請を実現したものといえます。ただし、漁業協定を結んだ両国が互いの排他的経済水域に侵入し、無断で漁業活動を行えば、協定違反になります。

④ 公海

特定の国の領海や排他的経済水域に含まれない、船舶の航行の自由が認められた水域。公海を航行する船舶には、自国の法律が適用されます。航海自由の原則として、航行のほか、漁業活動、調査活動などが認められています。

船の名前の付け方に決まりはあるの?

日本国籍の船の名前には、練習帆船の〈日本丸〉やタンカーの〈日章丸〉などのように、「丸」を付けることが多いようです。海外では、「マルシップ」として親しまれています。その由来は諸説ありますが、法律的には、明治時代に制定された「船舶法取扱手続」（2001年廃止）に、「船舶ノ名称ニハ成ルベク其ノ末尾ニ丸ノ字ヲ附セシムベシ」と書かれていました。現在の船舶法施行細則では、船首両舷と船尾に船名を表示すると定め、船名の付け方については特に言及していません。いまも丸を付ける船が多いのは、長い慣習からでしょうか。といっても、船舶の種類により、事情は異なります。

神奈川県横浜市の日本丸メモリアルパークに保存展示されている、練習帆船〈日本丸〉（初代）

官庁船は、独自の船名が習わしとなっています。海上自衛隊の護衛艦や潜水艦などは、〈むらさめ〉や〈くろしお〉、海上保安庁の巡視船や航路標識測定船などは、〈つがる〉や〈つしま〉、南極観測船は、〈ふじ〉や〈しらせ〉など（例外は、初代の〈宗谷〉）。いずれも丸を付けない、ひらがな表記です。その一方、〈凌風丸〉など、気象庁の海洋気象観測船は、丸を付けています。

大型クルーズ客船は、〈ふじ丸〉、〈にっぽん丸〉（商船三井客船）、〈ぱしふぃっくびいなす〉（日本クルーズ客船）、〈飛鳥II〉（郵船クルーズ）など、ひらがな、漢字、さまざま。

長距離フェリーは、〈さんふらわあ〉（三井商船フェリー）、〈らいらっく〉（新日本海フェリー）など、外来語をひらがなにするのが多いようです。カタカナ表記は、津軽海峡フェリーの〈ブルードルフィン〉などがあります。東京湾フェリーは、〈かなや丸〉や〈しらはま丸〉など、従来からの丸を踏襲しています。

参考までに書き加えると、旧日本海軍では、初期の運輸船を除き、〈大和〉や〈武蔵〉など、漢字表記に統一され、丸の付く戦艦はありません。このように見渡すと、丸を付けるのは、民間所有の船舶が多いようです。

容積を表すトン数、重量を表すトン数

船舶の大きさを表す単位のトンには、「容積」を示す総トン数と純トン数、「重量」を示す排水トン数と載貨重量トン数があります。その昔、酒樽をいくつ積めるかの目安として、トンが用いられました。樽をたたくと、「タン、タン」と音を発したことから、トンになったようです。船舶のトンには、重量のほか、容積を表す用法があるのが特徴です。

① 総トン数

船体主要部の囲まれた空間から導き出された広さに、係数を用いて算出された容積。クルーズ客船のほか、プレジャーボートなどの小型船舶に使われます。入港料などの算定基準や、船舶統計などに用いられます。ボートメーカーのカタログには、総トン数と完成重量（エンジンを含む船体の重量）を併記することがあります。ボート免許の区分などに用いる総トン数は、船舶の容積を示す指標で、重量を指すものではありません。

② 純トン数

総トン数から、機関室、船員室、倉庫などを除いた容積。旅客または貨物を運ぶために使われる広さです。客船や貨物船に使われます。

③ 排水トン数

船の排水量（水を押しのける量）を示す重量。船の水面下の体積と同容量の水は、船の重さと等しいというアルキメデスの原理を用いたトン数。積載による総トン数を考慮する必要のない軍艦などに使われます。海水の場合、比重1.025を乗じて、排水トン数を求めます。

④ 載貨重量トン数

その船舶にどれだけ貨物を積み込むことができるかを示す、最大積載の重量。貨物満載時の排水トン数から、貨物を搭載していない排水トン数を引いたトン数。載貨を目的とする貨物船やタンカーなどに使われます。

右のコンテナ船（全長144m）の場合、総トン数8,306トンに対し、10,298トンの載貨重量トン数がある

プレジャーボートの多い県と少ない県

プレジャーボートなどの検査を行っている日本小型船舶検査機構がまとめた在籍船統計（2012年度）をもとに、クルーザーヨットとモーターボートの多い県と少ない県を拾い出しました。さて、その結果は……。

① クルーザーヨット

クルーザーヨットの在籍船総数10,823隻のうち、1位は、神奈川県の2,015隻（18.6％）、2位は、兵庫県の1,042隻（9.6％）、3位は、静岡県の744隻（6.9％）、4位は、大阪府の727隻（6.7％）、5位は、愛知県の718隻（6.6％）。ヨットの歴史が長く、マリーナが充実している関東、中部、関西が上位に顔を並べています。上位5府県で、半数近くを占めています。

一方、少ない県は、栃木県、群馬県、埼玉県、奈良県のゼロを除き、岐阜県の2隻、山梨県の5隻、長野県の14隻、島根県の20隻、秋田県の25隻。島根県と秋田県を除き、海なし県で占められますが、人口的に見れば、もっと多くても不思議ありません。

② モーターボート

モーターボートの在籍船総数190,975隻のうち、1位は、広島県の13,610隻（7.1％）、2位は、愛媛県の9,340隻（4.9％）、3位は、長崎県の9,309隻（4.9％）、4位は、愛知県の9,040隻（4.7％）、5位は、岡山県の8,239隻（4.3％）。瀬戸内海など、西日本での普及が目立ちます。

一方、少ない県の1位は、栃木県の438隻、2位は、岩手県の591隻、3位は、長野県の662隻、4位は、山梨県の702隻、5位は、群馬県の711隻。海なし県が多いですが、県内の湖や近隣の海あり県に通い、ボートに乗っているようです。

クルーザーヨットとモーターボートの多い上位府県

クルーザーヨット			モーターボート		
順位	都道府県	在籍船数	順位	都道府県	在籍船数
1位	神奈川県	2,015隻	1位	広島県	13,610隻
2位	兵庫県	1,042隻	2位	愛媛県	9,340隻
3位	静岡県	744隻	3位	長崎県	9,309隻
4位	大阪府	727隻	4位	愛知県	9,040隻
5位	愛知県	718隻	5位	岡山県	8,239隻

干支から生まれた「面舵」と「取り舵」

「面舵《おもかじ》いっぱい!」。船の進行方向を変える際の掛け声として、馴《な》れ親しまれた言葉です。耳にしたことがあると思いますが、なぜ面舵なのでしょうか。これは、干支《えと》をコンパスの方位に用いていた時代、船のへさき（船首）を「子《ね》」（北）と定めたのが由来です。船の全周を時計回りに12等分すると、右舷が「卯《う》」（東）、左舷が「酉《とり》」（西）の方向になります。

これに従い、船首を右方向に切ることを「卯舵《うかじ》」、左に切ることを「酉舵《とりかじ》」と言い習わしてきました。その後、「酉舵」は、「取り舵」に、「卯舵」は、「うむかじ」、「おもかじ」に変化していったようです。つまり、「面舵いっぱい!」とは、「舵を右いっぱいに切れ!」という意味になります。

現在では、船首方向を時計の12時に見立て、周囲の状況や位置を知らせる際に、「3時方向に定置網!」などの表現に様変わりし、プレジャーボートなどで日常的に使われています。3時方向を干支に置き換えると、卯になります。

ちなみに、北極と南極を結ぶ子午線《しごせん》も、干支から生まれた言葉。子（北）と午（南）を結ぶと、確かに子午線になりますね。

また、「ヨーソロー」という操舵号令も使われました。これは、「宜候」（よろしくそうろう）と書き表され、「そのままでよろしい」の意味から、「船をそのまま真っ直ぐ進めて問題なし」の掛け声になりました。ベテランのオールドソルトが操るクルーザーヨットでは、いまも「ヨーソロー」を使うことがあります。英語では、Steady!（安定、固定の意）と言いますが、「ヨーソロー」のほうが、豊かな味わいがありますね。

どれも船の長さを表す用語

船の長さを示す指標には、「全長」、「水線長」、「登録長」があり、用途により、使い分けています。

① 全長

船首先端から船尾後端までの全体の長さ。ボートメーカーのカタログなどに使われる長さです。LOA（length overall）ともいいます。

② 水線長

水に接する吃水線での船体の前後の長さ。プレジャーボートの場合、水面に浮かべた状態での長さを指します。船舶の性能を左右する有効長さといえるでしょう。LWL（waterline length）ともいいます。

③ 登録長

舵を備えている船内機の場合（下のイラスト参照）、船首から舵軸（舵板を固定する支柱）までの長さを指します。舵を備えていない船外機や船内外機の場合は、船首部材から船尾後端までの長さの90%の長さを指します。舵の位置の違いによる、船舶ならではの長さ表記といえます。プレジャーボートなど、日本小型船舶検査機構が発行する検査手帳に記載される長さは、登録長が用いられています。RL（registered length）ともいいます。

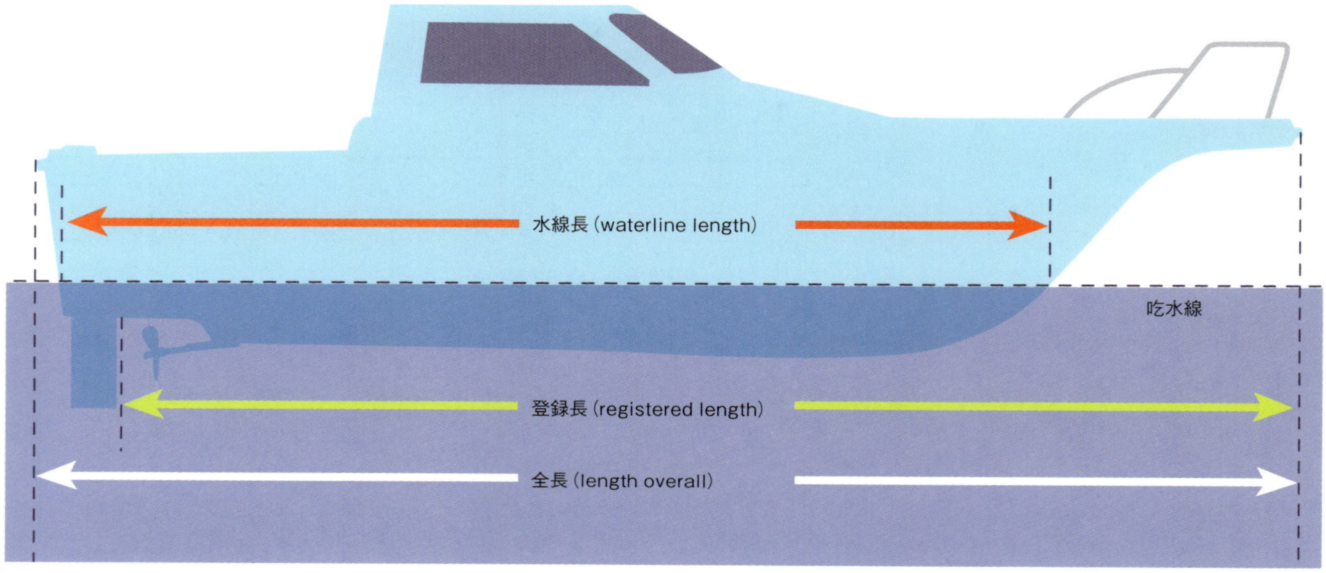

水線長（waterline length）
吃水線
登録長（registered length）
全長（length overall）

ボートとクルマの共通点と相違点

ボートに興味を持つと、身近なクルマと比較してみたくなります。そんな疑問に答えられるかどうか分かりませんが、おおまかな比較を行いました。

まずは共通点。全長8.4mのフィッシングボートと、同じく4.7mのワンボックスタイプのミニバンを比較すると、搭載エンジンは、ともに150馬力前後。定員は8人と7人。完成重量は1,500kg前後。馬力、搭載人員、重量は、ほぼ同じです。

一方、相違点は、同馬力のエンジンながら、燃料タンク容量は、クルマが60リッターに対し、ボートは200リッター。ボートがクルマの3倍以上の燃料タンクを備える理由は、波や風の影響をつねに受けながらの前後左右の揺れに加え、推進に伴うさまざまな抵抗が大きく、それだけ燃料が必要になるからです。

タイヤの4点で支えるクルマに比べ、船底全体が海面に接し、向かい風や向かい波のなかを走るボートは、大きな摩擦抵抗や造波抵抗を伴います。静的な道路と動的な海面とでは、燃費にも違いが出ます。150馬力の船外機の場合、リッター当たりの航行距離は3kmほど。自動車の12kmに比べ、燃費がかなり落ちるのは、そのような理由からです。

一般的なフィッシングボートと国産車の比較

比較項目	ボート（国産）	普通自動車（国産）
タイプ	フィッシングタイプ	ミニバン（ワンボックス）
全長	8.4m	4.7m
搭載人員（定員）	8人	7人
搭載エンジン	150馬力（船外機） 排気量2,670cc	160馬力 排気量2,362cc
燃料タンク容量	200リッター	60リッター
燃費	3km／リッター	12km／リッター
完成重量	1,600kg	1,500kg

意外に多い、船舶と飛行機の共通名称

乗客が乗り降りするのは、船舶と飛行機のどちらも、船首（機首）に向かって左側が原則――船舶と飛行機の搭乗口は通常、左側に設けられています。そして、どちらも左側を、ポートと呼ぶのが習わし。右舷に舵が付いていた古代の船は、大切な舵を傷めないよう、左舷で着岸したのが、その由来です。海と空の違いはありますが、飛行機も船舶に由来する名称を多く受け継いでいます（航空業界では、飛行機それ自体をシップと呼ぶことも珍しくありません）。

このように、船舶と飛行機には、共通する名称が目につきます。例えば、進行方向を示す灯火の色も、右側は緑灯（飛行機の場合、翼端に設置された灯火）、左側は赤灯というのが、海と空での国際的なルールです。また、船舶や飛行機に搭乗することをボーディングといいますが、これは、board（船内）に由来します。このほかにも、共通名称はいろいろあります。

船舶と飛行機との両方で用いられる用語

用語	船舶での用法	飛行機での用法
コクピット	操舵席	操縦席
キャノピー	操舵席を覆う、折り畳み式の風防。雨や日差しを遮る	操縦席を覆う、ガラスの風防
キャビン	船室	客室
キッチン（厨房）	ギャレー	ギャレー
運航責任者	キャプテン、パイロット（船長）	キャプテン、パイロット（機長）
乗員	クルー	クルー
搭乗	ボーディング	ボーディング
巡航速度	クルージングスピード	クルージングスピード
右側、左側	スターボード（右舷）、ポート（左舷）	スターボード（右側）、ポート（左側）
灯火の色	右舷（緑灯）、左舷（赤灯）	右側（緑灯）、左側（赤灯）
ラダー	舵板（船底後部に付いた、船体の向きを変える可動部）	方向舵（垂直尾翼後部に付いた、機体の向きを変える可動部）
バルクヘッド	船体の内部を仕切る隔壁	機体の内部を仕切る隔壁

河川と運河の違いって？

河川と運河は、どちらも河の字を使っていますが、その成り立ちと目的が違います。

河川は、自然発生的に生まれた水の流れで、重力によって低い土地に流れるもの。国土交通省が管理する一級河川、都道府県が管理する二級河川、一級河川や二級河川に指定された区間以外で、市町村が管理する準用河川があります。このほか、河川法の適用を受けない河川として、市町村が必要に応じて条例に定め、管理する普通河川があります。

一方、運河は、船を通すために人工的に掘削された水路です。代表的な運河は、仙台藩の伊達正宗が開削し、明治政府に引き継がれた貞山《ていざん》運河（宮城県の旧北上川河口から松島湾を経て、福島県の阿武《あぶ》隈川《くまがわ》河口までの日本最長の運河）、観光クルーズ船が就航している富岩《ふがん》運河（富山県富山市）、利根川と江戸川を結ぶ利根運河（千葉県柏市、流山市、野田市）などが有名。いずれも物資を船で輸送するために掘られた水路です。

東京都の荒川と旧中川との水位差を調節するために設置されている「荒川ロックゲート」

時代をさらにさかのぼると、瀬戸内海の安芸灘に張り出した倉橋島を迂回《うかい》せずに、岸沿いをショートカットする航路として、平清盛が開削した音戸《おんど》ノ瀬戸（広島県呉市音戸町）や、東西の海域に軍艦を通すために旧日本海軍が開削した万関《まんぜき》瀬戸（長崎県対馬市）など、歴史的価値のある運河がいまも残されています。

また、高低差のある河川を結び、船舶を通す場合は、独自の工夫を取り入れています。高低差があると、遡航できないため、閘《こう》門《もん》（水面を昇降させる装置）を設置し、水面の高さを調節することで、船舶の航行を可能にしています。2005年に完成した、荒川と旧中川とを結ぶ荒川ロックゲート（東京都江戸川区）もその一つ。災害時の水上交通の役割を担っていますが、ふだんはプレジャーボートも自由に往来できます。二つのロックゲート（閘門）を開閉し、高さの異なる河川の水位を調節する仕組みを、間近に見ることができます。通航料は無料です。

18 先輩オーナーのボートライフ拝見

ボートの楽しみ方はさまざまですが、実際にボートに乗っているオーナーを訪ね、
釣りやクルージングなど、ボートを活用した遊びのスタイルについて、話を聞きました。

小型ボートを軽自動車に積んで、全国釣り行脚

平塚を拠点に、各地に遠征 海に面した都道府県を制覇

釣りの醍醐味は、なんといっても、自分のボートに乗って、お目当ての魚を求め、自由に行動できるマイボートフィッシングになるでしょう。乗り物としての魅力に加え、釣り具の一つとして、ボートを積極的に活用する愛好者が増えています。

横浜市内に住む小野信昭さんも、その一人。精密機器メーカーに勤める小野さんは、パーフェクター 13（長さ3.8m、定員3人）という小型ボートを、軽自動車に積み込み、各地のゲレンデに通う、ボート釣りの第一人者です。釣り雑誌にコラムを連載するほか、釣り具メーカーのフィールドテスターとしても活躍。2012年5月、念願の、海に面した都道府県すべてを制覇し、次なる目標を模索中です。

「ボート釣りは、総合力が問われる釣り。技術だけでなく、ポイントの選び方や操船のコツなど、楽しむプロセスが多く、結果に結び付いたときの達成感は大きいですね。小型ボートは、水面までの距離が近く、水に親しみやすいのも魅力です」

ボートを積み込む愛用の軽自動車には、船外機（8馬力）や釣り具が隙間なく詰め込まれ、ホームゲレンデの平塚漁港フィッシャリーナ（神奈川県平塚市）をはじめ、館山湾（千葉県館山市）など、出航回数は年間80回ほど。平塚フィッシャリーナミニボートクラブの会長を務める小野さんは、釣りのかたわら、小型ボートの普及と安全活動にも力を入れています。

週末になると、カートップやトレーラーに載せた小型ボートでにぎわう平塚漁港フィッシャリーナは、神奈川県内では数少ない、プレジャーボートが利用できる漁港施設。「ひらつか海の駅」に登録され、年間2,000隻前後のビジターが訪れる人気ゲレンデです。地元の漁協と良好な関係を築くには、ユーザーの組織化が必要と思い、有志とともに2001年7月、平塚フィッシャリーナミニボートクラブを設立。「安全第一での行動」、「旗の掲揚」、「港内での最徐行」、「定置網に係留する釣りの禁止」などの自主ルールを取り決め、クラブのホームページ（http://homepage2.nifty.com/hifimbc/ahifi0000.htm）に掲載しました。その効果もあって、会員以外の利用者も、ルールを守りながら、思い思いのボート釣りを楽しんでいます。このようにして、利用者が互いに気持ちよく使える環境が整えられました。

会員は現在、70人ほど。クラブの名前に「ミニボート」が付けられていますが、小野さんを含め、会員が所有するボートは、ボート免許と船舶検査が必要な、長さ3m以上の小型ボートが主流です。

出航回数の多さを物語る、日焼けした小野信昭さん

上：軽自動車のルーフキャリアに積み込んだ、小野さんの〈友恵丸〉
右：釣り具が詰め込まれたクルマの後部。船外機も収納されている

船外機やスパンカー（船尾の小さな帆）を取り付け、出航準備完了

小野さんがYouTubeに投稿した、「葉山新港・可搬型ボートでの利用手引き（前編）」

1日遊んで燃料代は1,000円 このサイズだから乗り続ける

東京生まれの小野さんがボート釣りを始めたのは、小学4年のとき。新潟県の佐渡市に住む祖父の和船で、海釣りを体験したのをきっかけに、中学時代は、神奈川県の三浦半島で手漕ぎの貸しボートに乗るなどの釣り少年。その後も釣りを続け、会社に勤めるようになってから、ボート免許を取り、船外機付きのインフレータブルボート（ゴムボート）に乗り始めました。釣りに出掛ける回数が増えたのを機に、本格的な小型釣りボートのパーフェクター13を購入。艇名は、奥さまとお嬢さんの名前を1字ずつ織り込み、〈友恵丸〉と命名。現在2隻目の所有艇も、同じモデルを選びました。

取材当日も、平塚沖で、旬のシロギスに挑戦。「ボート釣りは、シロギスに始まり、シロギスに終わるといわれています。テクニックが左右するので、ビギナーズラックが少ない魚なんです」。わずかな時間に釣り上げた6尾のキスは、その日の夕食のおかずに加わったそうです。

「ボートというと、買い替える際に、長さをステップアップすると思われがちですが、このサイズだからこそ、乗り続ける人がけっこう多い。一日遊んで、燃料代は1,000円程度。初期投資の少ない小型ボートは、購入しやすい半面、三日坊主で終わるケースも。出航前の準備、帰港後の後片付けなど、自分ですべてやるのが基本です。購入する際は、販売店へ行く前に、ボート釣りをしている人に話を聞くのも参考になるでしょう」と、アドバイスしてくれました。

ミニボートなどの小型ボートは、マリーナや漁港のスロープ（斜路）から出航するケースが一般的ですが、ボートを上げ下ろしできるところは限られているのが現状。小野さん自身のホームページ「気ままな海のボート釣り」（http://homepage3.nifty.com/miniboat/）には、釣行レポートなどのほか、平塚漁港フィッシャリーナや葉山新港（神奈川県葉山町）、船形漁港（千葉県館山市）の利用方法が紹介されています。葉山新港については、「葉山新港・可搬型ボートでの利用手引き（前編、後編）」と題した動画を、YouTubeに投稿し、管理事務所での手続き、スロープからの出航、帰港までの手順がわかりやすくまとめられ、見ごたえある出来栄えです。

ボートメーカー団体の一般社団法人 日本マリン事業協会のホームページ（http://www.marine-jbia.or.jp/）にも、ミニボートが利用できるマリーナが掲載されているので、あわせて参考になるでしょう。

ビギナーだけでなく、エキスパートまで幅広く楽しめる小型ボートは、その大きさを超えた、奥の深い船遊びが味わえそうです。

小型とはいえ、釣りスペースが確保されているパーフェクター13

取材当日、最初に釣り上げた、体長25cmほどの型のいいシロギス

レストアボートで、都内の川を気ままに周遊

40年前に発売されたボートに手を加えながら、川を楽しむ

川をゆったりめぐるクルージングは、海とは一味違う楽しみ方を堪能できる、ボート遊びの一つです。ふだん見慣れた街の風景が、まったく違う印象に映ることさえあります。その魅力に惚れ込んだのが、東京都内に住む杉山幹治さん。

もともとヨットに乗っていましたが、ひょんなことから知人のボートを購入したのが縁で、ボートの世界に入りました。そのボートは、ヤマハ発動機が1970年代に発売した、STR-19SF（長さ5.78m、定員6人）という、操舵席を船の中央部に配した、センターコンソールと呼ばれるタイプ。オープン仕様のデザインで、当時の人気モデルです。

レストアされたヤマハSTR-19SF。木工を施し、味わいある雰囲気に生まれ変わった

発売後、すでに40年たちますが、前オーナーが大切に乗っていたのを受け継ぎ、手間を惜しまず、みごとにレストア（修復）されました。建築関係の職人である杉山さんが手を加えたところは、船外機（150馬力）を新調したほか、1人掛けのドライバー席を、長いベンチシートに交換し、雨や日差しを遮る、折りたたみ式のビミニトップを取り付け、フロア全体に、防水処理を施したカーペットを敷き詰めました。

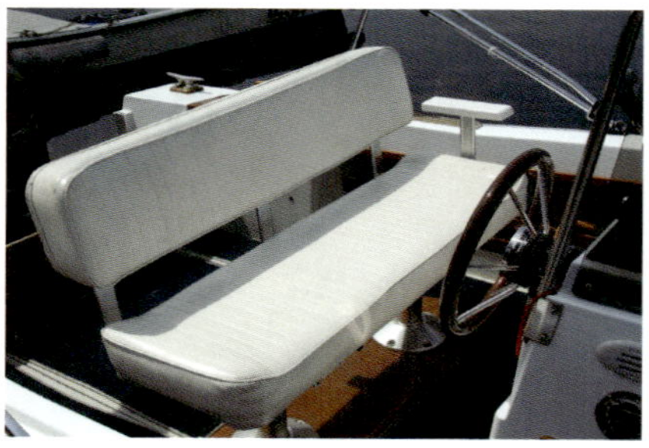
自ら備え付けた、アメリカのマリン用品会社から個人輸入したベンチシート

フロアのカーペットは、寸法に合わせて裁断し、裏側に防水処理を施した自信作

操舵席などには木工を施し、味わいある雰囲気を醸し出しています。聞けば、ニスを20回ほど塗り重ねたそうです。どうりでピカピカなはず。艇名は、前のオーナー時代の〈Essa〉（エッサ）を引き継ぎました。

都内の川を知り尽くした、杉山幹治さん

「実を言うと、ボートは好きじゃなかった。でも、乗りだしたら、これがけっこう面白い。ボートの整備がてら、マリーナ近くの荒川を走っていたら、怖いもの見たさで、どこまでボートで行けるか、そんな冒険心に駆られ、気がついたら、川遊びにどっぷり。乗り始めのころは、閘門（水位の異なる河川や運河に船を通すため、水量を調整する水門の一種）を通っていいのか、わからなかった」

荒川での冒険をきっかけに、隅田川、神田川、日本橋川など、都内を流れる川をくまなく走破し、ときには、都の境を越えて、埼玉県にまで足を延ばすことも。

ニスの光沢が映える操舵席。マホガニーのハンドルを取り付ける凝りよう

「クルマで橋を渡っても、すぐに通り過ぎてしまうけど、ボートに乗っていると、橋にはさまざまなデザインがあることに気付き、見るだけでも面白い。でも、走るだけじゃつまらないから、川沿いの店を探し、食事するのが楽しみ」

東西南北に流れる、都内の川の水深を丹念に調べながら、ドライブ感覚でボートを操る杉山さん、上陸する際の船着き

東京湾マリーナを出航する、杉山さんの〈Essa〉

場が少ないのが悩みのタネ。ボートを川べりに勝手に留めれば、文句が出かねません。そんなトラブルを避けるため、初めて踏み入れるときは、オートバイで下見し、立ち寄れそうな店を見つけると、ボートを川に置いて構わないか、店に確認。工事が行われていれば、ボートで通れるか、現場担当者に尋ねるなど、川遊びを安全に楽しむための周到な準備は怠りません。

荒川ロックゲートをくぐり抜けると、旧中川につながり、親水歩道が両岸を彩る

北十間川を突き進み、東京スカイツリーのほぼ真下に到着。首が痛くなるほどの高さです

東京の新名所としてにぎわう スカイツリーを川面から仰ぐ

取材当日は、願ってもないクルージング日和。杉山さんのボートが係留されている東京湾マリーナ（東京都江東区）を出航し、荒川をさかのぼり、荒川ロックゲート（閘門）をくぐり抜け、旧中川から北十間川に入り、開業直後のにぎわいを見せる、東京スカイツリー（墨田区）を仰ぎ見る距離にまでアプローチ。スカイツリーを間近に見物できる裏ルートです。

ところが、前方を見ると、工事に使われる台船が、川幅いっぱいに作業中。ここは引き返す場面かなと思っていたら、杉山さんの冒険心に火がついてしまいました。「大丈夫、大丈夫」と顔をほころばせながら、台船と護岸とのわずかな隙間にボートを押し込み、鼻先の作業員に何度も頭を下げつつ、なんとか切り抜け、スカイツリーのほぼ真下に到着。残念ながら上陸はかなわず、川べりの観光客に手を振りながら、Uターン。途中から横十間川に入り、小名木川を抜け、隅田川を下り、豊洲運河を回り、マリーナに戻りました。

勝手知ったる川を、わが庭のように自在に走り、あっという間の2時間。高層ビルと下町風情が隣り合う、川から眺める都心の景色は、捨てたもんじゃありません。

「川で遊ぶなら、小さいボートがいい。キャビンのあるボートだと低い橋をくぐれないでしょ。浅瀬もあるから、プロペラを上げられる船外機が使いやすい」と、アドバイスしてくれました。

毎週末のようにボートに乗る杉山さんは、友人を誘うことも多い。「1時間乗るだけでも楽しめるから、コミュニケーションを深めるにはもってこい。酒を飲むだけがコミュニケーションじゃない」と、意外な効用も飛び出しました。

ところで、ボートの維持費はどのくらいかかるのか、気になります。マリーナ保管料は、年間50万円。燃料代は、1日2時間半ほど乗ると、50リッター前後消費するので、月に4万円ほど。お金をかけずにボートを楽しむ方法を尋ねたところ、「中古艇なら、少し高くてもエンジンは新しいのがおすすめ。故障しやすい状態のエンジンだと、あとあとの修理代がかさみ、結果的に高い買い物になってしまう。あとは、マリーナの仲間と仲良くなると部品などを譲ってくれます。走って楽しい、風景を眺めて楽しい、いじって楽しい、これがボートの魅力かな」。

サービス精神旺盛な杉山さんの人柄が買われ、人が足を踏み入れない、都心の知られざる穴場を紹介するテレビ番組の下調べを依頼され、洪水対策に掘削された、神田川分水路と呼ばれるトンネルのような暗渠を探検したことも。川があると、ボートで深く潜入したくなる性分は、いまも健在です。

杉山さんの冒険に富んだ川遊びは、まだしばらく続きそうです。

家族で楽しむ、釣りやクルージングの休日

ボートに理解を示す奥さま 自分もボート免許を取得

ボート遊びというと、お父さんの趣味と見られがちですが、家族で楽しむ、そんなスタイルもあります。埼玉県上尾市内に住む嶋田さん一家は、ご主人の博樹さんの釣り好きが高じて、10年ほど前に、21ftのボートを購入。その後、現在2隻目のストライパー 2101（長さ6.55m、定員８人）というアメリカ製のボートを中古で買い求め、奥さまの静子さん、長女の加奈子ちゃん、長男の哲也くんの４人で、釣りに、クルージングに、アットホームなボートライフを楽しんでいます。

奥右から、嶋田博樹さん、静子さん。手前右から、加奈子ちゃん、加奈子ちゃんと同級生の天沼瑞葉（みずは）ちゃん、哲也くん

「ブラックバス（淡水魚）を釣っていて、海にはもっと大きなシーバス（スズキ）がいると聞き、シーバス釣りを始めました。船があれば、自由に移動できるので、ボートを買うことに。最初のボートは、東京の新中川（江戸川区）の暫定係留施設に保管しましたが、水や駐車場がないので、1年ほどで、東京夢の島マリーナ（江東区）に移り、そのあと、ストライパーに乗り換えたんです」。建設会社に勤める博樹さんは、ボート購入のいきさつを、このように切り出しました。

ストライパー 2101は、おとな二人が横になれるキャビンが用意され、釣りはもちろん、クルージングも楽しめるスポーツボート。200馬力の船外機を搭載しています。

「子供をボートに乗せたのは、加奈子が幼稚園の年長組、哲也が年少組のころ。二人とも、嫌がらずに乗り続け、釣りなどに行っています。心強いクルーですよ」と、目を細めます。「自分で経験して覚えろ、というタイプ。私にも、子供にも」。ご主人の性格を、静子さんがこっそり教えてくれました。

なるほど。そんな環境で育ったお子さんは、ボートをどのように感じ取っているのか、興味をそそられます。

「景色を見るだけでも楽しい。木更津でアナゴ丼を食べたり、初島でイカを食べたり、おいしいものが食べられる」と、中学2年の加奈子ちゃん。「20ノットくらいで走っているときは大丈夫だけど、ボートを止めて、魚が釣れないときは、少し酔いやすいかな」と、小学6年の哲也くん。おとな顔負けの返答に、いままでの経験がにじみ出ていますね。

ところで、ボートを購入する際の、静子さんの反応は?「どこに遊びに行けるの?と聞かれたので、船があれば、魚がいっぱい釣れるよ」というような会話の末、“商談”成立。学生のころに取ったボート免許が、ようやく日の目を見ることに。

博樹さんが釣りを始めたのは、静子さ

ストライパー 2101。艇名の〈Regulus〉（レグルス）は、獅子座の１等星の名前。獅子座生まれの博樹さんが命名

操舵席。ハンドル右上のGPSプロッター（航跡を示す航海機器）などは、前オーナーが取り付けたものを使い続けている

静子さんがハンドルを握り、笑顔がこぼれる嶋田さん一家。家族４人が仲良く過ごす海の休日

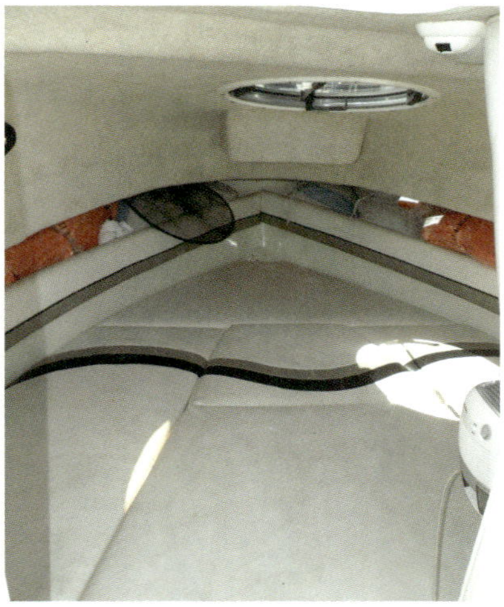

船首のキャビン。おとな二人が横になれるスペースが用意されている。天井の丸いハッチから日が差し込む、明るい空間

2012年２月開通した、東京ゲートブリッジ。東京港の中央防波堤外側埋立地と若洲（東京都江東区）とを結ぶ、全長2.6kmのトラス橋

んと結婚前に付き合っていたころ。静子さんの兄弟が釣りをしていたので、共通の話題に潜り込もうと、釣り具をそろえたというエピソードも。そんな博樹さんのいじらしさを思い出した静子さんは、ボート購入にOKを出した、そんな情景を勝手に想像してしまいます。

　その静子さんも、ボート免許を取得。ボートショーへ行ったとき、釣り仲間といっしょに免許を取ろうと、話が急展開でまとまり、ご主人の手ほどきもあり、試験にみごと合格。

「自分で操船すると、まっすぐ進んでいるつもりでも、波や風の影響でコースがずれていたりして、けっこう難しいですね。前方の船を避けるため、どのくらいの速度で、どこを走るか、そんなことも、免許を取ってから、わかるようになりました」

子供たちはたくましく成長し、全員がボート免許を持つ日も

「休日は家にいない。家にいたら休みにならない」というエネルギッシュな博樹さんは、休日の多くを、海で過ごします。「マリーナに行けば、仲間の誰かと顔を合わせるので、自分のボートに乗らなくても、ほかのボートで遊べる。一人でボートに乗っても、長続きしませんね。仲間がいてこそ、楽しさがふくらみます」

　ウェイクボードを体験したのも、そんなつながりから。水上オートバイを持つ友人のすすめで始めましたが、その友人は、加奈子ちゃんと哲也くんも誘ったそうです。二人とも、スキーで鍛えたバランス感覚を生かし、数回の挑戦で、不安定なボードに立つことに成功。「自分がいちばんうまい」と胸を張る博樹さんですが、お子さんに追い抜かれる日も、そう遠くはなさそうです。

「ボートは金持ちの遊びと思われがちですが、サラリーマンでも楽しめますよ」と博樹さん。「子供なりに、見よう見まねで、海やボートのことをからだで覚え、たくましく育っています」と静子さん。ボートを楽しむ環境を大切にする気持ちが伝わってきます。

　そんな博樹さんに、ボートの維持費を尋ねたところ、マリーナ保管料が年間60万円、燃料代が月に2万円ほど。船底塗装の塗り替えを1年に1回行いますが、自分たちで作業するので、塗料代程度で済むそうです。

　博樹さんの釣りは、ボート購入後、さらに熱が入り、真冬もためらいません。「メバルやカサゴねらいで、横浜へ夜釣りに出掛け、夜中にマリーナへ戻りますが、もう寒くて寒くて。そのあと、立ち食いそばでからだを温めると、小さな幸せを感じます」と、にっこり。

　夏は、恒例の富浦海岸（千葉県南房総市）に、泊まりがけの海水浴クルージング。もちろん、家族4人で。「16歳からボート免許が取れるので、早く取りたい」と加奈子ちゃんが言えば、哲也くんも、「ぼくも」と。近い将来、家族全員がボート免許を持つ嶋田さん一家が誕生しそうです。博樹さんの楽しみがまた一つ増えました。

着岸を控え、もやいロープを準備する哲也くん。バウデッキに立つ姿勢も決まり、将来が楽しみです

19

先輩オーナーのヨットライフ拝見

ヨットといっても艇種は幅広く、遊び方もさまざま。レースやクルージングを楽しむ３人のオーナーを訪ね、セーリングの醍醐味について、話を聞きました。

独身時代に熱中したレースを、結婚後も家族で楽しむ

海中で遭遇したヨットに感動、出場したレースは 100 余り

ヨットに乗り始めるきっかけは、人さまざまですが、偶然の出合い、というのが意外に多いものです。千葉県在住の野口清隆さんも、それに当てはまるでしょう。公務員として沖縄に転勤した際、ダイビング中に、クジラのヒレのような物体が水面を横切ったその瞬間の感動がなければ、おそらくヨットとは無縁だったかもしれません。

実はこれ、クルーザーヨットの船底に突き出たキール（帆走中の横流れを防ぎ、船体の傾きを抑制するおもり）でした。ダイビングの折にボートでポイントに移動することから、船を身近に感じていた野口さんは、「乗るんだったら、ヨット。仕事が自動車関係なので、エンジン音のないヨットは、ストレスを感じない」と、海中で垣間見たヨットに、思いを募らせました。25歳のときです。

横浜勤務に戻った野口さんは早速、ボート免許を取り、次に、ディンギースクールで操船技術を身につけ、夢に向かって一歩前進。最初に購入した23ftのヨットは、東京夢の島マリーナ（東京都江東区）に保管し、友人をクルーに腕を磨きました。

「2隻目に乗り換えてから、レースに出るようになりましたが、DNF（タイムリミットまでにフィニッシュできず、着順が付かない状態）ばかり。所属する東京ヨットクラブ主催の保田レース（千葉県の保田漁港沖から、東京ディズニーシー沖までのコース）に出て、たまたま優勝したんです」

この優勝を機にレースにはまり、その後もヨットを乗り換えながら、4隻目となるヤマハ26 II EX（長さ7.99m、定員8人）の〈アルカディア〉を、夢の島マリーナから横浜ベイサイドマリーナ（横浜市金沢区）に移し、レース活動を続けています。

「いままで出たレースの数ですか？ 毎月の定例レースに出ているので、100くらい」。そのうち優勝5回は、立派な成績です。「風一つ、波一つ、同じじゃない。おとながはまるのが分かりますね」と、レースの魅力を語ります。

ヨットレースというと、マニアックな愛好者が集まり、ハードな練習の末にようやく出場できるという印象を持ちやすいですが、野口さんが優勝したことのある、横浜

野口清隆さん、真由美さん、琥誇くん

横浜ベイサイドマリーナに保管されている〈アルカディア〉（ヤマハ26 II EX）。レースだけでなく、クルージングも楽しめるタイプ

操舵席周辺。メインセールを調節するメインシート（中央の赤いロープ）は、細かい調節ができるレース仕様

広々としたキャビン。週末など、家族で寝泊まりすることもあるそうです

ベイサイドマリーナのスクラッチレースのように、レーティング（ヨットの性能に応じて課せられるハンディ）の近い艇種をいくつかのグループに分けて行われる大会は、比較的ゆるいルールで運営されるため、初心者も参加しやすいのが特徴です。仲間と競い合いながら、技術とコミュニケーションを高める、そんな和らいだ雰囲気で開かれています。

結婚後は、レースに加え、家族でのヨット遊びも楽しむ

このように、レースを楽しむ野口さんですが、奥さまの真由美さんと付き合っていたころ、ヨットの話を切り出すのをためらったそうです。また、どうして?

「これから結婚するのに、金のかかるヨットを持っていると分かれば、やめてと言われるじゃないかと」。しかし、いつまでも話さないわけにはいきません。「一生続けたい趣味なんだ」。意を決し、包み隠さず告白したところ、「私も乗るからいいわ」とあっさり承諾。反対されたら、ヨットを手放す覚悟だった野口さんは、真由美さんの寛大な計らいに、どんな表情を浮かべたのでしょうか。

真由美さんは、その言葉どおり、ごく自然にクルーに加わりました。長男の琥誇くんがおなかにいたとき、レース参戦した経験もあるようですから、度胸は据わっています。生後2カ月でヨットデビューした琥誇くんも、保田漁港までのクルージングに同乗したり、ベイサイドマリーナのレースに参加したり。もちろん、真由美さんも一緒です。

「50歳になったら、リタイアし、ヨットで各地を回りたいと思っていたけど、結婚し、子供が生まれたので、いずれ家族で行きたい」。独身時代のリタイア計画を引っ込め、家族が同じ体験を共有するヨット遊びに大きく舵を切り、週末を楽しく迎えています。

桟橋につないだままの休日には、デッキでのランチに腕を振るう真由美さんですが、「乗っているばかりでなく、自分も操船したい」と思い立ち、クルーザースクールに入る予定とか。子育てに追われながらも、やる気十分です。

ところで、出場したいレースは? パールレースあたりか。「メルボルン～大阪ダブルハンドヨットレースに、二人で出てみたい。夢は大きいほうがいい」。国内ではなく、海外ですか。「初めて聞いたわ」。真由美さんのまんざらでもない口ぶりに、阿吽《あうん》の呼吸が伝わってきます。

オーストラリアのメルボルンをスタートし、姉妹都市の大阪を目指す、2人乗りの太平洋縦断レースは、一時中断後、幸いにも復活しました。そうなると、近い将来、エントリーリストに、「野口清隆、真由美」の名前が見つかるかもしれませんね。

真由美さんの理解があってこそ、ヨットに乗り続けることができるのでしょう。よかったですね、あのとき、正直に告白して。

横浜ベイサイドマリーナのスクラッチレースで、風上マークを回る〈アルカディア〉（左）

舵を握る野口さん（左端）。3人のクルーは、気の合う長年の友人です

リタイアを機に、念願の日本一周航海を実現

アイデア生活用品を搭載し、5カ月にわたる航海に船出

ヨットでのクルージングというと、休日の日帰りが一般的。もっと遠くへ、泊まりがけで行きたいと思っているセーラーは多いと思いますが、時間の制約があり、おいそれとは実現しません。長い航海になると、頭を悩まします。そうなると、クルージングの究極ともいえる日本一周は、時間の融通が利く、リタイア世代が中心になります。定年まできっちり勤め上げ、日本一周に旅立つシニアセーラーが増えているのも、そんな事情からでしょう。

愛艇〈カムイ〉（カタリナ30）で、北海道を除く（函館のみ寄港）日本一周を実現させた内藤祐三さんも、その一人。ガス関連会社のサラリーマンだった内藤さんが、日本一周を思い描くようになったのは、4隻目となるカタリナ30を購入した50代。

「55歳で辞めたかったけど、会社が辞めさせてくれず、結局60歳まで勤めました。日本一周の計画を家内に話したら、危ないからと反対された。それで、日本一周を経験しているヨットの先輩を誘い、二人で行くことになり、家内も送り出してくれたんです」

あこがれとして、日本一周の夢を持つ人は少なくありませんが、実行に移すには、強い気持ちがなければ、挫折しかねません。「子供のころから海が好きで、日本一周なら長く海にいられるから」。生まれも育ちも東京の内藤さんにとって、大それた気持ちはなく、ちょっと日本一周、そんな気軽さがあったようです。

長さ8.87mのカタリナ30（定員12人）は、アメリカ製のクルージングヨットで、長い航海を過ごせる生活空間を備えています。出航に先立ち、内藤さんは、キャビン入り口にドジャー（しぶきよけ）を取り付けましたが、寸法を測り、材料を買い集め、自らこしらえました。「業者に頼むと高いから」。裁断した布のミシン掛けまで? 器用ですね。「ミシンは初めてだったから、慣れない仕事でした」。当然と言わんばかりの口ぶりが印象的です。

そのほか、灯油ストーブを活用したヒーターや、卓上ガスコンロがすっぽり収まるテーブルを、キャビンにしつらえました。すべてお手製のアイデア生活用品です。

数々の工夫が施された〈カムイ〉は、2010年4月3日、ホームポートの浦安マリーナ（千葉県浦安市）から、西回りの航海に出発。相模湾から遠州灘、熊野灘を走り、瀬戸内海を横断し、九州を回り、日本海を北上して、津軽海峡を越え、太平洋側に。5カ月後の9月17日、浦安マリーナに無事帰ってきました。

尾道の風景にひかれた奥さま、瀬戸内海で飛び入り参加

内藤流の寄港地での過ごし方は、観光案内所に顔を出し、観光バスに揺られながら情報収集を行い、翌日、ヨットに積み込んだ折りたたみ自転車にまたがり、お目当ての観光地を巡ったり、温泉に浸かったりのマイペースの日々。世界自然遺産に登録された屋久島（鹿児島県）には、1週間も滞在。計画が多少ずれても気にせず、天気が悪ければ無理をせず。『東海道中膝栗毛』に登場する弥次喜多を思い浮かべる、肩の力を抜いた航海だったと想像できます。

そんな内藤さんですが、奥さまには朝晩欠かさず、電話で報告。「どこにいて、どこに向かっているかの連絡ですよ」。「よく電話するわね」の返答ぶりに、無事を祈る奥さまの気持ちが込められていたんでしょうね。

その奥さまの、思いがけない飛び入り参加も。「NHKの連続テレビ小説『てっぱん』の放送前で、舞台となる広島県の尾道の写真をなにかで見て、自分も行きたくなったんでしょう」

瀬戸内海に駆けつけた奥さまを招いて

日本一周を成し遂げた、内藤祐三さん

浦安マリーナに保管されている〈カムイ〉（カタリナ30）。白土三平の伝説的な忍者漫画『カムイ伝』にちなんだ艇名

上：日本一周の際の一コマ。キャビン入り口に取り付けた、お手製の青いドジャーは、航海中に重宝したそうです
右：本州最北端の地（青森県下北半島の大間崎）での記念写真。左は、同行した先輩セーラーの笠神嘉彰さん

の2泊3日の船旅は、男二人の道中に、しばしの華やぎをもたらしたようです。

ところで、航海中の生活費は?「燃料代、食事代、それに風呂代など、月に12万円ほど。自炊が基本で、たまに外食。そんなパターンです」

岩手県の漁港では、漁協の風呂を借り、長崎県の野母では、珍しい焼酎を置いている酒屋と知り合い、焼酎を毎年送ってくれる関係がいまも続いています。

「地元の人に、よく面倒を見てもらいました」。幾多の偶然の出会いが、長い航海を支える糧になったのでしょう。

日本一周を計画しているシニアセーラーに、アドバイスを。「天気予報は、携帯電話など複数の情報源から入手し、風が吹くようだったら出航を控える。漁港に入ったら漁協にまず挨拶し、係留場所を教えてもらう。漁師と仲良くならないと、次に来るヨットが入港できなくなるから」

20代のころ、ディンギーと出合い、クルーザーヨットを乗り継ぎ、定年を機に、日本一周に船出。「収穫ですか? クルージングの魅力をあらためて実感したことかな。家内に反対され、半分諦めていたけど、実現すると、また行きたくなる」

いつまでヨットを?

「70歳までのつもり。やめられないよ、と仲間に言われますけどね」

内藤さんのヨットライフはこの先、まだしばらく続きそうです。

航海中に寝泊まりしたキャビン。卓上ガスコンロが収まるテーブルの先に、灯油ストーブを活用したヒーターの煙突が見えます

操舵席を覆う大型のビミニトップ（日よけ、雨よけ）と、冷蔵庫などの電源に使う3枚の太陽電池パネル。日本一周航海から帰ったあとに取り付けたもの

ヨットが傾いても水平を保つ、お手製のミニテーブル。操舵席に取り付けたアイデア生活用品

ディンギーを生活に取り込んだ女性セーラー

平日はパート勤務、週末は葉山でセーリング

　エンジンを使わず、セールの推進力だけで走るディンギーは、乗り手のバランスが左右する、スポーツ性の高い小型ヨット。いろいろな艇種がありますが、おもに学生や社会人を中心に愛用されています。

　そんなディンギーに熱中しているのが、神奈川県在住の小林直子さん。パート主婦の小林さんは、葉山セーリングカレッジ（神奈川県葉山町）の会員として、一人乗りディンギーのRSテラ（長さ2.87m）を所有し、週末ごとに、セーリングを楽しんでいます。

　主婦がディンギーと出合うのは、どのようなきっかけか、気になります。

「ちょっと乗ってみない？ 犬トモ（愛犬家の友人）にすすめられ、近くの三浦海岸でディンギーを借りて、一緒に乗ったのが初めて。びしょ濡れになって乗るなんて。船は濡れないものと思っていましたから。でも、すごく楽しかった」。誘った犬トモ以上に、はまり込んだそうです。

　その後、ボートショーへ行った際に、葉山セーリングカレッジが展示していた、入門者向けのRSテラに遭遇。「それまで乗っていたのは、準備に手間がかかり、もどかしかった。もっと扱いやすいディンギーを探していたんです。その点、テラは、軽くて、組み立ても簡単。午前中だけでも気軽に乗れそうでした」

　持ち前の行動力で、テラの購入を決意するとともに、セーリングの基本を学ぶスクールに入会。

「カレッジのインストラクターはみんな親切で、説明も分かりやすかった。すぐに手伝ってくれますしね」。そんな居心地の良さが、小林さんのやる気を後押ししたようです。

　葉山セーリングカレッジは、ディンギーを保管するほか、初心者向けの体験コースを用意し、会員になると、クラブ艇を借りて、気軽にセーリングが楽しめるディンギークラブ。会員の半分は、初心者からのスタートです。海岸近くのクラブハウスには、おしゃれなサロンが用意され、仕事を離れたおとなが、思い思いの休日を楽しんでいます。

「小林さんは、自分のディンギーだけでなく、いろいろなクラブ艇に乗り、ステップアップに熱心。自分のライフスタイルに、ディンギーをうまく取り込んでいますね」。クラブを運営する中尾和嘉さんは、温かい目で、小林さんを見守っています。

チャレンジ精神旺盛な小林直子さん

スピードの速い上級モデル、2人乗りのRS200に夢中

「ディンギーの魅力ですか？ なんでしょう、爽快感かな。毎月のクラブレースに出ていますが、負けても楽しい。順位に関係なく、競い合うのが楽しい」という小林さん、レースで優勝したことも。「上手な人が出ていなかっただけ」と控えめ。

　そんな小林さんが、いま夢中になっているのは、クラブ艇の二人乗りディンギー、RS200（長さ4.0m）。「メインセールとジブのほか、ジェネカーが付いていて、スピードが断然違います」と、目を輝かせます。

　斜め横からの風を受ける際に使うジェネカーは、ジブ（マスト前方に取り付ける小さなセール）との相乗効果により、艇速をアップさせるセール。後方からの風を受ける際に使うスピネーカーに比べ、扱いやすいものの、操船時のバランスが要求されます。

入門者向けに開発された、イギリス製のRSテラ。セール面積が小さいため、女性でも扱いやすい。船体は、軽くて強いポリエチレン製

クラブで借りたRS200の出艇準備をする小林さんと、ペアを組む竹田さん（手前）

砂浜に運び出されたディンギー。マストやセールを取り付け、出艇する

RSテラに乗る小林さん。気持ちの良さが伝わるセーリングです

葉山セーリングカレッジの艇庫。奥は、2階建てのクラブハウス

クラブハウスのサロン。ウッドデッキのテラスも用意され、開放的な雰囲気

かなり過激ですね。「怖がりだけど、楽しい」。う〜ん、過激なのか、怖がりなのか。RS200のクルーとしてペアを組む、同じ会員の竹田裕生さんは、「小林さんは、基本に忠実なタイプで、無理はしません。ボクと正反対」。やはり、怖がりなのか。

ところで、日焼け対策は?「もともと色が黒く、気にしなかったんですが、友人に、そんな黒いと付き合わないよ、と言われました。それで、美容皮膚科に1年通い、レーザーでシミを取ってもらいましたが、あまり効果なかったみたい（笑）。でも、出艇前に、日焼け止めクリームは塗りますよ。海に出ても、1時間ごとに塗り直すため、ライフジャケットのポケットに日焼け止めクリームを入れています」

紫外線よりディンギーを優先する小林さん、健康的な日焼けはすてきですよ。

これからディンギーを始める女性にアドバイスを。「仲間が集まるクラブに入ると、準備や後片付けなどの力仕事は、周りが手伝ってくれるので助かります。続けられる環境があれば、操船のコツを少しずつ覚えるので、乗る楽しさにつながりますね」

ディンギーに乗り始めたころ、メインセールの下縁を支えるアルミ製のブームがおでこを直撃し、大きなこぶを作り、家族からやめろと言われたことも。そんなアクシデントにもめげず乗り続ける小林さん。「夢ですか? 風速が上がっても、ジェネカーを張って走れるよう、腕を上げたいですね」。やはり、過激でしたか。

小林さんのような魅力的な女性セーラーが増えると、ディンギーの世界も変わると思います。今後の活躍に期待していますよ。

20 ボートとヨットの国内メーカー

自動車やオートバイなどの製造会社を母体に、マリン事業に乗り出したボートメーカーは、最新技術を取り入れた製品開発を進めています。ヨットメーカーも、伝統技術を生かしたクルーザーヨットや、レース競技などで活躍するディンギーを手がけています。なお、各メーカーの製品ラインナップは、2013年12月現在のものです。

おもな国内ボートメーカー

プロダクションボート（量産艇）を製造、販売する7社のプロフィールをまとめました。製品開発の取り組みは、メーカーごとに特徴があります。

ヤマハ発動機

小型から大型までのボートに加え、船外機などを販売しています。本社は、静岡県磐田市。
http://www.yamaha-motor.jp/marine/

ヤマハSR310（9.43mクルージングボート）

ヤマハ・イグザルト36スポーツサルーン（11.98mサロンクルーザー）

モーターボート

同社初の「RUN-13」と「CAT-21」を1960年に発売。翌年の「東京→大阪・太平洋1000kmモーターボート・マラソンレース」で、CAT-21が優勝しました。ボート事業を本格化するため、1964年、日本楽器製造（現在ヤマハ）から、姉妹会社のヤマハ発動機に、製造と販売を移管。その後、スポーツボートのSTRシリーズ、エントリーモデルのパスポートシリーズ、フィッシングタイプのFCシリーズ、クルージングタイプのCRシリーズなど、用途に応じた艇種を拡充させました。

現在のラインナップは、YFシリーズ、F.A.S.T.シリーズ、UFシリーズなどのフィッシングタイプをはじめ、「SR310」、「SC-30e X」、「ラクシア」などのクルージングタイプ、大型艇のイグザルトシリーズなどをそろえています。

クルーザーヨット

「ヤマハ22」など3モデルを1970年に発売。1978年のクオータートン世界選手権（神奈川県）で、同社の〈マジシャン5〉が優勝し、国内ヨットを普及させる起爆剤になりました。その後、アメリカズカップやウィットブレッド世界一周レースに出場した日本艇の建造にも携わりました。

現在のラインナップは、「26 IIEX SH」、「33S」の2モデル。2002年から、ニュージャパンヨット（静岡県牧之原市）に、製造と販売を委託しています。

ディンギー

「ヤマハ15」を1970年に販売。その後、「470」、「シーホッパー」、「ミニホッパー」、「シカーラ」、「シーラーク」、「シーマーチン」などを製造。現在のラインナップは、470、シーホッパーII、シーホッパーII SR（スモールリグ）の3モデルをそろえています。2002年から、オクムラボート販売（兵庫県姫路市）に、製造と販売を委託しています。

船外機

同社初の船外機「P-7」（7馬力）を1960年に発売し、オートバイのエンジン技術を取り入れた2ストローク船外機を次々と開発。その後、排気ガス規制が欧米で導入されたのを機に、クリーンな燃焼を実現する4ストロークに転換。現在、2馬力から350馬力までのラインナップをそろえています。

マリーナ

直営マリーナとして、ヤマハマリーナ沼津、ヤマハマリーナ浜名湖（いずれも静岡県）、ヤマハマリーナ琵琶湖（滋賀県）があります。このほか、小樽港マリーナ（北海道）、横浜ベイサイドマリーナ（神奈川県）などの第三セクターマリーナに経営参加しています。

日産マリーン

フィッシングボートのほか、船外機などを販売しています。本社は、神奈川県横浜市。
http://www.nissan-marine.co.jp/

日産サンキャット22（6.54mモーターボート）

日産セブリエ28 II（8.45mモーターボート）

モーターボート

マリン用エンジンを1970年に売り出した日産自動車は、マリン事業を分社化し、同社の100％出資会社として、日産マリーンを2000年に設立。「N34コンバーチブル」やサンクルーズシリーズなどのクルージングタイプ、ウイングフィッシャーシリーズのフィッシングタイプ、サンキャットシリーズのカタマランタイプ（双胴艇）など、25ft前後のボートを中心に、ラインナップをそろえています。

船外機

ホンダのOEM（相手先ブランドによる製品供給）として、2馬力から225馬力までの4ストローク船外機をそろえています。

マリーナ

直営マリーナとして、佐島マリーナ、日産マリーナ真鶴（いずれも神奈川県）、日産マリーナ東海（愛知県）、鳥羽マリーナ（三重県）、堺浜シーサイドマリーナ（大阪府）があります。このほか、芝川マリーナ、大場川マリーナ（いずれも埼玉県）、仁尾マリーナ（香川県）、新居浜マリーナ（愛媛県）などの公共マリーナの運営に携わっています。

トーハツ

フィッシングボートのほか、4ストロークと2ストロークの船外機を販売しています。
本社は、東京都板橋区。http://www.tohatsu.co.jp/

モーターボート

動力噴霧機用エンジン（2ストローク）を応用した、国産初の量産型の船外機「OB-1」を1956年に発売したトーハツ（当時は東京発動機）は、同社初のボートとなるTFシリーズを1993年に発売しました。現在のラインナップは、21ftから25ftまでのTFシリーズと、センターコンソールタイプ（操舵席を中央部に配したデザイン）の小型フィッシングボート「マーベラス21」をそろえています。

船外機

小馬力の4ストローク（2馬力から30馬力）に加え、シリンダー内に直接燃料を噴射し、クリーンな燃焼と低燃費を実現した直噴タイプの環境対応モデルとなる2ストローク（40馬力から115馬力）を製造しています。

トーハツTF-250SC（7.82mフィッシングボート）

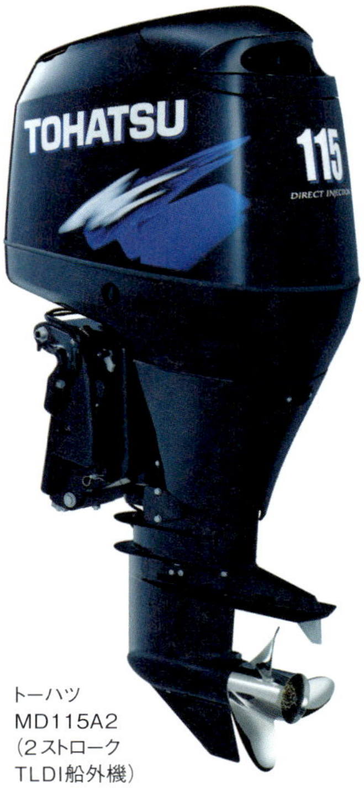

トーハツ
MD115A2
（2ストローク
TLDI船外機）

ヤンマー舶用システム

ディーゼルエンジン（船内機）を搭載したフィッシングボートを中心に販売しています。
本社は、兵庫県伊丹市。http://www.yanmar.co.jp/marine/

モーターボート

ヤンマーブランドのボートやディーゼルエンジンを製造する同社は、船舶関連商品を取り扱う、ヤンマーの系列会社。1980年にボート販売を開始し、センターコンソールタイプのトップランシリーズ、釣り機能を充実させたサルパシリーズ、キャビンタイプのFXおよびFZシリーズ、大型艇のEXシリーズなど、各種のフィッシングボートをそろえています。

ディーゼルエンジン

産業用や農業機械用で培われた同社の船舶用ディーゼルエンジンは、コンパクトな本体に加え、独自技術によるクリーン燃焼と低燃費を実現し、プレジャーボートや漁船などに幅広く使われています。 なかでも、YM（セールドライブ仕様）、GM、JHシリーズは、国内外のクルーザーヨットに搭載されています。

マリーナ

直営マリーナとして、ヤンマーマリーナ（滋賀県）があります。

ヤンマー・サルパ26（8.45mフィッシングボート）

スズキマリン

フィッシングボートのほか、船外機などを販売しています。 本社は、静岡県浜松市。
http://suzukimarine.co.jp/

スズキ・エグザンテ（7mモーターボート）

スズキDF300
（4ストローク船外機）

モーターボート

自動車メーカーのスズキは、海洋関連の系列会社として、スズキマリンを1974年に設立。 23ftのハードトップタイプ「エグザンテ」、23ftのセンターコンソールタイプ「ジャック」、24ftのキャビンボート「マイグレーター24」、オープンタイプ「X24」などのフィッシングボートをそろえています。

船外機

量産型の船外機として、世界初のEPI（電子制御燃料噴射装置）を採用した同社の4ストローク船外機。 2馬力から300馬力まで、幅広いラインナップをそろえています。

マリーナ

直営マリーナとして、スズキマリーナ浜名湖（静岡県）、スズキマリーナ三河御津（愛知県）、スズキマリーナ白子（三重県）、スズキマリーナ富山（富山県）、スズキマリーナ阿津（岡山県）、スズキマリーナ神島（岡山県）、スズキマリーナ熊本（熊本県）があります。

トヨタ自動車

後発ながら、アルミ合金の船体を採用した、ポーナムシリーズを販売しています。
本社（マリン&ユニット事業部）は、愛知県豊田市。http://www.toyota.co.jp/marine/

トヨタの現行ラインナップ最大艇、ポーナム35（11.95mサロンクルーザー）

モーターボート

1997年に発売された同社初の「ポーナム28」は、リサイクル可能なアルミ合金の船体に、同社のランドクルーザーに搭載される自動車エンジンをマリン用に改良した、コモンレール方式（燃料の噴射時期や噴射量をコンピューター制御し、最適な燃焼状態を保つシステム）のディーゼル技術を組み合わせ、華々しくデビューしました。

その後、キャビンクルーザーの「ポーナム37」、フィッシングタイプの「ポーナム26S」、クルージングやフィッシングに対応した「ポーナム28L」、グッドデザイン賞を受賞した「ポーナム35」、フラッグシップの「ポーナム45」を発売しました。

ポーナムには、上空から見下ろすような画面表示のガルビューモニターをはじめ、簡易な操作で離着岸を容易にするドライブアシスト、水滴感応式セミオートワイパー、除湿機能付きエアコンなど、数々のアイデアが投入されています。

現在のラインナップは、フィッシングタイプの「ポーナム28L」、フライブリッジの付いた「28 III」、最大クラスの「35」の3モデル。

ポーナム28L（10.25mフィッシングボート）

マリーナ

ラグナマリーナなどを備えた海洋リゾート施設「ラグーナ蒲郡」（愛知県）をはじめ、長崎サンセットマリーナ（長崎県）などの第三セクターマリーナに経営参加しています。

ミヤマ造船

OEMで培った技術を生かし、オリジナルのフィッシングボートを販売しています。
本社は、山口県岩国市。http://www.marinaf1.com/miyama-boat/

モーターボート

1978年に創業したミヤマ造船は、優れた性能のボートを自ら開発しようと、先行メーカーに対抗し、山口県で立ち上げたボートメーカー。独自のアイデアを投入し、OEMメーカーとして、ヤンマー造船、スズキマリン、ホンダ（当時）、西武自動車販売（当時）、いすゞ自動車（当時）などに、多くのボートを納入した実績があります。

OEMで長年培った技術を生かし、同社オリジナルボートのMFCシリーズ（船外機、船内機、船内外機の各仕様）の開発にも力を入れ、ハードトップタイプの「255HT」、「225HT」、「215HT」、「230SHTS」、「241」、オープンタイプの「215」、「225」など、各種のフィッシングボートをそろえています。

販売店を通さず、直販システムを導入しているのも特徴です。関連会社として、マリーナ岩国（山口県）があります。

シンプルなデザインながら、機能性を重視した、ミヤマMFC230SHTS（7.06mフィッシングボート）

おもな国内ヨットメーカー

クルーザーヨットやディンギーを製造、販売する6社のプロフィールをまとめました。
メーカーというより、手作業を中心とした、造船所に近いイメージです

岡崎造船　http://www.okazakizosen.co.jp/

瀬戸内海の小豆島で、木造ディンギーの建造を始めた岡崎造船（香川県小豆郡土庄町）は、1960年代以降、「ピオン30」、「オリオン33」、「パイオニア9」、「岡崎33デッキサルーン」、「岡崎37C」などを製造。FRP（繊維強化プラスチック）の船体に、職人技の木工技術を取り入れた内装との組み合わせは、多くのファンを魅了。日本を代表する老舗造船所として知られています。現在のラインナップは、ロングセラーのパイオニア9をはじめ、「岡崎386デッキサルーン」、「岡崎30C」などをそろえています。

岡崎386デッキサルーン（11.84mセーリングクルーザー）のキャビンと外観

ニュージャパンヨット　http://www.njy.co.jp/

1969年、神奈川県三浦市に会社を設立し、その後、静岡県榛原郡相良町（現在、静岡県牧之原市）に工場を移転。フランスのヨットデザイナー、グループ・フィノ設計の「エクメドメール」、「パサトーレ8.6m」、「ソレイユルボン26」、「リュンドメ5.5m」、「バンドフェット9m」などを製造。現在のラインナップは、「リベッチオ26」、「エスプリデュバン」、「ルードメール II」のオリジナル艇のほか、ヤマハ発動機の委託を受け、2002年から、ヤマハブランドのクルーザーヨットの製造、販売を行っています。

左：エスプリデュバン（9mセーリングクルーザー）　右：ヤマハ26 II EX SH（7.99mセーリングクルーザー）

ステップマリン造船所　TEL：045-775-4571

日本の海に適応したクルージングヨットをモットーに、ステップマリン造船所（神奈川県横浜市）は、国内ヨットデザイナーによる、長距離航海にも耐えるオーソドックスな造りの製品を手がけています。同社のラインナップとして、センターコクピットタイプ（操舵席を中央部に配したデザイン）のCCシリーズをはじめ、パイロットハウスタイプ（操舵席を室内に配したデザイン）のPシリーズ、クルージングタイプのトレッカーシリーズなど、居住性に優れたヨットを製造しています。

トレッカー34クラシック（10.45mセーリングクルーザー）のキャビンと外観

パフォーマンスセイルクラフトジャパン

http://www.psjpn.co.jp/

オリンピックなどに採用されている「レーザー」をはじめ、セール面積の小さい姉妹艇「レーザーラジアル」（いずれも一人乗り）などの製造、販売を行っています。装備などのルールが統一された国際クラスのレーザーは、アメリカ、イギリス、オーストラリア、日本の４カ国で造られていますが、日本では、パフォーマンスセイルクラフトジャパン（神奈川県綾瀬市）が受け持っています。

輸入艇として、スポーティーな「テーザー」、ハイパフォーマンスな「29er」（トゥエンティーナイナー）、シドニー五輪（2000年）から採用されている「49er」（フォーティーナイナー）、マッカイ社（ニュージーランド）の「470」（いずれも二人乗り）、固定式キールを備えた「レーザーSB^3」（三人乗り）、ウイナー社（デンマーク）のジュニア向けの「オプティミスト」（一人乗り）など、各種のディンギーを販売しています。

オリンピック艇種（女子クラス）でもあるレーザーラジアル級

辻堂加工

http://www.yumefusen.co.jp/tsujido_yacht/

50年以上の歴史を誇る辻堂加工（神奈川県茅ヶ崎市）は、大学や実業団などに採用されている「スナイプ」や、インターハイ（高校総体）種目の「FJ」（いずれも二人乗り）の製造、販売を行っています。世界共通のクラスルールに対応した、最大限の性能を引き出す最新モデルの開発を進め、後述のオクムラボート販売とともに、全日本選手権やインターハイなどで上位を占める高性能なディンギーを製造しています。

なお、高校ヨット部は、北海道から沖縄県まで130校以上、大学ヨット部は全国に150校以上にあります。

インカレなどで採用されているスナイプ級

オクムラボート販売

http://www.okumuraboat.co.jp/

オクムラボート販売（兵庫県姫路市）は、国体（国民体育大会）セーリング種目の「セーリングスピリッツ」（二人乗り）をはじめ、「スナイプ」や「FJ」などの製造、販売を行っています。また、ヤマハ発動機の委託を受け、2002年から、オリンピックなどに採用されている「470」をはじめ、国体セーリング種目の「シーホッパーII」と「シーホッパーII SR」（いずれも一人乗り）の製造、販売を行っています。塩の運搬船を造っていた奥村造船所がルーツ。太平洋を横断した外洋ヨットを建造したこともあります。

国体艇種のシーホッパーII SR級

インターハイで採用されているFJ級

21 ボートショーへ行ってみよう!

ボートやヨットなどのニューモデルが一堂に展示されるボートショー。マリンウエアやアクセサリーなどの販売、各種イベントなど、船遊びを身近に感じられる催し物です。ボートショーは各地で開かれ、誰でも気軽に見学できます。

ボートショーは、マリン体験の入り口

マリンシーズンの幕開けを告げるとともに、ボートやヨットのニューモデルが展示されるボートショーは、ファンだけでなく、マリンレジャーを始めようという入門者にとっても、足を運びたくなる催し物。クルマでいえばモーターショーにあたるイベントです。

その最大規模を誇るのが、毎年3月に開催される「ジャパン インターナショナル ボートショー」。長く親しまれてきた東京国際ボートショーの会場を2007年から横浜に移転するのを機に、名称も変更されました。ボート、ヨット、マリンウエアなどの展示をはじめ、さまざまなイベントが用意され、見どころ満載。一般社団法人 日本マリン事業協会（2013年4月に、社団法人 日本舟艇工業会を改組）が主催し、毎年4万人近くが訪れています。

名古屋、関西、広島、四国、熊本などでも、4月から5月にかけてボートショーが開催され、メーカー自慢のニューモデルを間近に見ることができます。お近くの会場に、ぜひ立ち寄ってみてください。ボートやヨットがきっと身近に感じられますよ。

ボートショーの足跡

東京国際ボートショーの歴史を、世相を交えて、ちょっと振り返ってみましょう。

■ 第1回（昭和37年）

日本舟艇振興会（日本舟艇工業会の前身）による国内初の「東京ボートショー」は、高度経済成長を背景に、マリンレジャーの普及を後押し。会場は千駄ケ谷の東京体育館で、入場料は30円でした。

■ 第3回（昭和39年）

オリンピック開催のため、東京体育館が使えなくなり、晴海の国際貿易センター（のちの国際見本市会場）に移転。国産FRPボートが展示され、注目されました。

■ 第13回（昭和49年）

オイルショックの不況のあおりで、この年は中止に。翌年から、名称が「東京国際ボートショー」に変更されました。

■ 第27回（昭和63年）

前年に成立したリゾート法（総合保養地域整備法）が動きだし、マリンレジャーが過熱化。海外の大型艇が展示されるようになりました。

■ 第30回（平成3年）

バブル景気の影響を受け、出展会社が急増。晴海の国際見本市会場の館内に収まりきれない大型艇は、通路や駐車場に展示されました。

■ 第36回（平成9年）

臨海副都心の「東京ビッグサイト」に会場を移転。バブル経済が崩壊し、出展会社は大きく減りました。

■ 第43回（平成16年）

千葉県の「幕張メッセ」に会場を移転。ボート免許制度の改正により、免許がなくても操船できるミニボートが展示されました。

■ 第46回（平成19年）

「パシフィコ横浜」に会場を移転するとともに、名称をジャパン インターナショナル ボートショーに変更。屋内展示に加え、隣接水面に船を浮かべるフローティング展示が導入されました。

■ 第55回（平成25年）

前年に引き続き、パシフィコ横浜での屋内展示に加え、横浜ベイサイドマリーナを使ったフローティング展示との2会場で開催されました。

パシフィコ横浜と横浜ベイサイドマリーナとの2会場で開催された、2013年のジャパン インターナショナル ボートショー

大型艇からミニボートまでそろえた、ボートの展示

ヤマハ発動機やトヨタ自動車など大手メーカーが、数多くのモーターボートを出展する

展示艇の多さでは、ボートが筆頭に挙げられます。メーカーごとにブースで仕切られ、ニューモデルを中心に、大型艇から小型艇まで陳列されます。ボートショー会場で発表される最新モデルのほか、海外の輸入艇も出展され、国際色も豊か。

これらの展示艇は、船内の見学もOK。中に入ると、キャビンが予想以上に広いことに驚くでしょう。大型艇のイメージは、こんな感じです。革張りの豪華なソファ、電子レンジなどが並ぶ機能的なギャレー(キッチン)、ゆとり空間を満たしたベッドルーム、独立したシャワー&トイレなど。ふだん目にする機会の少ない大型艇の船内に、思わず溜《た》め息がこぼれるかもしれません。

また、小型艇と中型艇は、フィッシングタイプが多く、マイボートによる釣り人気の高さがうかがえます。ドアで仕切られたキャビンタイプ、操舵席をすっぽり覆うハードトップタイプ、デッキが開放的なオープンタイプなど、デザインもさまざま。なかでも、来場者が詰め掛けるのが、ボート免許不要のミニボートのコーナー。長さ3m未満の船体に、小ぶりの船外機を取り付け、岸近くでの釣りを満喫できる機能を備えています。40万円前後の価格が中心なので、初心者も購入しやすいでしょう。

メーカーや販売店のブースでは、製品カタログを配布するとともに、試乗会の案内を行うところもあり、その場で申し込むこともできます。また、中古艇コーナーも用意され、お手ごろな価格の出物が見つかるかもしれません。

ボートショーは、ニューモデルの内部をじっくり見られる貴重な機会

近年はミニボート関連の出展も充実している。ゴムの気室で囲われたインフレータブルタイプが人気

クルーザーからディンギーまでそろえた、ヨットの展示

外洋航海を楽しむクルーザーヨットのほか、湾内での帆走を楽しむディンギーが勢ぞろいするヨットの展示は、ボートとはまた違った印象を受けるでしょう。長さ10mを超えるクルーザーヨットの屋内展示は、見上げるような高さで、そのボリュームに圧倒されます。

ボートと同様、船内に入れるので、ぜひ体験してください。操舵席から階段を下りると、穴蔵のようなキャビンが目の前に広がります。ボートのように大きな窓がないため、外の景色は飛び込んできませんが、ソファ、ギャレー、チャートテーブル（海図を広げる机）を使いやすく配置し、泊まりがけのクルージングが堪能できる、海に浮かぶ「隠れ家」といった空間です。

ディンギーの展示も見逃せません。マストを立て、セールを張ったディスプレーは、海へいざなう効果たっぷり。寝泊まりするキャビンは付いていませんが、風を感じ、波の心地よい音に包まれるかもしれません。ボートショーでディンギーと出合い、海辺のヨットスクールに入り、セーリングの魅力にはまった人も少なくありません。小型ディンギーなら、数十万円で手に入るので、初心者も無理なく始められそうです。試乗会に参加すれば、雰囲気が味わえます。

クルーザーヨットのブース。バラストキールを取り外した状態で展示されている。もちろん船内も見学できる

デイセーラーと呼ばれる5m前後のヨット。3～5人乗りで、ディンギーとクルーザーとの中間的な位置づけ

各社のニューモデルのほか、オリンピック代表選手の使用艇なども展示される、ディンギーのブース

見るだけでも楽しい、マリン用品の展示

多くの人でにぎわうマリン用品の販売コーナー

各種マリンウエアやシューズ、大小の装備品など、さまざまなアイテムが展示販売されている

魚群探知機やGPS受信機などの航海計器をまとめて見られるのも、ボートショーならではの魅力

展示ブースの案内マップを手に、あちらこちら歩き回るのが、ボートショーの醍醐味《だいごみ》。でも、「いきなりボートやヨットを始めるのは、ちょっと」という人には、マリン用品の展示ブースがおすすめ。魚群探知機やGPS受信機などの航海計器をはじめ、魚種に応じた釣り用具などの装備品、海図や書籍を扱うブースのほか、タウンユースとして着回しが楽しめるウエア、デッキシューズ、ブーツなども。さらに、セールの生地で作られたおしゃれなバッグ、船をあしらったベルトなどのアクセサリーのブースが並びます。ぶらりと見て回るだけでも楽しめるでしょう。

会場をまめに探し回ると、「ボートショー特別価格」と銘打った掘り出し物に出合えるかも。街では見つからない、貴重なレア物を手にできそうです。気分だけでもマリンライフ、そんな「お得感」に浸れるのもボートショーの魅力の一つです。まずは形から、そんな変則的なアプローチも、確かに「あり」ですね。

お役立ち情報を集めた、ブースとイベントステージ

イベントステージでは、トークショーなどさまざまなイベントが開催される

ボート、ヨット、マリン用品の展示だけではありません。それ以外に、船に関する情報を集めたブースやステージが用意されます。船に乗りたい、始めたい、でも、どうやって? そんな疑問に答えてくれるハズです。

①ボート免許コーナー

エンジンを搭載したボートやヨットの操船に必要なボート免許の案内コーナーが設けられます。取得方法、料金、受講場所など、気軽に尋ねてみてください。免許を持っている人には、更新講習の案内もあります。

②レンタルボート

免許は持っているけど、ボートに乗る機会が少ないという人にぴったりなレンタルボート。会員になれば、レンタカーのようなシステムで、リーズナブルな料金でボートを借りられます。

③マリーナ情報

ボートやヨットを保管するマリーナ。施設やサービスの案内のほか、周辺のクルージングスポットなどの情報も提供してくれます。

④マリン講座

イベントステージでは、ボートフィッシング、航海計器などをテーマにしたマリン講座のほか、海の達人によるトークショーや、チャリティーオークションなどが行われます。会場を歩き回ったあとの息抜きに、のぞいてみるのもいいですね。

ボート免許の取得、更新に関する情報も得ることができる

マリーナなど保管施設の出展もある。新しくオープンするマリーナの情報も得られる

船を海に浮かべたフローティング展示

ボートショーは屋内展示が一般的ですが、各地で定着しつつあるのが、マリーナの桟橋にボートやヨットを浮かべたフローティング展示。マイアミ（アメリカ）など海外のボートショーで取り入れられている方式ですが、日本では、2005年の関西国際フローティングボートショー（兵庫県西宮市）で初めて導入されました。大型艇を扱う関西の事業者が出展費用を抑える目的で取り入れたフローティング展示は、ジャパン インターナショナル ボートショーにも導入され、屋内展示場とを結ぶ無料シャトルバスを運行するなど、魅力を高める工夫を凝らしています。

海に浮かべているので、船への乗り降りもスムース。適度な揺れが臨場感を盛り上げます。展示艇の試乗会はありませんが、ジャパン インターナショナル ボートショーでは、会期中、インストラクターの指導による免許艇のボート試乗会や、クルーザーヨットの体験セーリングが行われています。ともに有料ですが、船に乗れる絶好の機会です。

また、小型艇やマリン用品などを扱うブースが陸上に設けられ、開放的な雰囲気の中で、にぎわいを盛り上げます。マリーナも同時に見て回れるフローティング展示は、来場者にとって一度で2回楽しめる、魅力的なイベントです。散歩がてら、家族で訪れるのもいいですね。

ジャパン インターナショナル ボートショーのフローティング展示会場となる横浜ベイサイドマリーナ

屋内展示会場に比べて、大型艇の展示が目立つ。船内も見学できる

マリンウエアや装備品などの販売ブースもある

22 船の購入計画、早わかり

自分のヨットやボートの購入を考えると、なんだか気持ちが高ぶります。しかし、安い買い物ではないので、計画をしっかり立て、満足のいく船を選びたいもの。購入前に検討する事柄を、ステップごとに整理しました。

失敗しない船選びのポイント

船選びを円滑に進めるには、どんな用途に使うのか、誰と楽しむのかなど、あらかじめ自分なりのイメージを持つことが大切です。

① 国産艇と輸入艇

クルマと同じように、ヨットやボートにも国産艇と輸入艇があります。デザイン的な好みもあり、どちらのほうが優れているか一概には言えませんが、国産艇の場合は、カタログがしっかり作られているとともに、販売店に展示艇が用意され、間近に見ることができます。在庫があれば、納入期間が短いことも特徴といえるでしょう。

一方、輸入艇は、トレンドを取り入れた最新モデルから、伝統的な造りの本格モデルまで、種類は豊富。注文してから手元に届くまでは、国産艇に比べると、一般に長くなります。

② 船を持つ目的

どのような目的に使うのかをイメージすることが大切です。クルージング中心か、フィッシング中心かなど、船での過ごし方を決めるのが第一歩。用途により、船の機能やデザインが変わります。また、誰と乗るのかも、忘れてはならない要素です。家族と乗るのか、友人と乗るのか、乗る人数により、船の大きさや仕様が異なります。

③ ネットで情報収集

欲しい船のイメージが固まったら、次は情報収集。専門誌に広告を出しているメーカーや販売店のホームページを閲覧し、取り扱っている船の種類や特徴、スペック、価格などをチェックし、必要な情報を整理しましょう。

④ 販売店に相談

候補となる船を絞り込んだら、販売店に行ってみましょう。ホームページでは知り得ない情報に出合えます。できれば、展示艇を用意している店がおすすめ。どのような船がふさわしいか、担当者に尋ねると、いろいろアドバイスしてくれます。

⑤ ボートショー見学

候補となる船をリストアップし、それぞれの販売店で話を聞くと、自分の求めている船のイメージがより具体的になるでしょう。複数の販売店に足を運ぶ手間が省ける絶好の機会が、最新モデルなどを展示するボートショー。関東や関西をはじめ、各地で毎年開かれ、メーカーごとの製品に加え、関連用品の展示、販売も行われます。一般社団法人 日本マリン事業協会のホームページ（http://www.marine-jbia.or.jp/）に、ボートショー情報が掲載されます。

⑥ 試乗会への参加

メーカーや販売店は、シーズン前に、最新モデルの試乗会を各地で行います。マリーナなどで開かれる試乗会は、その走りを体験する、いい機会です。一般に無料ですから、気軽に参加できます。

ボートショーなどで実際に船を見て、イメージをふくらませよう

新艇を選ぶか、中古艇にするか

自分の求めている船のイメージがつかめたら、次は、新艇にするか、中古艇にするかの判断です。それぞれのメリットとデメリットを書き出しました。

① 新艇

新艇のメリットは、なんといっても品質の信頼性。ピカピカに輝く真新しい船体は、何物にも替え難い魅力です。その半面、価格は相対的に高く、予算に合わないことも。保管などの維持費を含め、予算全体を考えて選ぶのがいいでしょう。

新艇のメリットは、船遊びのノウハウを、販売店の担当者から教えてもらえること。おいしい食事に出合える、おすすめのクルージングスポット、季節に応じた釣りのポイントや釣り方など、役立つ情報をもたらしてくれるでしょう。

② 中古艇

最初は無理をしないで、船に慣れるためと割り切り、手ごろな中古艇を選ぶ方法もあります。中古艇は年式により、価格に幅がありますが、安さに釣られて選ぶと、あとあと高くつくことも。価格を下げるため、引き渡す前の整備が不十分な場合、部品交換や修理費など、予定外の出費につながり、結果的に高い買い物になりかねません。

このような失敗を防ぐには、極端に古い年式の物件は避け、整備の行き届いた、価格に見合う中古艇を選ぶのが大切です（販売店に足を運ぶうち、おおよその市場価格がつかめるようになります）。

船に詳しい知り合いがいれば、一緒に見てもらうのも手です。そのような知り合いがいなければ、日本中古艇協会（http://www.21used-boat.com/）に加盟する販売店に頼る方法もあります。2006年にNPO法人化された同協会は、中古艇の表示項目や点検内容を統一したマニュアルの作成をはじめ、中古艇評価士の養成研修会の実施など、中古艇の安全性と信頼性の向上を目指す団体です。北海道から沖縄県まで、120を超える正会員（販売店）で構成されています。

また、サーベイヤー（船舶鑑定士）の手を借りるのも有効です。船を買いたい人、売りたい人に対し、船の状態を調べ、中立的な立場で査定レポートを作成する専門家です。査定を通じ、交換しなければならない部品、修理しなければならない箇所など、購入後に予想される費用を前もって知ることができます。

査定に要する費用は、船の大きさや依頼内容によって異なりますが、一般的なレポート作成料は10万円前後（交通費などの実費は除く）。安心して中古艇を購入する方法の一つです。

個人所有か、共同所有か

クルマは個人所有が一般的ですが、ヨットやボートの場合、個人所有のほか、仲間での共同所有も珍しくありません。

① 個人所有

自分で船を持つ個人所有のメリットは、自分の好きなときに、好きなところへ、気兼ねなく出掛けられることでしょう。まさに船長気分が味わえます。

その半面、購入時のイニシャルコストと、維持管理に伴うランニングコストを負担しなくてはなりません。購入してから2年程度は、週末が待ち遠しいですが、環境次第では、船に乗る回数が少しずつ減るかもしれません。一人で続けるのが億劫《おっくう》になるからです。

長く乗り続けるには、マリーナなどのヨットクラブや釣りクラブなどに入り、仲間と一緒に船に乗る機会を増やすのも一つの方法。同じ趣味のメンバーと行動すれば、飽きることなく、船遊びを続けることができます。マリーナに入ったら、隣近所の船に声を掛け、知り合いを増やしてください。クルージングや釣り大会などの参加を通じ、仲間との交流が深まります。

② 共同所有

仲間でお金を出し合い、船を購入する共同所有は、クルーザーヨットでは比較的多く見受けられる形態です。クルーザーヨットを操船するには、何人かのクルーが必要になるので、仲間が集まりやすく、みんなで楽しめる、無理のない所有方法と言えます。メンバーの頭割りでお金を出し合うため、イニシャルコストとランニングコストの一人当たりの負担が軽くなるのも魅力です。

共同所有を仲良く続けるには、お金の管理や、メンバーが辞めた場合の決まりごとを書き記した規約を作るといいでしょう。お金に関しては、活動資金となる会費を集めるとともに、収支報告を行うなど、明朗な会計処理がポイント。また、メンバーが途中で辞めた場合を想定し、船の購入に要した費用の持ち分の返還方法などもはっきりさせておいたほうがいいでしょう。

共同所有では、何かを決める際は、全員の同意を得るのが原則。例えば、クルージング計画を立てる場合は、メンバーの意見を聞きながら、全員が納得する形に持っていくのが秘訣《ひけつ》です。それぞれの役割を互いが担う協力態勢が欠かせません。

さらに、大切なことは、メンバーとの連絡を絶やさず、集まりやすい機会を設け、一緒に遊ぶ環境づくりです。船で着用する自分たちのユニフォームをそろえるのもいいでしょう。メンバーの結び付きを強くする特効薬になります。

前もって知っておきたい、船の維持費

ヨットにしてもボートにしても、維持費がかかります。どのくらいの金額になるか、試算しました。購入前に、維持費を含めた予算計画を立てると安心です。

① モーターボートのおもな維持費

■ 燃料代

エンジンの種類や馬力によって異なりますが、ガソリンを燃料にする船外機（4ストローク）の場合、100馬力前後の時間当たりの燃料消費量は、15～17リッターが目安。釣りなら1日40リッター程度、クルージングなら70リッター程度の燃料を使うでしょう。馬力が大きくなれば、燃料消費量も大きくなります。

維持費の中で大きな割合を占めるのが、マリーナなどの保管料だ

② クルーザーヨットのおもな維持費

■ セール交換費用

風をエネルギーにして走るクルーザーヨットは、ボートのような燃料代はかかりません。エンジンを使うのは、マリーナの出入港などに限られるため、わずかな金額です。その代わり、セールの交換費用を見込んだほうがいいでしょう。24ft前後に使われる一般的なセール（メインとジブ）の価格は、およそ30万円です。

③ 共通するおもな維持費

■ 保管料

ヨットやボートを保管するマリーナには、民間マリーナ、公共マリーナ、漁港内のフィッシャリーナなどがあります。施設規模、サービス内容、立地をはじめ、預ける船の長さ、保管形態（海上、陸上）などによって、料金は異なります。24ft前後のボートの場合、安いところで年間25万円前後、高いところでは50万円以上になります。このほか、保証金などが必要なマリーナもあります。

■ 保険料

ヨットやボートには、クルマのような自賠責保険（強制保険）はありませんが、その代わりに、「ヨット・モーターボート総合保険」などの任意保険が用意されています。この保険は、（A）船体保険、（B）賠償責任保険、（C）搭乗者傷害保険、（D）捜索救助費用保険の四つからできています。（A）と（B）は、両方もしくはいずれかに加入しますが（船体保険のみは不可）、（C）と（D）は選択できます。

（A）の保険金額は、船の時価限度額を基準に、保険金額が500万円の場合、年間の保険料は、12万5,000円程度。（B）は、ヨット（長さ）とボート（馬力）に分かれ、長さ8m以下のヨットで、保険金額が5,000万円の場合、年間の保険料は、7,000円程度。また、50馬力超100馬力以下のエンジンを搭載するボートで、保険金額が5,000万円の場合、年間の保険料は、1万4,000円程度になります。なお、団体保険に加入しているマリーナに申し込むと、保険料の割引が受けられます。

衝突、座礁、火災、盗難の場合や、第三者に損害を与えた場合は、船体保険や賠償責任保険で保険金が支払われますが、地震や津波などの自然災害には、保険は適用されません。

■ 船舶検査と登録の手数料

クルマの車検と同じように、エンジンを搭載したヨットやボートは、定期的な船舶検査（船検）を受けなくてはなりません。また、船の購入時に、小型船舶の登録も併せて行われます。船検には、6年ごとの定期検査と、3年ごとの中間検査があり、JCI（日本小型船舶検査機構）の検査員によって、船体、エンジン、法定備品などが検査されます。

定期検査の手数料は、長さ5m以上10m未満の船で2万4,300円、中間検査の手数料は1万4,900円。小型船舶の登録手数料（初回のみ）は、5トン未満で長さ5m以上は8,900円です。

■ 救助費用

一般財団法人 日本海洋レジャー安全・振興協会の救助事業「BAN」（Boat Assistance Network）では、故障などによる航行不能の際に、最寄りの港まで曳航《えいこう》するサービスを、24時間、365日行っています。携帯電話で救助を要請するこのシステムは、東京湾から瀬戸内海東部（瀬戸大橋まで）にかけての沿岸と、若狭湾（福井県）が対象エリアになっています。一般会員の入会金は1万円。年会費は、A会員（総トン数5トン未満の船）が1万8,000円、B会員（5トン以上20トン未満の船）が3万6,000円です。

■ 船底塗装費用

陸上保管なら船底塗料の塗り替えは必要ありませんが、海上係留の場合、貝や藻が船底に付着するため、少なくとも年に1回は塗り替えなければなりません。船の長さ（船底面積）や作業内容によって費用は異なりますが、24ft前後の場合、5万円から10万円程度が目安になります。塗料や道具を買いそろえれば、自分で塗装することもできます。

販売店が作成する見積書の読み方

希望の船が決まったら、販売店に見積書を依頼し、総額でどのくらいになるかを確認します。参考までに、ヤマハボート横浜店に、小型フィッシングボート「ヤマハSR-X」（新艇）の見積書と併せて、クレジット（割賦購入）による支払い例を作成してもらいました。

御見積書

平素は格別なるお引き立てを賜り、誠に有り難うございます。
下記の通り御見積り申し上げますので、ご検討下さいます様お願い申し上げます。

ヤマハ発動機株式会社
国内マリン第1営業部
東日本営業所　横浜店
〒236-0007　神奈川県横浜市金沢区白帆4-4
TEL 045-775-1150　FAX 045-775-1850

御見積金額合計	¥3,389,221 Ⓐ

（①+②+③−④）
上記金額には、消費税が含まれています。

納入期日	別途ご相談
納入場所	別途ご相談
お支払方法	ご契約時現金3割受領 残金登録前日迄現金一括
見積有効期限	7日間

責任者	担当者

〈御見積明細〉Ⓑ

品　名	数量	金　額
SR-X	1	2,226,250
F70	1	上記に含む
エンジン関係諸費用		34,000
法定安全備品等合計	（a）	30,000
オプション金額合計	（b）	822,000
その他の備品等合計	（c）	14,400
進水諸経費		33,560
運　賃		
小　計		3,160,210
現金販売価格合計	①	¥3,160,210

〈諸費用明細〉Ⓓ

品　名		金　額
船舶検査＆登録測度関係手数料		33,200
代　行　料		36,000
諸費用合計	②	¥69,200

〈消費税明細〉Ⓔ

現金販売価格	×5%	158,011
代行料 その他	×5%	1,800
消費税合計	③	¥159,811

〈下取商品明細〉

品　名	数量	金　額
下取商品価格合計	④	¥0

〈オプション明細〉Ⓒ

品　名	数量	金　額	CHK
〈装備品〉			
GPSプロッタ魚探　YFR-084-2NF-N	1	283,000	1
キャノピー（ガンメタリック）	1	138,000	1
ハルカラー：ガンメタリック	1	150,000	1
バウレール	1	126,000	1
スタンレール（左右セット）	1	80,000	1
コンパス	1	27,000	1
24ℓ燃料タンク追加	1	18,000	1
オプション（選択品）金額合計（b）		¥822,000	

※オプションの価格は右【CHK】欄に「1」記載項目を計上しております。

〈法定安全備品明細〉Ⓕ

品　名	数量	金　額
係船ロープ12φ×10M	2	艇体に含む
係船ロープ12φ×30M	1	艇体に含む
アンカー7kg	1	艇体に含む
アンカーロープ10φ×40M	1	艇体に含む
救命胴衣LW-23	5	30,000
救命浮環TSR-400	1	艇体に含む
消火バケツTMS-1	1	艇体に含む
黒球TK-2	1	艇体に含む
限定沿海用信号セットSF-2	1	艇体に含む
ホーン　ミニジェットホーン	1	艇体に含む
法定安全備品等合計（a）		¥30,000

〈その他の備品明細〉Ⓖ

品　名	数量	金　額	CHK
エアーフェンダーG4 165φ×580mm	4	14,400	1
その他の備品(選択品)等合計（c）		14,400	

① 見積書の記載項目の確認

A：御見積金額合計　3,389,221円

エンジン（船外機）を含む船体価格、オプション、諸費用、消費税などの合計。

B：御見積明細　3,160,210円

F70（70馬力のヤマハ船外機）を含む船体価格、エンジン関係諸費用（調整、バッテリーなど）、法定安全備品（F参照）、オプション（C参照）、その他の備品（G参照）、進水諸経費（燃料代やマリーナ使用料、納入立ち会い費など、進水時に必要な費用）における販売価格の合計。

C：オプション明細　822,000円

GPSプロッタ魚探、キャノピー（操舵席を覆うカバー）、ハルカラー（船体の色）、バウレール（船首の手すり）、コンパス、予備の燃料タンクなどを選びました。

D：諸費用明細　69,200円

1回目の船舶検査（定期検査）および小型船舶登録の手数料と、その代行料。

2011年に発売された「ヤマハSR-X」は、長さ6.25m、定員5人の入門艇。小型ながら、釣りスペースが広く、価格も手ごろ。2011年度グッドデザイン賞を受賞。70馬力のほか、115馬力と50馬力の船外機が選択できる。ヤマハボート横浜店（http://www.yamaha-boat.jp/）

ヤマハSR-Xの支払い例（いずれも頭金100万円を充当）

支払い回数	36回（ボーナス併用）	48回（ボーナス併用）	60回（ボーナス併用）	60回（ボーナス併用なし）
頭金を除いた残金	2,389,221円	2,389,221円	2,389,221円	2,389,221円
分割手数料	208,101円	277,866円	349,065円	349,065円
支払い合計	2,597,322円	2,667,087円	2,738,286円	2,738,286円
初回支払い	58,322円	43,487円	33,186円	47,886円
2回目以降	55,400円	38,800円	28,900円	45,600円
ボーナス月	100,000円	100,000円	100,000円	0円

*金利（実質年率）5.5%

E：消費税明細　159,811円

船体などの販売価格と上記代行料に対する消費税の合計。

F：法定安全備品明細　30,000円

Bに含まれる、救命胴衣（ライフジャケット5人分）の金額。

G：その他の備品明細　14,400円

Bに含まれる、その他の備品（フェンダー4個）の金額。

② クレジット支払い例

見積書の作成後、クレジットによる支払い例として、36回払い（3年）、48回払い（4年）、60回払い（5年）での月々の支払いを試算しました。設定条件は、頭金に100万円、ボーナス月（年2回）に10万円ずつ充てると想定。参考までに、ボーナス併用なしの60回均等払いも計算しました。その結果、月々の支払いは、3万円から5万円台に。この金額なら、無理しないで購入できそうです。

船の購入に関するQ&A

船の選び方にはじまり、所有形態、維持費、見積書の読み方、クレジットによる支払い例まで紹介しましたが、購入前に知っておきたい事柄を、Q&Aにまとめました。

Q：クレジットでの頭金は必要？

A：頭金がなくても契約できますが、月々の支払いが増えるので、購入後の維持費を考慮し、頭金を用意したほうがいいでしょう。購入価格の3割が、頭金の目安です。

Q：クレジットの支払いは、いつから？

A：契約した翌月から、支払いが始まります。

Q：船の税金は？

A：クルマのような取得税や重量税などはありません。購入時の消費税だけです。

Q：メーカー保証期間は？

A：新艇の保証期間は1年、エンジンも同じです。ただし、購入者の不注意による故障は、保証の対象外になります。なお、中古艇には、保証は付きません。

Q：程度のいい中古艇の見極め方は？

A：陸上保管されていた船は、海上係留に比べ、船体やエンジンがドライに保たれるため、コンディションは一般的に良好です。中古艇になる前の保管形態を確認するといいでしょう。

Q：ネットでの中古艇の売買は？

A：インターネットの普及で、中古艇の個人売買が増えましたが、船を初めて買う初心者にはおすすめしません。写真だけで船の状態を判断するのは難しく、受け取り場所が遠方なら、運送費がかかります。

Q：船外機の燃料は？

A：ハイオク仕様も一部ありますが、一般には、無鉛レギュラーガソリンが使われます。

Q：そろえるオプションは？

A：クルージング中心なら、GPSがあると便利です。釣り中心なら、魚群探知機は欠かせません。いずれも、コンパスは必需品。このほか、保管時のオーニング（船体カバー）やフェンダー（防舷材）も必要です。

Q：ディンギーも保険に入れるの？

A：エンジンを搭載しないディンギーも、船体保険や賠償責任保険などに入れます。

Q：進水式に必要な費用は？

A：家族や仲間、販売店の担当者、マリーナのスタッフに囲まれて行われる、栄えある進水式。当日必要な費用は、販売店に支払った進水諸経費で大方まかなえます。人によっては、乾杯用のシャンパンや軽食などを用意することもあります。航海安全を願い、神主を招いて祈願することもあります。

[著者プロフィール]

桑名幸一（くわな こういち）

1954年、神奈川県横浜市生まれ。雑誌編集者、コピーライターを経て、海洋ジャーナリスト。ヨットやボートなど、マリンレジャーをテーマに活動するとともに、三水域連携による放置艇対策検討委員会（国土交通省、水産庁）、東日本・海の駅認定委員会（国土交通省関東運輸局）、保管船舶処理委員会（東京都建設局）などの委員を務める。コンサルタント会社、（株）マリーナ開発設計（東京都中央区）で、プレジャーボート係留保管施設の基本計画や管理運営などの調査検討業務を担当。「FRP廃船処理の現実と問題点」（舵社）などの著書がある。

ヨット、モーターボートを始めよう!

船遊びビギナーズガイド

2014年3月25日第1版第1刷発行
[著者] 桑名幸一

[発行者] 大田川茂樹
[発行所] 株式会社　舵社
〒105-0013
東京都港区浜松町
1-2-17 ストークベル浜松町
電話: 03-3434-5181（代表）
03-3434-4531（販売）
[イラスト] 内山良治
[編集] 中島 淳
[装丁] 鈴木洋亮
[印刷] 株式会社　大丸グラフィックス

定価はカバーに表示してあります。
無断複写、転載を禁じます。
©Koichi Kuwana 2014, Printed in Japan
ISBN978-4-8072-1048-0